数据资产系列丛书　　　　　　　　　　刘云波　总主编

数据资产入表与价值评估

王竞达　刘云波　何源泉 ◎ 编著

北京大学出版社
PEKING UNIVERSITY PRESS

内 容 简 介

本书以与数据资产相关的政策为依据,系统介绍了数据资产入表与价值评估的基本概念、数据资产入表、数据资产评估基础、数据资产价值评估方法、数据资产的列报与披露,以及数据资产入表与价值评估的挑战与对策等内容。本书理论结合实际,易学易用。

本书可作为企事业单位管理人员、数据资产和数据要素从业者、财务会计人员、大数据从业人员的培训教材,也可作为高等学校大数据科学、大数据技术、大数据管理与应用、企业管理等相关专业的配套教材。

图书在版编目(CIP)数据

数据资产入表与价值评估 / 王竞达,刘云波,何源泉编著. -- 北京 : 北京大学出版社, 2025.1. -- (数据资产系列丛书). -- ISBN 978-7-301-35939-6

Ⅰ. F272.7; F273.4

中国国家版本馆 CIP 数据核字第 20252H1U05 号

书　　　名	数据资产入表与价值评估 SHUJU ZICHAN RUBIAO YU JIAZHI PINGGU
著作责任者	王竞达　刘云波　何源泉　编著
策划编辑	李　虎　郑　双
责任编辑	杜　鹃
标准书号	ISBN 978-7-301-35939-6
出版发行	北京大学出版社
地　　　址	北京市海淀区成府路 205 号　100871
网　　　址	http://www.pup.cn　新浪微博:@北京大学出版社
电子邮箱	编辑部 pup6@pup.cn　总编室 zpup@pup.cn
电　　　话	邮购部 010-62752015　发行部 010-62750672　编辑部 010-62750667
印刷者	三河市北燕印装有限公司
经销者	新华书店
	720 毫米×1020 毫米　16 开本　14.75 印张　280 千字
	2025 年 1 月第 1 版　2025 年 1 月第 1 次印刷
定　　　价	69.00 元

未经许可,不得以任何方式复制或抄袭本书之部分或全部内容。
版权所有,侵权必究
举报电话:010-62752024　电子邮箱:fd@pup.cn
图书如有印装质量问题,请与出版部联系,电话 010-62756370

数据资产系列丛书编写委员会

(按姓名拼音排序)

总 主 编 刘云波

编委会成员 陈 蕾　刘天雪　刘玉铭　吕 雯

　　　　　　　罗小江　盛莫凌　石午光　王竞达

　　　　　　　王 鹏　余炳文　张春宝　张 旭

　　　　　　　郑保卫

推荐序一

随着全球数字经济的快速发展，数据作为一种新型生产要素，正成为推动全球经济结构转型和全球价值链重塑的战略资源，也是国际竞争的制高点。我国政府高度重视数字经济发展和数据要素的开发应用，国家层面出台了一系列政策，大力推动数据要素化和数据资产化进程。在这一时代背景下，如何有效管理和利用数据资源或数据资产，成为各行各业亟须解决的重大课题。

数据具备不同于传统生产要素的独特价值。数据的广泛运用，将推动新模式、新产品和新服务的发展，开辟新的经济增长点。更重要的是，数据的广泛运用带来的是效率的提升，而不是简单的规模扩张。例如，共享单车的兴起并未直接带来自行车产量的增长，但却显著提升了资源的使用效率。这种效率提升，是数字经济最核心的贡献，也是高质量发展所追求的目标。

数字经济发展不仅需要技术创新，还需要战略引领和政策支持。没有战略的引领，往往会导致盲目发展，最终难以实现预期目标。中国在数字经济领域的成功经验表明，技术创新和商业模式创新相辅相成，数字产业化与产业数字化同步推进。国家制定数字经济发展战略要因地制宜，不可照搬他国模式，也不能搞"一刀切"。战略引领和政策支持都必须遵循数字经济发展的规律，因此，要不断深化对数字经济的研究。

数据要素化是世界各国共同面对的新问题，有大量的理论问题和政策问题需要回答。当前，各国在数据管理、政策制定及监管方面，仍面临诸多挑战。例如，如何准确衡量数据资产的价值，如何确保数据跨境流动的安全与合规，都是摆在各国政府和企业面前的难题。对我国而言，没有信息化就没有现代化，没有网络安全就没有国家安全，在发展数字经济的同时，必须保证信息安全。因此，在制定数据收集、运用、交易、流动相关政策时，始终要坚持发展与安全并重的原则。

创新数字经济的监管同样需要研究新问题。随着数据的广泛应用，隐私保护、数据安全以及跨境流动的合规性问题变得愈加复杂。各国在探索数字经济监管体系时，必须坚持市场主导和政府引导相结合的原则，确保监管体系的适应性、包容性和安全性。分类监管是未来监管体系创新的重要方向。

针对不同类型的数据,根据其对经济和安全的不同影响,创新监管方式,既要便利数据的有序流动,也要确保安全底线。

北京大学出版社出版的《数据资产系列丛书》,系统总结了数字经济发展的政策与实践,对一系列前沿理论问题和方法进行了探讨。本丛书不仅从宏观层面讨论了数字经济的发展路径,还结合大量的实际案例,展示了数据要素在不同行业中的具体应用场景,为政府和企业充分开发和利用数据提供了参考和借鉴。通过阅读本丛书,从数据的收集、存储、安全流通、资产入表,到深入的开发利用,读者将会有更加全面的了解。期待本丛书的出版为我国数字经济健康发展作出应有的贡献。

是为序。

国务院发展研究中心副主任
隆国强

推 荐 序 二

随着全球产业数字化、智能化转型的深度演进，数据的战略价值愈发重要。作为新型生产要素，数据除了是信息的集合，还可以通过分析、处理、计量或交易成为能够带来显著经济效益和社会效益的资产。在这一背景下，政策制定者、企业管理者和学术界，都在积极探索如何高效管理和利用数据资产，以实现高质量发展。从整个社会角度看，做好数据治理，让数据达到有序化、合规化，保障其安全性、隐私性，进一步拓宽其应用场景，可以更好地为经济赋能增值。对于企业而言，数据作为核心资源，具有与传统有形资产显著不同的特性。它的共享性和非排他性使得数据资产管理更加复杂，理解并掌握数据资产的管理和使用方法及其价值创造方式，有助于形成企业自身的数据治理优势，能够提高企业的市场竞争力。正如我曾在多个场合提到的，数据资产的管理不仅是一个技术问题，更涉及政策、法律和财务领域的多方协作。因此，科学的管理体系是企业有效利用数据资产、提升经济效益的基础。

北京大学出版社《数据资产系列丛书》的出版，为这一领域提供了宝贵的理论支持与实践指导。本丛书不仅详细介绍了数据资产管理的基本理论，还结合大量实际案例，展示了数据资产在企业运营中的广泛应用。丛书在数据资产的财务处理、规范应用以及数据安全等方面，均进行了大量有益探索。在财务处理方面，企业需要结合数据的独特属性，建立适应数据资产的财务管理制度和管理体系。这不仅需要考虑数据的质量、时效性和市场需求，还需要构建符合数据资产特性的确认、计量和披露要求，以确保其在企业财务报表中的科学反映，帮助企业更好地将数据资产纳入其整体财务管理框架。在法律与政策层面，国家近年来出台了一系列法规，明确了数据安全、隐私保护及数据交易流通的基本规范。这些法规为企业和政府部门在数据资产管理中的合法合规提供了保障。在数据交易流通日益频繁的背景下，如何确保数据安全、完善基础设施建设，成为政府和企业必须面对的挑战，丛书在这些方面的分析和探讨均有助于引导读者对数据资产进行进一步的研究探索。

本丛书不仅适用于政策制定者、企业管理者和财务管理人员，也为学术界提供了深入研究数据资产管理的丰富素材。丛书从理论到实践，对数据资产的综合管理进行了系统整理和分析，可以帮助更多的企业、相关机构在数字经济时代更好地利用数据要素资源。我相信，随着数据资产管理制度体系的逐步完善，数据将进一步发挥其在资源配置、生产效率提升及经济增长中的重要作用。企业也将在这一过程中，通过科学的管理和有效的应用，进一步提升其市场竞争力，实现更高水平的发展与转型。

中国财政科学研究院副院长
徐玉德

推荐序三

数据作为重要的生产要素，其价值日益凸显，已成为推动国民经济增长、技术创新与社会进步的关键要素。数据从信息的集合转变为可持续开发的资源，这不仅改变了企业的运营模式，也对全球经济发展路径产生了深远的影响。中国作为世界第二大经济体也是数据大国，近年来积极探索数据要素化的路径，推进数据在安全前提下的国际流动，推动全球数字经济有序健康发展。在这个过程中，如何科学地管理、评估与运营数据资产，已成为企业、政府部门乃至国家进行数据管理的核心议题。

从政策层面上看，数据资产的管理和跨境流动涉及多个方面，包括数据隐私、安全性、合规性以及经济效益的最大化。为了规范数据的使用与流动，确保国家安全与经济发展，近年来，我国出台了一系列法律法规，如《中华人民共和国网络安全法》与《中华人民共和国数据安全法》。这标志着我国在数据要素化的进程中迈出了重要一步，为企业的数据资产管理提供了法律依据，确保数据在创造经济价值的同时，保持高度的安全性与合规性。同时，还为推动数字经济的高质量发展提供了法律和制度保障。

北京大学出版社《数据资产系列丛书》的出版，恰逢其时。本丛书系统地梳理了数据资产的概念、运营管理、入表及价值评估等关键议题，可以帮助企业管理者和政府决策部门从理论到实践，全面理解数据资产的开放与共享、运营与管理。本丛书不仅涵盖了数据资产管理的基本理论，还结合了大量的实际案例，展示了数据资产在不同行业中的应用场景。例如，在公共数据的管理与运营中，丛书通过具体的案例分析，详细地讨论了如何在数据开放与隐私保护之间取得平衡，确保公共数据的合理使用与价值转化。从公共数据资产运营管理的角度，丛书不仅为政府与公共机构提升服务水平、优化资源配置提供了新思路，还能够带来巨大的社会效益。丛书中特别提到，随着大数据技术的广泛应用，公共数据的应用场景日益多样化，从智慧城市建设到公共医疗服务，数据的价值正在各个领域得到充分体现。丛书通过对这些实践的深入分析，为企业与公共机构提供了宝贵的参考，帮助其在实际操作中最大化地发挥数据的内在价值。

在企业层面，如何将数据从普通的资源转化为具有经济价值的资产，是当前企业管理者面临的重大挑战。数据资产不同于传统的有形资产，它具有共享性、非排他性和高度的流动性。这意味着企业在管理数据时，必须采用与传统资产不同的管理方法和评估模型，数据资产的有效管理，不仅能够帮助企业提高运营效率，还能够显著提升其市场竞争力。通过对数据的全面收集、分析与应用，企业可以更加精准地把握市场需求，优化生产流程，进而实现经济效益的最大化。此外，数据资产的会计处理与价值评估，是数据资产管理中的核心环节之一。由于数据资产的无形性和动态性，使得传统的资产评估方法难以完全适用。丛书中分析了数据资产的独特属性，入表和价值评估的相关要求和操作流程，可以帮助企业在财务决策中更加科学地进行数据资产的评估与管理。另外，还可以帮助企业将数据资产纳入其整体财务管理体系，提升企业在市场中的透明度与公信力。

推动数字经济有序健康发展，不仅需要政策的支持，还需要企业的积极参与。通过阅读本丛书，读者将能够更加深刻地理解数据资产的管理框架、财务处理规范及其在经济增长中的关键作用，并且在公共数据资产运营、数据安全、隐私保护及数据价值评估等方面，获得系统的指导。

总之，数字经济的迅猛发展，给全球经济带来了新的机遇与挑战。数据资产作为核心资源，其管理与运营将直接影响企业的长远发展。我相信，本丛书不仅为企业管理者提供了宝贵的实践经验，还将推动中国数字经济持续健康稳定发展。

全国政协委员、北京新联会会长、中国资产评估协会副会长
北京中企华资产评估有限责任公司董事长
权忠光

丛书总序

2019年10月31日，中国共产党第十九届中央委员会第四次全体会议通过《中共中央关于坚持和完善中国特色社会主义制度 推进国家治理体系和治理能力现代化若干重大问题的决定》，提出要健全劳动、资本、土地、知识、技术、管理、数据等生产要素由市场评价贡献、按贡献决定报酬的机制，"数据"首次被正式纳入生产要素并参与分配，这是一项重大的理论创新。2020年3月30日，中共中央、国务院发布《中共中央 国务院关于构建更加完善的要素市场化配置体制机制的意见》，将数据与土地、劳动力、资本、技术等传统要素并列成为五大生产要素。《中共中央 国务院关于构建数据基础制度更好发挥数据要素作用的意见》提出要根据数据来源和数据生成特征，分别界定数据生产、流通、使用过程中各参与方享有的合法权利，建立数据资源持有权、数据加工使用权、数据产品经营权等分置的产权运行机制。鼓励公共数据在保护个人隐私和确保公共安全的前提下，按照"原始数据不出域、数据可用不可见"的要求，以模型、核验等产品和服务等形式向社会提供，实现数据流通全过程动态管理，在合规流通使用中激活数据价值。

可以预期，数据作为新型生产要素，将深刻改变我们的生产方式、生活方式和社会治理方式。随着数据采集、治理、应用、安全等方面的技术不断创新和产业的快速发展，数据要素已成为国民经济长期增长的内生动力。从广义上理解，数据资产是能够激发管理服务潜能并能带来经济效益的数据资源，它正逐渐成为构筑数字中国的基石和加速数字经济飞跃的关键战略性资源。数据资产的科学管理将为企业构建现代化管理系统，提升企业数据治理能力，促进企业战略决策的数据化、科学化提供有力支撑，对于企业实现高质量发展具有重要的战略意义。数据资产的价值化是多环节协同的结果，包括数据采集、存储、处理、分析和挖掘等。随着技术的快速发展，新的数据处理和分析技术不断涌现，企业需要更新和完善自身的管理体系，以适应数据价值化的内在需求。数据价值化将促使企业提升数据治理水平，完善数据管理制度，建立完善的数据治理体系；企业还需要打破部门壁垒，实现数据的跨部门共享和协作。随着技术的高速发展，大数据、云计算、人工智能等技术的应用日益广泛，数据资产的价值正逐渐被不同行业的企业所认识。然而，相较于传统的资产类型，数据资产的特性使得其在管理、价值创造与会计处理等方面面临诸多挑战，提升数据资产的管理能力是产业数字化和数据要素化的关键，也是提升企业核心竞争力和发展新质生产力的必然选择。我们需要在不断研究数据价值管理理论的基础上，深入开展数据价值化实践，以有效释放数据资产的价值并推进数字经济高质量发展。

财政部 2023 年 8 月印发《企业数据资源相关会计处理暂行规定》，标志着"数据资产入表"正式确立。2023 年 9 月 8 日，在财政部指导下，中国资产评估协会印发《数据资产评估指导意见》，为数据资产价值衡量提供了重要标准尺度。数据资产入表的推进为企业数据资产的价值管理带来新的挑战。数据资产入表不仅需要明确数据资产确认的条件和方式，还涉及如何划定数据资产的边界，明确会计核算的范围，这是具有一定挑战性的任务。最关键的是，数据资产入表只是数据资源资产化的第一步。同时，数据资产的价值评估已成为推动数据资产化和数据资产市场化不可或缺的重要环节之一。由于数据资产的价值在很大程度上取决于其在特定应用场景中的使用，现实情况中能够直接带来经济利益流入的应用场景相对较少，如何对数据资产进行合理和科学的价值评估，也是资产评估行业和社会各界所关注的重要议题，需要深入进行理论研究并不断总结最佳实践。

数据资产化将加速企业数字化转型，驱动企业管理水平提升，合规利用数据资源。数据资产入表将对企业数据治理水平提出挑战，企业需建立和完善数据资产管理体系，加强数字化人才的培养，有效地进行数据的采集、整理，提高数据质量，让数据利用更有可操作性、可重复利用性。企业管理层将会更加关注数据资产的管理和优化，强化数据基础，提高企业运营管理水平，助力企业更好地遵循相关法规，降低合规风险，注重信息安全。通过对数据资产进行系统管理和价值评估，企业能够更好地了解自身创新潜力，有助于优化研发投资，提高业务的敏捷性和竞争力，推动基于数据资产利用的场景创新并激发业务创新和组织创新。因此，需要就数据资源的内容、数据资产的用途、数据价值的实现模式等进行系统筹划和全面分析，以有效达成数据资源的资产化实现路径，并不断创新数据资产或数据资源的应用场景，为企业和公共数据资产化和资本化的顺利实现，通过数据产业化发展地方经济，构建新型的数据产业投融资模式，以及国民经济持续健康发展打下坚实的基础。

数据要素在政府社会治理与服务，以及宏观经济调控方面也扮演着关键角色。数据要素的自由流动提高了政府的透明度，增强了公民和政府之间的信任，同时有助于消除"数据孤岛"，推动公共数据的开放共享。来自传统和新型社交媒体的数据可以用于公民的社会情绪分析，帮助政府更好地了解公民的情感、兴趣和意见，为公共服务对象的优先级制定提供支持，提升社会治理水平和能力。还可以对来自不同公共领域的数据进行相关性分析，有助于政府决策机构进行更准确的经济形势分析和预测，从而促进宏观经济政策的有效制定。公共数据也具有巨大的经济社会价值，2023年12月31日，国家数据局等17部门联合印发《"数据要素×"三年行动计划（2024—2026年）》，提出要以推动数据要素高水平应用为主线，以推进数据要素协同优化、复用增效、融合创新作用发挥为重点，强化场景需求牵引，带动数据要素高质量供给、合规高效流通，培育新产业、新模式、新动能，充分实现数据要素价值。2023年12月31日，财政部印发《关于加强数据资产管理的指导意见》，明确指出要坚持有效市场与有为政府相结合，充分发挥市场配置资源的决定性作用，支持用于产业发展、行业发展的公共数据资产有条件有偿使用，加大政府引导调节力度，探索建立公共数据资产开发利用和收益分配机制。我们看到，大模型已在公共数据开发领域发挥着显著的作用。

数据要素化既有不少机遇也有许多挑战，当前在数据管理、数据安全及合规监管方面还有大量的理论问题、政策问题以及具体的实现路径问题需要回答。例如，如何准确衡量数据资产的价值，如何确保数据交易流动的安全与合规，利益的合理分配，数据资产的合理计量和会计处理，都是摆在政府和企业面前的难题。在这样的背景下，北京大学出版社邀请我组织编写《数据资产系列丛书》，我深感荣幸与责任并重。我们生活在一个信息飞速发展的时代，每一天都有新的知识、新的观点、新的思考在涌现。作为致力于传播新知识、启迪思考的丛书，我们深知自己肩负的使命不仅仅是传递信息，更是要引导读者深入思考，激发他们内在的智慧和潜能。在筹备丛书的过程中，我们精心策划、严谨筛选，力求将最有价值、最具深度的内容呈现给读者。我们邀请了众多领域的专家学者，他们用自己的专业知识和独特视角，为我们解读相关理论和实践成果，让我们得以更好地理解那些隐藏在表象之下的智慧和思考。本丛书不仅是对数据要素领域理论体系的一次系统梳理，也是对现有实践经验的深度总结。在未来的数字经济发展中，数据资产将扮演越来越重要的角色，希望这套丛书能成为广大从业人员学习、参考的必备工具。

我要感谢本丛书的作者团队。他们在繁忙的工作之余，收集大量的资料并整理分析，贡献了他们的理论研究成果和丰富的实践经验，他们的智慧和才华，为丛书注入了独特的灵魂和活力。

我要感谢北京大学出版社的编辑和设计团队。他们精心策划、认真审阅、精心设计，他们的专业精神和创造力，为丛书增添了独特的魅力和风采。

我还要感谢我的家人和朋友们。他们一直陪伴在我身边，给予我理解和支持，让我能够有时间投入到丛书的协调和组织工作中。

最后，我要再次向所有为丛书的出版作出贡献的人表示衷心的感谢，是你们的努力和付出，让丛书得以呈现在大家面前；我们也将继续努力，为大家组织编写更多数据资产系列书籍，为中国数字经济的发展作出应有的贡献。

中国资产评估协会数据资产评估专业委员会副主任

北京中企华大数据科技有限公司董事长

刘云波

前　言

党的二十大报告指出，要"深化要素市场化改革，建设高标准市场体系"。中共中央、国务院于 2022 年发布《中共中央 国务院关于构建数据基础制度更好发挥数据要素作用的意见》。2023 年 12 月，国家数据局等 17 部门联合印发《"数据要素×"三年行动计划（2024—2026 年）》，旨在充分发挥数据要素乘数效应，赋能经济社会发展。2024 年 7 月，党的二十届三中全会也进一步提出建设和运营国家数据基础设施，促进数据共享，对加快落实"数据要素×"行动和支撑发展新质生产力提出了新的要求。

2023 年 8 月，为规范企业数据资源相关会计处理，财政部正式印发《企业数据资源相关会计处理暂行规定》。2023 年 9 月，中国资产评估协会发布了《数据资产评估指导意见》，对数据资产评估业务涉及的评估方法和披露要求等方面做出规定。2024 年上半年，中国移动、中国联通、中国电信、晶华新材、佳华科技等上市公司实现数据资产入表。同时，随着数据资产买卖、融资、质押等相关交易日益增多，数据资产价值评估已成为刚需。但客观而言，数据资产入表和价值评估仍然面临一些现实挑战，如何进行数据资产入表和价值评估需要进行深入研讨。

本书共分为 7 章。第 1 章是引言，对数据资产相关政策、数据资产交易平台、上市公司数据资产入表等进行了系统梳理；第 2 章是数据资产入表与价值评估的基本概念，对数据、数据资产、数据资产入表与数据资产价值评估的基本概念和特征进行阐述；第 3 章是数据资产入表，细致阐述了数据资产权属确认、数据资产会计确认和计量，并运用案例讲解数据资产入表的全流程；第 4 章是数据资产价值评估基础，对数据资产的评估目的、评估对象、评估程序、数据资产价值影响因素、数据资产质量评价、数据价值化的典型场景、数据资产的价值实现路径进行了论述；第 5 章是数据资产价值评估方法，详细描述了收益法、成本法和市场法在数据资产价值评估中的应用，并结合实务案例解析数据资产价值评估，探讨数据资产价值评估改进方法；第 6 章是数据资产的列报与披露，对数据资产在资产负债表中的披露和报表附注中的数据资产信息披露等进行了研讨；第 7 章是数据资产入表与价值评估的挑战与对策，对数据资产入表与价值评估存在的难点和挑战进行分析，并提出可能的解决路径。第 1 章、第 2 章、第 3 章、第 6 章和第 7 章由王竞达、梁美健、何源泉、马里斌、梅延拓、贾博坤、石伟汉等人编写，第 4 章和第 5 章由王竞达、刘云波、高鑫编写。

本书在编写过程中得到了多方的大力支持和帮助。首先，本书得到了中国资产评估协会的大力支持，在此特别感谢；我们也非常感谢中企华资产评估公司总裁兼 CEO 刘登清博士、中瑞世联资产评估集团有限公司首席评估师高鑫女士、中联资产评估集团有限公司董事长范树奎先生和副总裁唐章奇先生、首都经济贸易大学梁美健教授、赵懿清教授、张晓慧副教授等专家，感谢他们百忙之中提供了很多宝贵建议。此外，也特别感谢首都经济贸易大学的研究生曹畅、祖广政、车洪雪等同学在本书资料收集和编写等方面所作出的重要贡献。

数据资产入表和数据资产价值评估对于加快培育数据要素市场，促进数据要素的市场化流通和交易具有重要作用，期待数据资产入表和数据资产价值评估能够更好地助力数字经济发展，助力市场经济高质量可持续健康发展！

编著者

2024 年 10 月

目　　录

第 1 章　引言 ·· 1

1.1　数据产业相关政策梳理 ··· 2
1.2　国内数据交易平台不断涌现 ··· 12
1.3　2024 年一季报和半年报上市公司数据资产入表统计分析 ············· 17
　　1.3.1　一季报上市公司数据资产入表简要分析 ························· 17
　　1.3.2　半年报上市公司数据资产入表简要分析 ························· 22
1.4　数据资产入表与价值评估已成为刚需 ·· 31

第 2 章　数据资产入表与价值评估的基本概念 ··································· 33

2.1　数据 ·· 34
　　2.1.1　数据的基本概念 ··· 34
　　2.1.2　数据的分类 ·· 34
2.2　数据资产 ·· 35
　　2.2.1　数据资产的概念 ··· 35
　　2.2.2　数据资产的基本特征 ··· 36
2.3　数据资产入表 ··· 37
　　2.3.1　数据资产入表的基本概念 ··· 37
　　2.3.2　数据资产入表的意义 ··· 37
2.4　数据资产价值评估 ··· 38
　　2.4.1　数据资产价值评估的特征 ··· 38
　　2.4.2　数据资产价值评估的意义 ··· 39

第 3 章　数据资产入表 ·· 41

3.1　数据资产入表的作用 ··· 42
3.2　数据资产的权属确认 ··· 43
　　3.2.1　数据资产确权的概念 ··· 43
　　3.2.2　数据资产确权的内容 ··· 44

    3.2.3　数据资产的权利类型及数据权利的界定 ･･････････････････････････････････ 45
    3.2.4　数据资产确权的步骤 ･･ 46
    3.2.5　数据资产确权的案例 ･･ 48
3.3　数据资产的会计确认 ･･ 49
    3.3.1　数据资产确认条件 ･･ 49
    3.3.2　数据资产类型确认的影响因素 ･･････････････････････････････････････ 52
    3.3.3　数据资产确认案例——将数据资源确认为无形资产和存货 ････････････ 54
3.4　数据资产的会计计量 ･･ 61
    3.4.1　数据资产的初始计量 ･･ 62
    3.4.2　数据资产的后续计量 ･･ 67
    3.4.3　数据资产的其他事项计量 ･･ 69
3.5　数据资产入表及其财务影响案例 ･･ 70
    3.5.1　案例背景 ･･ 70
    3.5.2　入表模拟 ･･ 71
    3.5.3　财务指标分析 ･･ 75

第 4 章　数据资产价值评估基础 ･･ 77

4.1　数据资产的评估目的 ･･ 78
4.2　数据资产的评估对象 ･･ 79
4.3　数据资产的评估程序 ･･ 80
    4.3.1　前期沟通交流 ･･ 80
    4.3.2　收集数据资产评估相关资料信息 ････････････････････････････････････ 81
    4.3.3　现场调查与核查验证 ･･ 81
    4.3.4　评定估算和撰写评估报告 ･･ 82
    4.3.5　向相关当事人征求意见并出具数据资产评估报告 ････････････････････ 82
4.4　数据资产价值的影响因素 ･･ 82
4.5　数据资产质量评价 ･･ 83
    4.5.1　数据资产质量评价标准 ･･ 83
    4.5.2　数据资产质量评价方法 ･･ 84
4.6　数据价值化的典型场景 ･･ 85
    4.6.1　工业制造领域 ･･ 85
    4.6.2　现代农业领域 ･･ 85
    4.6.3　商贸流通领域 ･･ 86
    4.6.4　交通运输领域 ･･ 86
    4.6.5　金融服务领域 ･･ 86

- 4.6.6 科技创新领域 ... 86
- 4.6.7 文化旅游领域 ... 87
- 4.6.8 医疗健康领域 ... 87
- 4.6.9 应急管理领域 ... 87
- 4.6.10 气象服务领域 ... 88
- 4.6.11 城市治理领域 ... 88
- 4.6.12 绿色低碳领域 ... 88
- 4.7 数据资产的价值实现路径 ... 88

第5章 数据资产价值评估方法 ... 93

- 5.1 收益法 ... 94
  - 5.1.1 收益法评估的基本模型 ... 94
  - 5.1.2 收益法评估数据资产的前提条件 ... 94
  - 5.1.3 收益法的预测模型及其适用条件 ... 95
  - 5.1.4 收益法的基本步骤 ... 96
  - 5.1.5 收益法应用举例 ... 101
- 5.2 成本法 ... 103
  - 5.2.1 成本法的基本模型 ... 103
  - 5.2.2 成本法评估数据资产的前提条件 ... 104
  - 5.2.3 成本法评估数据资产的基本步骤 ... 104
  - 5.2.4 成本法应用举例 ... 106
- 5.3 市场法 ... 111
  - 5.3.1 市场法的基本模型 ... 111
  - 5.3.2 市场法应用的前提条件 ... 112
  - 5.3.3 市场法的基本步骤 ... 112
  - 5.3.4 市场法应用举例 ... 113
- 5.4 数据资产价值评估案例1 ... 114
  - 5.4.1 价值评估目的、对象和范围 ... 114
  - 5.4.2 价值评估的类型 ... 115
  - 5.4.3 价值评估基准日和依据 ... 115
  - 5.4.4 价值评估方法及技术思路说明 ... 116
- 5.5 数据资产价值评估案例2 ... 127
  - 5.5.1 报告标的物简介 ... 127
  - 5.5.2 报告依据 ... 132
  - 5.5.3 报告假设 ... 133

5.5.4 分析过程 ･･ 134
5.5.5 报告结论 ･･ 140
5.6 数据资产价值评估模型改进探讨 ･･････････････････････････････････ 141
5.6.1 成本法的改进 ･･ 141
5.6.2 收益法的改进 ･･ 144
5.6.3 建立基于数据资产生命周期的价值评估模型 ････････････････ 145

第 6 章　数据资产的列报与披露 ･･････････････････････････････････ 147

6.1 数据资产列报与披露的必要性 ････････････････････････････････････ 148
6.2 数据资产在资产负债表中的列报与披露 ･･････････････････････････ 149
6.2.1 数据资产在资产负债表中的列报 ････････････････････････････ 149
6.2.2 确认为存货的数据资产相关披露 ････････････････････････････ 149
6.2.3 确认为无形资产列报的数据资源相关披露 ････････････････････ 150
6.2.4 确认为开发支出列报的数据资源相关披露 ････････････････････ 152
6.2.5 数据资产在资产负债表中单独列报 ･･････････････････････････ 152
6.3 会计报表附注中的数据资产信息披露 ････････････････････････････ 153
6.3.1 数据资产基本情况披露 ････････････････････････････････････ 154
6.3.2 数据资产评估的相关信息披露 ･･････････････････････････････ 154
6.3.3 数据资产的确认与计量状况披露 ････････････････････････････ 155
6.3.4 数据资产的使用情况披露 ･･････････････････････････････････ 155
6.3.5 数据资产应用现状披露 ････････････････････････････････････ 155
6.3.6 数据资产相关风险披露 ････････････････････････････････････ 156
6.3.7 其他数据资源相关信息 ････････････････････････････････････ 156
6.4 数据资产作为"第四张报表"披露探讨 ････････････････････････････ 157

第 7 章　数据资产入表与价值评估的挑战与对策 ････････････････ 159

7.1 数据资产入表的挑战与对策 ･･････････････････････････････････････ 160
7.1.1 数据资产入表的挑战 ･･････････････････････････････････････ 160
7.1.2 数据资产入表的对策和建议 ････････････････････････････････ 162
7.2 数据资产价值评估的挑战与对策 ････････････････････････････････ 163
7.2.1 数据资产价值评估的挑战 ･･････････････････････････････････ 163
7.2.2 数据资产价值评估的对策和建议 ････････････････････････････ 166

参考文献 ･･ 170

附录 A　《企业数据资源相关会计处理暂行规定》 ････････････････････ 172

附录 B	《数据资产评估指导意见》	178
附录 C	《关于加强数据资产管理的指导意见》	183
附录 D	《企业会计准则第 1 号——存货》	188
附录 E	《企业会计准则第 6 号——无形资产》	191
附录 F	《企业会计准则第 14 号——收入》	195
附录 G	《企业会计准则第 8 号——资产减值》	207

第1章

引　言

随着数字经济的不断发展，数据作为关键生产要素的价值日益凸显。党的二十大报告指出，要"深化要素市场化改革，建设高标准市场体系"。中共中央、国务院于 2020 年提出要"加快培育数据要素市场"，2021 年提出要"探索建立数据要素流通规则""有序推动部分领域数据流通应用"，2022 年发布了《中共中央 国务院关于构建数据基础制度更好发挥数据要素作用的意见》。2023 年，财政部印发《企业数据资源相关会计处理暂行规定》，标志着数据资产确认政策落地。2023 年 10 月，国家数据局正式揭牌成立，12 月国家数据局等 17 部门联合印发《"数据要素×"三年行动计划（2024—2026 年）》，旨在充分发挥数据要素乘数效应，赋能经济社会发展。2023 年 12 月，财政部印发《关于加强数据资产管理的指导意见》，提出构建"市场主导、政府引导、多方共建"的数据资产治理模式，不断提升和丰富数据资产的经济价值和社会价值。2024 年《政府工作报告》中提出，要"健全数据基础制度，大力推动数据开发开放和流通使用"。2024 年 7 月，《中共中央关于进一步全面深化改革 推进中国式现代化的决定》明确提出，要"建设和运营国家数据基础设施，促进数据共享"，这也对加快落实"数据要素×"行动和支撑发展新质生产力提出了新的要求。

1.1 数据产业相关政策梳理

2014 年 3 月，大数据被首次写入我国《政府工作报告》，国家对数据产业的重视程度迅速提升。此后，国家不断出台相应的政策和文件，加强对数据产业整体发展的顶层设计和统筹布局。2016 年颁布的《中华人民共和国国民经济和社会发展第十三个五年规划纲要》正式提出，要"把大数据作为基础性战略资源，全面实施促进大数据发展行动，加快推动数据资源共享开放和开发应用，助力产业转型升级和社会治理创新"，这标志着数据产业发展进入实施阶段。

2017 年，党的十九大报告提出，要"推动互联网、大数据、人工智能和实体经济深度融合，在中高端消费、创新引领、绿色低碳、共享经济、现代供应链、人力资本服务等领域培育新增长点、形成新动能"。2020 年，中共中央、国务院发布《中共中央 国务院关于构建更加完善的要素市场化配置体制机制的意见》，要求加快培育数据要素市场，数据产业进入纵深化发展阶段。

2022 年发布的《中共中央 国务院关于构建数据基础制度更好发挥数据要素作用的意见》指出，要"完善数据要素市场化配置机制，扩大数据要素市场配置范围和按价值贡献参与分配渠道"。2023年12月，国家数据局等17部门联合印发《"数据要素×"三年行动计划（2024—2026年）》，旨在建立健全数据要素市场规则，完善数据要素交易、流通、收益分配机制，推动数据资产入表工作，发挥数据要素乘数效应，赋能经济社会发展。

自2014年起，国家出台的与数据相关的政策文件如表1-1所示。通过国家出台政策文件的主要内容可以看出，国家在数据发展战略层面已经从以数据、大数据为开端逐渐纵深化发展到数字经济、数据要素、统一大市场；由注重相应标准体系、完善基础设施到促进流通交易。同时，国家出台的相关政策涉及各行业、各领域，表明所有行业将会步入数字经济和数据资产发展的快车道，且数据产业发展由国家宏观层面下沉至企业微观主体层面，层层递进，步步深入，上下合力，共同推动数据产业发展。进入2024年，国家层面不断拓展数字相关政策覆盖范围，在数据类型上，制定针对自然资源数据、气象数据和民航数据的管理与应用制度；在空间范围上，优化调整数字跨境流动制度；在促进措施上，结合数字商务、数字智慧城市等推动数字经济发展。为深入贯彻落实中央发布的各项引领制度，各省（自治区、直辖市）也纷纷出台相关政策，在完善数据相关管理制度、夯实数字基础设施建设、营造良好数据流通环境、推动数据共享共用、加强数据安全管理等方面发挥政策导向作用。

表1-1 与数据相关的政策文件

时间	发布单位	文件名称	主要内容
2014年	十二届全国人大二次会议	《政府工作报告》	设立新兴产业创业创新平台，在新一代移动通信、集成电路、大数据、先进制造、新能源、新材料等方面赶超先进，引领未来产业发展
2015年	国务院	《促进大数据发展行动纲要》	全面推进我国大数据发展和应用，加快建设数据强国；加快政府数据开放共享，推动资源整合，提升治理能力；推动产业创新发展，培育新兴业态，助力经济转型；强化安全保障，提高管理水平，促进健康发展
2016年	工业和信息化部	《大数据产业发展规划（2016—2020年）》	发展原则：创新驱动、应用引领、开放共享、统筹协调、安全规范；强化大数据技术产品研发；深化工业大数据创新应用；促进行业大数据应用发展；加快大数据产业主体培育；推进大数据标准体系建设；完善大数据产业支撑体系；提升大数据安全保障能力

续表

时间	发布单位	文件名称	主要内容
2016年	国家发展和改革委员会	《国家发展改革委办公厅关于组织实施促进大数据发展重大工程的通知》	加快推动数据资源开放共享流通,强化数据资源在各领域应用,要求重点支持大数据示范应用;重点支持大数据共享开放;重点支持基础设施统筹发展;重点支持数据要素流通,探索建立大数据交易平台和制度
	农业部	《农业农村大数据试点方案》	争取省级农业数据中心建设取得显著进展,部省联动、数据共享取得突破。大数据在农业生产经营各环节加快应用,大数据关键共性技术研发、关联分析和挖掘利用取得积极进展,形成一批创新应用成果
	交通运输部	《交通运输部办公厅关于推进交通运输行业数据资源开放共享的实施意见》	推动交通运输大数据创新应用。依托行业统一的数据资源开放共享平台,以及物流、运政、海事等专业数据资源共享平台,促进行业数据资源和社会数据资源整合共享
	国土资源部	《关于促进国土资源大数据应用发展的实施意见》	健全国土资源数据资源体系,实现国土资源数据的充分共享和适度开放,深化国土资源大数据的创新应用,不断提高国土资源参与宏观调控、市场监管、社会治理和公共服务的精准性和有效性,促进国土资源大数据应用新业态发展,形成国土资源大数据应用发展新格局
2017年	水利部	《关于推进水利大数据发展的指导意见》	加强顶层设计和统筹协调,以创新为动力,以需求为导向,以整合为手段,以应用为目标,以安全为保障加快数据整合共享和有序开放,推进水利业务与信息技术深度融合,深化大数据在水利工作中的创新应用,促进水治理体系和治理能力现代化
2018年	国家卫生健康委员会	《关于印发国家健康医疗大数据标准、安全和服务管理办法(试行)的通知》	加强健康医疗大数据服务管理,促进"互联网+医疗健康"发展,充分发挥健康医疗大数据作为国家重要基础性战略资源的作用
2019年	国家互联网信息办公室	《数据安全管理办法(征求意见稿)》	为了维护国家安全、社会公共利益,保护公民、法人和其他组织在网络空间的合法权益,保障个人信息和重要数据安全

续表

时间	发布单位	文件名称	主要内容
2019年	十九届中央委员会第四次全体会议	《中共中央关于坚持和完善中国特色社会主义制度 推进国家治理体系和治理能力现代化若干重大问题的决定》	坚持按劳分配为主体、多种分配方式并存。健全劳动、资本、土地、知识、技术、管理、数据等生产要素由市场评价贡献、按贡献决定报酬的机制
2020年	中共中央、国务院	《中共中央 国务院关于构建更加完善的要素市场化配置体制机制的意见》	加快培育数据要素市场：推进政府数据开放共享；提升社会数据资源价值；加强数据资源整合和安全保护
2020年	中共中央、国务院	《中共中央 国务院关于新时代加快完善社会主义市场经济体制的意见》	加快培育发展数据要素市场，建立数据资源清单管理机制，完善数据权属界定、开放共享、交易流通等标准和措施，发挥社会数据资源价值
2020年	国务院办公厅	《国务院办公厅关于以新业态新模式引领新型消费加快发展的意见》	安全有序推进数据商用。在健全安全保障体系的基础上，依法加强信息数据资源服务和监管。加大整合开发力度，探索数据流通规则制度，有效破除数据壁垒和"孤岛"
2021年	中共中央办公厅、国务院办公厅	《建设高标准市场体系行动方案》	建立数据资源产权、交易流通、跨境传输和安全等基础制度和标准规范。积极参与数字领域国际规则和标准制定
2021年	国家发展和改革委员会	《全国一体化大数据中心协同创新体系算力枢纽实施方案》	基本原则：加强统筹、绿色集约、自主创新、安全可靠。统筹围绕国家重大区域发展战略，根据能源结构、产业布局、市场发展、气候环境等，在京津冀、长三角、粤港澳大湾区、成渝，以及贵州、内蒙古、甘肃、宁夏等地布局建设全国一体化算力网络国家枢纽节点，发展数据中心集群，引导数据中心集约化、规模化、绿色化发展
2021年	十三届全国人大四次会议	《中华人民共和国国民经济和社会发展第十四个五年规划和2035年远景目标纲要（草案）》	建立健全数据要素市场规则：统筹数据开发利用、隐私保护和公共安全，加快建立数据资源产权、交易流通、跨境传输和安全保护等基础制度和标准规范。建立健全数据产权交易和行业自律机制，培育规范的数据交易平台和市场主体，发展数据资产评估、登记结算、交易撮合、争议仲裁等市场运营体系

续表

时间	发布单位	文件名称	主要内容
2021年	国家互联网信息办公室	《数据出境安全评估办法（征求意见稿）》	规定数据出境安全评估的范围条件和程序办法，为数据出境安全评估工作提供了具体指引
	工业和信息化部	《工业和信息化领域数据安全管理办法（试行）（征求意见稿）》	贯彻落实《中华人民共和国数据安全法》等法律法规，加快推动工业和信息化领域数据安全管理工作制度化、规范化，提升工业、电信行业数据安全保护能力，防范数据安全风险
	国务院办公厅	《要素市场化配置综合改革试点总体方案》	探索建立数据要素流通规则。完善公共数据开放共享机制；建立健全数据流通交易规则；拓展规范化数据开发利用场景；加强数据安全保护
	工业和信息化部	《"十四五"大数据产业发展规划》	到2025年，大数据产业测算规模突破3万亿元，年均复合增长率保持在25%左右，创新力强、附加值高、自主可控的现代化大数据产业体系基本形成。加快培育数据要素市场；发挥大数据特性优势；夯实产业发展基础；构建稳定高效产业链；打造繁荣有序产业生态；筑牢数据安全保障防线
	国家发展和改革委员会	《"十四五"数字经济发展规划》	推动我国数字经济健康发展，优化升级数字基础设施；充分发挥数据要素作用；大力推进产业数字化转型；加快推动数字产业化；持续提升公共服务数字化水平；健全完善数字经济治理体系；着力强化数字经济安全体系；有效拓展数字经济国际合作
2022年	中共中央、国务院	《中共中央 国务院关于加快建设全国统一大市场的意见》	加快培育数据要素市场，建立健全数据安全、权利保护、跨境传输管理、交易流通、开放共享、安全认证等基础制度和标准规范，深入开展数据资源调查，推动数据资源开发利用
	中共中央、国务院	《中共中央 国务院关于构建数据基础制度更好发挥数据要素作用的意见》	充分发挥我国海量数据规模和丰富应用场景优势，激活数据要素潜能；建立保障权益、合规使用的数据产权制度；建立合规高效、场内外结合的数据要素流通和交易制度；建立体现效率、促进公平的数据要素收益分配制度；建立安全可控、弹性包容的数据要素治理制度

续表

时间	发布单位	文件名称	主要内容
2023年	工业和信息化部等	《工业和信息化部等十六部门关于促进数据安全产业发展的指导意见》	推动数据安全产业高质量发展，提高各行业各领域数据安全保障能力，加速数据要素市场培育和价值释放，夯实数字中国建设和数字经济发展基础。提升产业创新能力：加强核心技术攻关，构建数据安全产品体系；壮大数据安全服务，推进标准体系建设，推广技术产品应用，构建繁荣产业生态，加强人才供给，深化国际交流合作
	财政部	《企业数据资源相关会计处理暂行规定》	为规范企业数据资源相关会计处理，强化相关会计信息披露，对企业数据资源的相关会计处理在适用准则及列示和披露要求方面进行规定
	国家数据局	《"数据要素×"三年行动计划（2024—2026年）》	通过实施"数据要素×"行动，发挥我国海量数据规模和丰富应用场景优势，推动数据在不同场景中发挥千姿百态的乘数效应，促进我国数据基础资源优势转化为经济发展新优势
2024年	广西壮族自治区人民政府办公厅	《广西数据交易管理暂行办法》	数据交易场所应当突出数据交易基础服务功能，在开展公共数据交易时应当强化公共属性和公益定位。自治区大数据发展主管部门应当推动全区数据交易场所与其他区域性数据交易场所、行业性数据交易场所、国家级数据交易场所互联互通。自治区大数据发展主管部门会同发展改革、财政等部门制定数据交易价格评估导则，构建交易价格评估指标体系
	合肥市人民政府办公室	《合肥市发挥数据要素作用推动高质量发展行动方案》	在筑牢数据要素基础支撑体系、赋能现代化产业体系发展、提升城市治理智慧化水平、提升公共服务数字化能级、培育数据要素生态体系等方面提出了具体要求
	贵州省工业和信息化厅	《贵州省工业领域数字化转型行动方案》	围绕"六大产业基地"建设，聚焦全省重点工业产业集群和重点产业链，大力实施"三大行动""十项重点任务"，加快推动龙头骨干企业、中小企业、产业链数字化改造升级，夯实工业互联网平台、智能硬件和装备、工业软件、网络设施及安全等基础支撑，加大优秀服务商培育和典型案例推广应用力度，推动产业数字化各项任务加快落地落实

续表

时间	发布单位	文件名称	主要内容
2024年	中国民航局	《民航数据管理办法（征求意见稿）》	智慧办负责统筹推进民航数据治理工作；数安办负责统筹协调民航数据安全工作；民航局数据统筹管理部门组织推进公共数据授权运营工作
	中国民航局	《民航数据共享管理办法（征求意见稿）》	民航数据共享遵循统筹谋划、应享尽享、依法应用和安全可控原则。鼓励和支持行业主体通过各级数据共享与服务平台开展数据共享，推进民航数据共享利用和应用服务
	甘肃省人民政府办公厅	《甘肃省"数据要素×"三年行动实施方案（2024—2026年）》	"数据要素×绿色能源"，提升数据供给水平、优化数据流通环境、加强数据安全保障，加大资金支持
	上海市财政局	《关于进一步加强本市数据资产管理的通知》	充分认识加强数据资产管理的重要性；积极探索数据资产全过程管理路径；严格防控数据资产管理风险
	南京市数据局	《南京市公共数据授权运营管理暂行办法》	规范公共数据授权运营管理，加快推进公共数据有序开发利用，培育数据要素市场。内容涉及公共数据的定义、授权运营的概念、运营管理平台的建设、职责分工、申请和退出流程、授权运营要求、安全和监督等方面
	南京市数据局	《南京市数据资产登记暂行办法》	内容包括数据资产的定义，数据资产登记的类型、登记内容和条件，登记申请人及登记主体的权利与责任，登记机构的职责和监管、法律责任等。该办法详细说明了数据资产登记的程序和要求，包括首次登记、许可登记、转移登记、变更登记、注销登记、撤销登记和异议登记等
	国家互联网信息办公室	《促进和规范数据跨境流动规定》	对数据出境安全评估、个人信息出境标准合同、个人信息保护认证等数据出境制度作出优化调整
	国家金融监督管理总局	《银行保险机构数据安全管理办法（征求意见稿）》	要求银行保险机构建立数据安全责任制，指定归口管理部门负责本机构的数据安全工作；按照"谁管业务、谁管业务数据、谁管数据安全"的原则，明确各业务领域的数据安全管理责任；制定数据分类分级保护制度，并采取差异化的安全保护措施

续表

时间	发布单位	文件名称	主要内容
2024年	自然资源部	《自然资源领域数据安全管理办法》	鼓励自然资源领域数据依法共享开放和开发利用，支持数据创新应用。积极构建数据开发利用和安全产业协调共进的发展模式，不断提升数据安全保障能力，维护国家安全、社会稳定、组织和个人权益
	江苏省数据局	《江苏省数据条例（草案）（征求意见稿）》	共九章七十四条，包括总则、数据权益、数据资源、数据流通交易、数据产业、数据应用、安全与保障、法律责任、附则
	浙江省十四届人大常委会	《杭州市数字贸易促进条例》	首次明确数字贸易的法定概念、范围和业态模式；首次立法明确政府可以推动制定和实施数据跨境流动的规则；首次明确政府各部门在促进数字贸易发展中的职责等
	杭州市数据资源管理局	《杭州市人民政府办公厅关于高标准建设"中国数谷"促进数据要素流通的实施意见》	详细阐述杭州市在建设"中国数谷"和促进数据要素流通方面的总体目标、数据制度体系构建、数据基础设施布局、数据资源高效供给、数据市场产业集聚、数据跨域合作协同、数据应用场景引领以及保障体系等关键措施
	广东省工业和信息化厅、广东省政务服务和数据管理局	《2024年广东省数字经济工作要点》	大力推动数字产业化和产业数字化；推进数据资源开发利用；加快数字技术创新；优化升级数字基础设施；健全完善治理和安全体系；营造数字经济良好发展环境。支撑通用人工智能发展及高质量公共数据资源库建设。探索公共数据授权运营、社会数据开发利用以及公共数据和社会数据融合
	福建省发展和改革委员会	《福建省促进数据要素流通交易的若干措施》	围绕重点行业评选一批数据汇集和供给成效显著的行业数据服务平台，给予最高不超过500万元补助。推动公共数据按政府指导定价有偿使用，加快建设"公共数据有偿使用计费系统"。鼓励各地聚焦金融服务、医疗健康、交通运输等重点领域开展场景应用创新
	杭州市数据资源管理局	《杭州市数据流通交易促进条例（草案）》	鼓励市场主体开发创造衍生数据；本书依法组织设立杭州数据交易所；鼓励市场主体自愿开展数据价值第三次分配；支持以"数据交易场所、数联网、数据发票（数据合规流通数字证书）和区块链"等为核心，建立跨区域数据流通交易基础设施。鼓励市场主体探索构建数据流通交易技术信任体系

续表

时间	发布单位	文件名称	主要内容
2024年	湖北省人民政府办公厅	《湖北省人民政府办公厅关于加快培育新质生产力推动高质量发展的实施意见》	充分发挥湖北比较优势，以"用"为导向搭建科创供应链平台、激活新质生产力核心要素。重点深化数据要素市场化配置改革，建设省级数据交易场所，实施"数据要素×"行动计划，探索开展公共数据授权运营，打造全国数据要素市场中部枢纽
	商务部	《数字商务三年行动计划（2024—2026年）》	从打造数实融合消费新场景、组织跨境电商卖家积极出海、优化数字领域吸引外资环境等方面推动数字经济发展
	浙江省人民政府办公厅	《关于深化数据知识产权改革推动高质量发展的意见》	贯通数据知识产权登记码、统一社会信用代码和事业单位登记号；支持从事数据流通交易的网络服务提供者将数据知识产权登记证书作为登记主体享有数据权益的初步证明；推动数据知识产权登记证书跨省域互认互保
	湖北省数据局	《湖北省数据条例（草案）（征求意见稿）》	县级以上人民政府及其有关部门应当建立首席数据官制度，鼓励企事业单位建立首席数据官制度。湖北省人民政府设立由政府、高校、科研院所、企业等相关单位的专家组成的数据专家委员会，开展数据权益保护、数据治理、数据合规流通、数据开发利用、数据安全管理等方面的研究和评估，为数据发展和管理工作提供决策咨询
	山西省数据局	《山西省数据工作管理办法（征求意见稿）》	在数据资产管理、数据交易方面做出规定，并鼓励支持技术型、服务型、应用型数商发展，支持数商提供数据交易、数据经纪等专业服务，提高数据要素产业服务水平
	国家数据局	《数字中国建设2024年工作要点清单》	围绕以下四个方面部署重点任务：高质量构建数字化发展基础、数字赋能引领经济社会高质量发展、强化数字中国关键能力支撑作用、营造数字化发展良好氛围环境等
	中国气象局	《"气象数据要素×"三年行动实施方案（2024—2026年）》	梳理气象数据要素开发利用堵点；加强气象数据开发利用技术攻关；加快高价值气象数据产品研制；强化数据价值释放保障支撑；开展"气象数据要素×"试点；创新引领打造应用典型；积极稳妥推动众创利用

续表

时间	发布单位	文件名称	主要内容
2024年	浙江省制造业高质量发展（数字经济发展）领导小组办公室	《关于推进浙江数商高质量发展的实施意见》	首次对"浙江数商"作出明确定义，包含做强数商企业群体、提升数商发展能力、推动数商深度赋能、强化标准规范导引、优化数商发展生态、做强发展支撑平台等15条重点任务和5条保障措施
	辽宁省数字辽宁领导小组办公室	《辽宁省"数据要素×"三年行动总体工作方案（2024—2026年）》	以推动数据要素高水平应用为主线，以推进数据要素协同优化、复用增效、融合创新为重点，通过场景需求牵引，带动数据要素高质量供给、合规高效流通
	海南省工业和信息化厅	《海南自由贸易港数字经济促进条例（草案·公开征求意见稿）》	支持跨境电商综合试验区和数字保税区建设，开展国际互联网数据交互试点。探索发展国际数据中心；省发展改革、数据及有关部门应当支持设立海南自由贸易港国际数据交易场所；在数字身份跨境认证、跨境电子支付、数据制度、数据跨境流动等领域先行先试
	广东省政务服务和数据管理局	《数字广东建设2024年工作要点》	围绕"一点两地"全新定位，推动"数字湾区"建设；深化数字赋能"百千万工程"；打造具有全球影响力的数字技术创新高地；培育发展数据要素市场生态；夯实数字基础设施建设；加强网络和数据管理等
	济南市大数据局	《济南市推动数据要素市场化配置改革 加快数字经济发展行动方案（2024—2025年）》	明确五大工作目标：一是"构建数据要素市场化流通体系"；二是"持续提升算力支撑能力"；三是"探索推进数据基础设施建设"；四是"培育数商发展"；五是"推动数据要素相关产业发展"
	国家发展改革委、国家数据局等四部门	《关于深化智慧城市发展 推进城市全域数字化转型的指导意见》	到2027年，全国城市全域数字化转型取得明显成效，形成一批横向打通、纵向贯通、各具特色的宜居、韧性、智慧城市，有力支撑数字中国建设
	河北省数据和政务服务局	《河北省公共数据授权运营管理办法（试行）（征求意见稿）》	首次明确提到公共数据授权运营协议细节，其中应当包括授权主体、授权运营范围、运营期限、权利义务、收益分配、退出情形、违约责任、资产处置等内容
	四川省发展改革委等16部门	《四川省2024年"数据要素×"重点工作方案》	聚焦12个重点领域，明确37项重点工作，并提出6项支持保障举措，加快推进数据要素协同优化、复用增效、融合创新，拓展省内数字经济的发展空间和增长潜力

续表

时间	发布单位	文件名称	主要内容
2024年	中央网信办、市场监管总局、工业和信息化部	《信息化标准建设行动计划（2024—2027年）》	在关键信息技术、数字基础设施、数据资源、产业数字化、电子政务、信息惠民、数字文化、数字化绿色化协同发展等8个重点领域推进信息化标准研制工作
	湖南省人大常委会	《湖南省数字经济促进条例》	该条例涵盖了数字基础设施建设、数据资源开发利用、数字技术和数字生态创新、数字产业化和产业数字化以及为数字经济提供支撑保障等内容
	广州市政务服务和数据管理局联合市工业和信息化局	《2024年广州市数字经济工作要点》	从数字基础设施建设、深化数实融合、推动数字产业创新发展、推进数据资源开发利用、推动公共服务数字化等方面入手推进数字经济建设

注：根据各地政府工作网站及公开渠道整理。

1.2 国内数据交易平台不断涌现

作为加快培育数据要素市场，促进数据要素价值释放转化的关键步骤，数据交易平台的建设不可或缺。数据交易平台是数据要素市场中的核心角色，通过发挥提供交易场所、制定交易规则、创新交易模式等作用，推动数据资源的有效流动和数字经济的繁荣发展。

自2014年以来，数据交易所、数据交易中心等各种数据交易平台纷纷成立，据不完全统计，国内已宣告成立的数据交易平台有65家，其基本信息如表1-2所示。

表1-2 65家数据交易平台的基本信息

序号	成立年份	交易平台名称	所在地
1	2014年	中关村数海大数据交易平台	北京
2		北京大数据交易服务平台	北京
3	2015年	哈尔滨数据交易中心	黑龙江
4		贵阳大数据交易所	贵州
5		武汉东湖大数据交易中心	湖北

续表

序号	成立年份	交易平台名称	所在地
6	2015年	武汉长江大数据交易中心	湖北
7		西咸新区大数据交易所	陕西
8		华中大数据交易所	湖北
9		华东江苏大数据交易中心	江苏
10		河北大数据交易中心	河北
11		杭州钱塘大数据交易中心有限公司	浙江
12		重庆大数据交易平台	重庆
13		交通大数据交易平台	广东
14	2016年	河北京津冀数据交易中心有限公司	河北
15		广州数据交易服务有限公司	广东
16		上海数据交易中心	上海
17		浙江大数据交易中心	浙江
18		丝路辉煌大数据交易中心	甘肃
19		南方大数据交易中心	广东
20		亚欧大数据交易中心	新疆
21		华夏国信大数据交易中心有限公司	江苏
22	2017年	河南中原大数据交易中心有限公司	河南
23		青岛大数据交易中心	山东
24		河南平原大数据交易中心有限公司	河南
25		中天国能集团大数据交易中心有限公司	宁夏
26		青岛中州国际航运大数据交易中心有限公司	山东
27	2018年	东北亚大数据交易服务中心有限公司	吉林
28		上饶市华海能源与大数据交易中心有限公司	江西
29	2020年	山东数据交易平台	山东
30		山西数据交易平台	山西
31		北部湾大数据交易中心	广西
32		中关村医药健康大数据交易平台	北京
33		安徽大数据交易中心	安徽
34	2021年	北京国际大数据交易所	北京
35		长三角数据要素流通服务平台	江苏
36		重庆公共资源交易"渝易通"大数据智能平台	重庆

续表

序号	成立年份	交易平台名称	所在地
37	2021年	贵州省数据流通交易服务中心	贵州
38		北方大数据交易中心	天津
39		华南（广东）国际数据交易有限公司	广东
40		上海数据交易所	上海
41		深圳数据交易所	广东
42		西部数据交易中心	重庆
43		合肥数据要素流通平台	安徽
44		德阳数据交易中心	四川
45		海南数据产品超市	海南
46	2022年	青岛海洋大数据交易平台	山东
47		江苏无锡大数据交易有限公司	江苏
48		福建大数据交易所	福建
49		郑州数据交易中心	河南
50		湖南大数据交易所	湖南
51		广州数据交易所	广东
52		苏州大数据交易所	江苏
53		海南数据交易服务有限公司	海南
54	2023年	杭州数据交易所	浙江
55		湖北数据集团有限公司	湖北
56		山西数据要素登记流通中心有限公司	山西
57		内蒙古数据交易中心	内蒙古
58		淮海数据交易中心	江苏
59		长春数据交易中心	吉林
60		苏北大数据交易中心	江苏
61		温州数据交易中心	浙江
62		厦门数据交易有限公司	福建
63		黄河流域公共资源交易数据综合服务平台	陕西
64		江西省数据交易平台	江西
65	2024年	港航物流数据交易中心	浙江

注：根据公开渠道整理。

从数据交易平台的分布来看（图1-1），全国各地均加强了对数据交易平台的布局,省(自治区、直辖市)覆盖范围较广。其中,江苏拥有 7 家数据交易机构;广东拥有 6 家数据交易机构;浙江拥有 5 家数据交易机构,北京、湖北、山东 3 地各拥有 4 家数据交易机构,体现出以上地区具有一定的领先优势,此外,重庆、河南 2 地各拥有 3 家数据交易机构,贵州、陕西等 10 地各拥有 2 家数据交易机构;黑龙江、甘肃等 9 地各拥有 1 家数据交易机构。

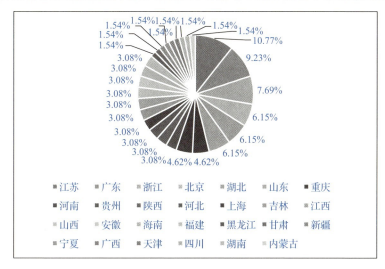

图 1-1 数据交易平台的分布

在国家数据局的推动下,2024 年 5 月 23 日,24 家数据交易机构联合发布《数据交易机构互认互通倡议》(以下简称《倡议》),将在未来一段时间内推进数据产品"一地上架,全国互认";数据需求"一地提出,全国响应";数据交易"一套标准,全国共通";参与主体"一地注册,全国互信",推动构建统一开放、活跃高效的数据要素市场。

据不完全统计,自 2024 年以来各交易平台的动态如表 1-3 所示,部分数据交易平台如贵阳大数据交易所和上海数据交易所等已开始践行《倡议》内容,积极发挥联通联动效应。此外,各数据交易平台也在积极发挥在发放数据产品登记凭证、创新数据交易模式、推动数据产品完成交易、助力企业数据资产入表等方面的作用,从而加快推动数据要素价值转化,激发市场供需两端的积极性,促进数据要素市场化配置,推动数据交易生态繁荣发展。

表 1-3 自 2024 年以来各交易平台的动态

序号	时间	交易平台	交易平台动态
1	2024 年 1 月	北方大数据交易中心	全国首笔应对欧盟"碳关税"的数据产品经北方大数据交易中心批准登记,在天津排放权交易所完成线下交易

续表

序号	时间	交易平台	交易平台动态
2	2024年1月	浙江大数据交易中心	水暖阀门行业-产品生产主数据和水暖阀门行业-产品主数据标准在浙江大数据交易中心分别以9000元和10000元相继成交
3	2024年1月	深圳数据交易所	助力信科集团及车城网公司以黄埔区面向自动驾驶与车路协同的智慧交通"新基建"项目数据资源为实例,完成了黄埔区首单数据资产化入表
4	2024年2月	郑州数据交易中心	为河南大河财立方数字科技有限公司自主开发的数据应用产品"财金先生"和"立方招采通"颁发"数据产权登记证书"
5	2024年3月	福建大数据交易所	一款基于内分泌代谢病真实世界研究的健康医疗数据产品在福建大数据交易所顺利完成场内交易
6	2024年4月	广州数据交易所	截至2024年4月,广州数据交易所(喀什)服务基地已上架地表反射率产品——土壤盐碱化监测、地表反射率产品——光伏电站选址、智慧旅游平台、三农大数据平台、卫星遥感影像图服务等多款交易标的,数据交易额正式突破3000万元
7	2024年5月	深圳数据交易所	数聚乘(深圳)科技有限公司在深圳数据交易所引入的中国气象局亚洲高分辨率陆面模式大气驱动场与土壤湿度数据,成功完成全国首笔气象公共数据产品场内闭环流通交易
8	2024年5月	广州数据交易所	广东东华发思特软件有限公司的数据产品——东华发思特农作物病虫害防治数据在广州数据交易所完成场内闭环交易,成为珠海市首个数据要素×现代农业领域的数据产品
9	2024年5月	深圳数据交易所	作为国内领先的超低空四维数据服务商,飞流智能率先完成了全国首个低空经济数据产品在深圳数据交易所的交易上架
10	2024年5月	深圳数据交易所	深圳数据交易所携手交通银行深圳分行推动优钱科技实现深圳首笔数据资产入表+产品上市+融资闭环案例,开创科创数据资产融资增信新模式

续表

序号	时间	交易平台	交易平台动态
11	2024年5月	海南数据产品超市	为海口交投集团的"海口公交智慧出行和移动支付服务"颁发"数据产品确权登记凭证",并助力其获得中信银行2000万融资授信
12	2024年5月	广州数据交易所	广电运通集团股份有限公司开发的跨境数据产品——"离岸易"成功完成数据资产入表工作,并获得广州数据交易所颁发的数据资产登记凭证
13	2024年5月	贵阳大数据交易所与浙江大数据交易中心	国内数据交易所首次完成跨省电力数据产品互联互通,双方将旗下的数据产品挂牌上市至对方的数据流通交易平台
14	2024年5月	广州数据交易所	正式上架了由江门市新会区新会陈皮产业园有限公司研发的"新会柑惠农宝"数据产品
15	2024年6月	上海数据交易所与江苏无锡大数据交易有限公司	双方已分别在数据交易服务平台与官网门户上线"无锡合作中心",由双方共同维护和推广,实现规则互认、数商互联、产品互通,推动区域及行业数据流通与产业发展

1.3 2024年一季报和半年报上市公司数据资产入表统计分析

1.3.1 一季报上市公司数据资产入表简要分析

根据上市公司披露的2024年一季报财务数据,最初有25家上市公司在一季报中披露了数据资源入表的相关事项,后有7家上市公司因填报错误等问题更正了一季报,总计有18家上市公司披露了数据资源入表的相关事项,合计金额达1.03亿元。本节对一季报数据资源入表及后续更正的上市公司情况进行简要统计,以期对上市公司数据资源入表现状有所了解。

1. 数据资源入表上市公司简要分析

从18家数据资源入表上市公司的行业分布来看(图1-2),信息传输、软件和信息技术服务业9家;制造业4家;交通运输、仓储和邮政业2家;建筑业,文化、体育和娱乐业,卫生和社会工作各 1 家。

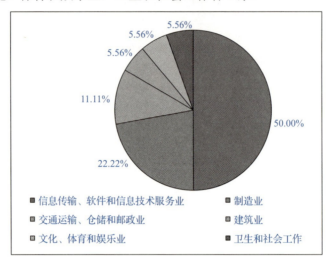

图 1-2 18 家数据资源入表上市公司的行业分布

注：行业分类采用证监会行业分类。

从 18 家数据资源入表上市公司的省份分布来看（图 1-3），北京 6 家，山东 3 家，浙江、广东和江苏各 2 家，甘肃、湖北和上海各 1 家。

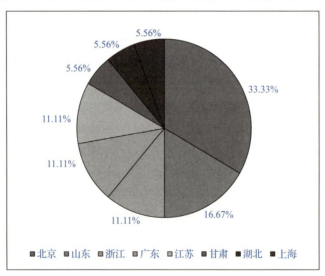

图 1-3 18 家数据资源入表上市公司的省份分布

从 18 家数据资源入表上市公司的产权性质来看（图 1-4），民营企业 12 家，中央国有企业和地方国有企业各有 3 家。

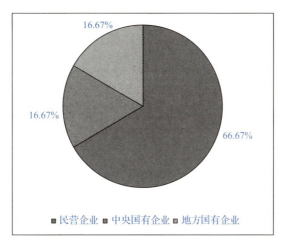

图 1-4 18 家数据资源入表上市公司的产权性质

从 18 家数据资源入表上市公司的 2024 年一季度盈利表现看（表 1-4），营业收入最高的为南钢股份（168.72 亿元），净利润最高的为青岛港（14.76 亿元）。

表 1-4 18 家数据资源入表上市公司 2014 年一季度盈利表现

序号	证券代码	证券名称	市值 2024-5-21/ 亿元	营业收入 2024 年一季度/ 亿元	净利润 2024 年一季度/ 亿元
1	600720.SH	中交设计	218.54	21.40	0.98
2	001359.SZ	平安电工	48.64	2.20	0.43
3	600350.SH	山东高速	423.05	45.32	9.29
4	601298.SH	青岛港	505.50	44.30	14.76
5	002061.SZ	浙江交科	108.64	77.28	1.65
6	300081.SZ	恒信东方	36.65	0.88	−0.37
7	300364.SZ	中文在线	168.11	2.23	−0.67
8	300766.SZ	每日互动	48.41	1.00	−0.03
9	300229.SZ	拓尔思	122.63	1.78	0.27
10	688051.SH	佳华科技	14.86	1.00	−0.08
11	688066.SH	航天宏图	57.02	2.21	−1.51
12	688787.SH	海天瑞声	37.82	0.41	−0.01
13	603936.SH	博敏电子	50.15	7.19	0.26

续表

序号	证券代码	证券名称	市值 2024-5-21/ 亿元	营业收入 2024年一季度/ 亿元	净利润 2024年一季度/ 亿元
14	688228.SH	开普云	34.30	0.88	-0.08
15	301299.SZ	卓创资讯	28.56	0.75	0.25
16	002401.SZ	中远海科	61.77	4.29	0.55
17	002044.SZ	美年健康	174.97	18.01	-3.09
18	600282.SH	南钢股份	310.72	168.72	5.55

数据来源：东方财富 Choice。

2. 18家上市公司数据资源入表简要分析

在披露数据资源入表的上市公司中，共计13家上市公司将数据资源计入无形资产科目，6家上市公司将数据资源计入开发支出科目，1家上市公司将数据资源计入存货科目，且开普云和南钢股份2家上市公司同时将数据资源计入无形资产科目和开发支出科目。

2024年一季度13家上市公司将数据资源计入无形资产科目的具体情况如表1-5所示，入账金额最高的是恒信东方，数据资源一季度期末余额为2460.33万元，占总资产比达1.2930%。其中，有2家上市公司公布了数据资源的具体内容：中远海科数据资源一季度期末余额为902.06万元，具体内容为"船视宝"系列产品，是该公司以船舶航行全生命周期行为的智能识别技术为基础推出的数字化产品；卓创资讯数据资源一季度期末余额为940.51万元，具体内容为大宗商品信息数据库，是该公司对大宗商品市场进行数据监测、交易价格评估及行业数据分析的成果。

表1-5 13家上市公司无形资产科目入账数据资源明细表

序号	股票代码	股票名称	期初余额/万元	期末余额/万元	占总资产比
1	001359.SZ	平安电工	86.01	78.33	0.0370%
2	002401.SZ	中远海科	925.39	902.06	0.3221%
3	300081.SZ	恒信东方	2600.00	2460.33	1.2930%
4	300364.SZ	中文在线	45.75	44.91	0.0252%
5	300766.SZ	每日互动	0	1283.69	0.6924%
6	301299.SZ	卓创资讯	0	940.51	0.9556%
7	600282.SH	南钢股份	0	15.18	0.0002%

续表

序号	股票代码	股票名称	期初余额/万元	期末余额/万元	占总资产比
8	600350.SH	山东高速	0	36.48	0.0002%
9	600720.SH	中交设计	0	38.28	0.0014%
10	601298.SH	青岛港	0	25.85	0.0004%
11	603936.SH	博敏电子	0	181.76	0.0220%
12	688066.SH	航天宏图	0	1717.25	0.2719%
13	688228.SH	开普云	0	141.77	0.0740%

数据来源：根据上市公司披露的财务报告整理。

2024年一季度6家上市公司将数据资源计入开发支出科目的具体情况如表1-6所示，入账金额最高的是拓尔思，一季度数据资源的期末余额为628.00万元，占总资产比达0.1692%。其中，有1家上市公司公布了数据资源的具体内容：美年健康数据资源的期末余额为545.98万元，具体内容为体检数据，是该公司日常经营所积累的过亿人次的影像数据及2亿人次的结构化健康数据。

表1-6　6家上市公司开发支出科目入账数据资源明细表

序号	股票代码	股票名称	期初余额/万元	期末余额/万元	占总资产比
1	002044.SZ	美年健康	0	545.98	0.0295%
2	002061.SZ	浙江交科	0	24.00	0.0004%
3	300229.SZ	拓尔思	0	628.00	0.1692%
4	600282.SH	南钢股份	0	102.29	0.0014%
5	688051.SH	佳华科技	0	171.13	0.1452%
6	688228.SH	开普云	0	296.20	0.1545%

数据来源：根据上市公司披露的财务报告整理。

2024年一季度1家上市公司将数据资源计入存货科目的具体情况如表1-7所示，其数据资源的期末余额为689.68万元，占总资产比达0.8421%。

表1-7　存货科目入账数据资源明细表

序号	股票代码	股票名称	期初余额/万元	期末余额/万元	占总资产比
1	688787.SH	海天瑞声	454.43	689.68	0.8421%

数据来源：根据上市公司披露的财务报告整理。

3. 7家上市公司数据资源入表后更正简要分析

有7家上市公司先将存货科目入账数据资源，经修改后在一季报的更正版中删除了对应的条目，如表1-8所示。经查阅其发布的更正内容说明，主要是其误填报了财务报表所致。

表1-8 涉及一季报更正数据资源明细表

序号	股票代码	股票名称	期末余额/万元	更正后	披露日期	更正日期
1	002849.SZ	威星智能	3917.82	—	2024/4/25	2024/4/27
2	688651.SH	盛邦安全	1792.68	—	2024/4/25	2024/4/27
3	600163.SH	中闽能源	4187.96	—	2024/4/30	2024/5/6
4	603008.SH	喜临门	1416.26	—	2024/4/30	2024/5/7
5	600686.SH	金龙汽车	58427.28	—	2024/4/27	2024/5/8
6	600022.SH	山东钢铁	1736.31	—	2024/4/30	2024/5/10
7	601608.SH	中信重工	71629.11	—	2024/4/26	2024/5/14

数据来源：根据上市公司披露的财务报告整理。

7家上市公司之所以同时出现披露错误，主要原因是2024年的财务报表模板格式出现了变化——在"存货""无形资产""开发支出"科目的后面各新增了一个次级科目"数据资源"，可能是公司财务人员未留意到财务报表模板格式的变化，在填报数据时出现错行；也可能是个别上市公司直接删除了"合并资产负债表"中"数据资源"的填报金额信息，但未在其他子科目中新增项目。

2024年上市公司第一季度财务报告是观察数据资源入表成果的第一个窗口期，从上市公司披露的2024年一季度财务报告的情况来看，仅有18家上市公司正式确认进行了数据资源入表，在上市公司总数的占比不到0.5%，且18家上市公司中只有1家上市公司将数据资源列入"存货"科目，其他均计入了"无形资产"科目和"开发支出"科目。从入表情况来看，我国上市公司数据资源入表尚处于起步阶段。

1.3.2 半年报上市公司数据资产入表简要分析

根据上市公司披露的2024年上半年财务数据，截至8月31日，共有33家上市公司披露了数据资源入表的相关事项，相较于一季度增加了15家；半年报中数据资源入表金额合计达5.05亿元，较一季度增加了4.02亿元。

1. 数据资源入表上市公司简要分析

从半年报中披露的33家数据资源入表上市公司的行业分布来看（图1-5），信息传输、软件和信息技术服务业13家；制造业7家；交通运输、仓储和邮政业 4 家；批发和零售业 3 家；租赁和商务服务业 2 家；建筑业，文化、体育和娱乐业，卫生和社会工作行业，金融业各 1 家。在信息传输、软件和信息技术服务业中，中国移动、中国联通和中国电信均披露了数据资源入表。

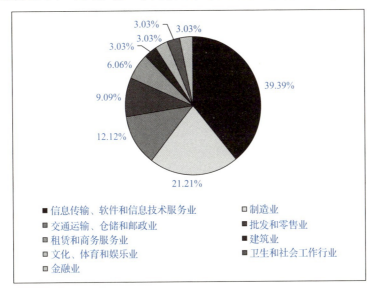

图 1-5　33 家数据资源入表上市公司的行业分布

注：行业分类采用证监会行业分类。

从 33 家数据资源入表上市公司的省份分布来看（图 1-6），北京 13 家，广东和山东各 4 家，江苏和浙江各 3 家，上海 2 家，甘肃、海南、辽宁和四川各 1 家。

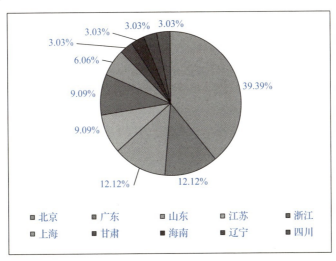

图 1-6　33 家数据资源入表上市公司的省份分布

从 33 家数据资源入表上市公司的产权性质来看（图 1-7），民营企业 18 家，地方国有企业 8 家，中央国有企业 7 家。

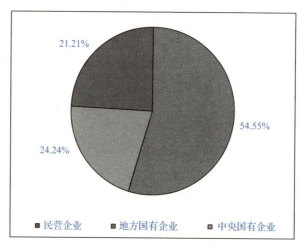

图 1-7　33 家数据资源入表上市公司的产权性质

从 33 家数据资源入表上市公司的 2024 年上半年盈利表现来看（表 1-9），营业收入与净利润最高的公司均为中国移动，其营业收入为 5467.44 亿元，净利润为 802.01 亿元。

表 1-9　33 家数据资源入表上市公司 2024 年上半年盈利表现

序号	名称	股票代码	行业	市值 8 月 31 日/亿元	资产总额/亿元	2024 年上半年营业收入/亿元	2024 年上半年净利润/亿元
1	中交设计	600720.SH	制造业	176.8946	271.50	49.49	6.27
2	金盘科技	688676.SH	制造业	143.7280	87.73	29.16	2.22
3	南钢股份	600282.SH	制造业	260.7833	694.58	336.79	12.32
4	凌云光	688400.SH	制造业	73.4648	49.72	10.88	0.87
5	同方股份	600100.SH	制造业	164.8346	497.36	63.03	0.28
6	海格通信	002465.SZ	制造业	224.6060	193.78	25.91	1.96
7	广电运通	002152.SZ	制造业	233.9347	261.62	47.07	4.98
8	卓创资讯	301299.SZ	信息传输、软件和信息技术服务业	23.2560	9.12	1.48	0.39
9	佳华科技	688051.SH	信息传输、软件和信息技术服务业	12.3038	11.45	1.79	-0.29

续表

序号	名称	股票代码	行业	市值8月31日/亿元	资产总额/亿元	2024年上半年营业收入/亿元	2024年上半年净利润/亿元
10	开普云	688228.SH	信息传输、软件和信息技术服务业	20.6943	18.97	1.55	-0.16
11	每日互动	300766.SZ	信息传输、软件和信息技术服务业	39.4526	18.42	2.17	0.04
12	中远海科	002401.SZ	信息传输、软件和信息技术服务业	48.7629	25.91	8.74	1.12
13	拓尔思	300229.SZ	信息传输、软件和信息技术服务业	91.6176	37.18	3.97	0.60
14	海天瑞声	688787.SH	信息传输、软件和信息技术服务业	26.1811	7.88	0.92	0.00
15	航天宏图	688066.SH	信息传输、软件和信息技术服务业	34.3841	60.66	8.43	-1.85
16	国源科技	835184.BJ	信息传输、软件和信息技术服务业	7.6127	6.50	1.31	0.09
17	数字政通	300075.SZ	信息传输、软件和信息技术服务业	75.0946	48.49	5.39	0.72
18	中国移动	600941.SH	信息传输、软件和信息技术服务业	15230.326	19863.07	5467.44	802.01
19	中国联通	600050.SH	信息传输、软件和信息技术服务业	1475.5470	6683.39	1973.41	60.39
20	中国电信	601728.SH	信息传输、软件和信息技术服务业	5336.7279	8709.91	2659.73	218.12
21	圆通速递	600233.SH	交通运输、仓储和邮政业	525.7474	436.92	0.03	0.00
22	青岛港	601298.SH	交通运输、仓储和邮政业	545.9439	619.45	90.67	26.42
23	日照港	600017.SH	交通运输、仓储和邮政业	83.9654	392.21	41.06	4.34
24	山东高速	600350.SH	交通运输、仓储和邮政业	440.5690	1547.24	121.37	16.32
25	神州数码	000034.SZ	批发和零售业	164.6502	470.02	625.62	5.09

续表

序号	名称	股票代码	行业	市值 8月31日/亿元	资产总额/亿元	2024年上半年营业收入/亿元	2024年上半年净利润/亿元
26	孩子王	301078.SZ	批发和零售业	58.9404	96.13	45.20	0.80
27	药易购	300937.SZ	批发和零售业	18.4158	16.81	22.25	0.12
28	小商品城	600415.SH	租赁和商务服务业	453.5544	360.22	67.66	14.48
29	福石控股	300071.SZ	租赁和商务服务业	24.5791	13.98	7.26	0.04
30	浙江交科	002061.SZ	建筑业	92.0095	683.80	184.40	5.12
31	海通证券	600837.SH	金融业	940.1558	7214.15	88.65	9.53
32	美年健康	002044.SZ	卫生和社会工作	135.8246	186.05	42.05	-2.16
33	中文在线	300364.SZ	文化、体育和娱乐业	125.6226	16.28	4.62	-1.50

数据来源：根据上市公司披露的财务报告整理。

2. 33家上市公司数据资源入表简要分析

在披露数据资源入表的 33 家上市公司中，有 14 家上市公司将数据资源仅计入无形资产科目，12 家上市公司将数据资源仅计入开发支出科目，另有 1 家上市公司将数据资源仅计入存货科目。另外值得关注的是，开普云、南钢股份、中国移动、小商品城、药易购、神州数码等 6 家上市公司同时将数据资源计入无形资产科目和开发支出科目。

2024 年上半年 20 家上市公司将数据资源计入无形资产科目的具体情况如表 1-10 所示，其中入账金额最高的是中国移动，其数据资源上半年期末余额为 2900.00 万元，占总资产比达 0.0015%。20 家上市公司中有 6 家上市公司公布了数据资源的具体内容：凌云光数据资源上半年期末余额为 16.30 万元，是其外部采购的数据资产"数字人模型"所形成的；每日互动数据资源上半年期末余额为 2333.31 万元，是其在用户授权同意的前提下合法收集的包括设备信息、网络信息、场景信息、App 特征等具体数据；中远海科数据资源上半年期末余额为 878.73 万元，来自该公司的"船视宝"系列产品，该产品通过收集航运相关信息，建立航运大数据集，为用户提供多种服务，其中包括 13 个 PC 端 SaaS 产品、42 个小程序、71 个智能场景应用；中文在线数据资源上半年期末余额为 40.47 万元，其数据资源主要为以文本、声纹、视频等形式表现的外购内容数据，用于公司 AI 大模型训练及销售；青岛港数据资源上半年期末余额为 22.98 万元，其数据资源为"干散货码头货物转水分析数据集"；福石控股数据资源上半年期末余额为 55.11 万元，其数据资源主要为其日常经营过程中积累的行业分析数据、市场数据、媒体数据、用户数据、知识数据等。

表1-10　20家上市公司无形资产科目入账数据资源明细表

序号	股票代码	股票名称	数据资源期末余额/万元	数据资源总资产占比
1	600282.SH	南钢股份	14.67	0.0002%
2	688400.SH	凌云光	16.30	0.0033%
3	301299.SZ	卓创资讯	1786.97	1.9604%
4	688228.SH	开普云	382.13	0.2015%
5	300766.SZ	每日互动	2333.31	1.2668%
6	002401.SZ	中远海科	878.73	0.3391%
7	300364.SZ	中文在线	40.47	0.0249%
8	600941.SH/0941.HK	中国移动	2900.00	0.0015%
9	600415.SH	小商品城	844.51	0.0234%
10	300937.SZ	药易购	183.85	0.1094%
11	002061.SZ	浙江交科	22.67	0.0003%
12	601298.SH	青岛港	22.98	0.0004%
13	600720.SH	中交设计	35.00	0.0013%
14	600017.SH	日照港	44.26	0.0011%
15	600350.SH	山东高速	32.69	0.0002%
16	688066.SH	航天宏图	3674.20	0.6057%
17	600100.SH	同方股份	5797.75	0.1166%
18	000034.SZ	神州数码	165.09	0.0035%
19	300071.SZ	福石控股	55.11	0.0394%
20	600837.SH	海通证券	413.56	0.0006%

数据来源：根据上市公司披露的财务报告整理。

2024年上半年18家上市公司将数据资源计入开发支出科目的具体情况如表1-11所示，其中入账金额最高的是中国电信，数据资源上半年期末余额为10507.37万元，占总资产比达0.0121%。18家上市公司中有5家上市公司公布了数据资源的具体内容：开普云数据资源上半年期末余额794.88万元，具体内容为开普云智能商情系统2.0、先觉网站新媒体监测平台5.0的开发投入；拓尔思数据资源上半年期末余额1738.27万元，具体内容为公司的订阅制SaaS服务；中国联通数据资源上半年期末余额8476.39万元，主要包含为公司现有数据产品和服务提供支撑的行业数据库和模型等；美年健康数据资源上半年期末余额为751.98万元，具体内容为个人健康数据档案，融合体检、就诊、疾控等数据，是该公司日常经营所积累的过亿人次的影像数据及结构化健康数据和流量；数字政通数据资源上半年期末余额为501.75万元，具体内容为该公司基于人和大模型所形成的政务智能客服系统。

表1-11　18家上市公司开发支出科目入账数据资源明细表

序号	股票代码	股票名称	数据资源期末余额/万元	数据资源总资产占比
1	688676.SH	金盘科技	85.10	0.0097%
2	600282.SH	南钢股份	485.73	0.0070%
3	688051.SH	佳华科技	255.87	0.2234%
4	688228.SH	开普云	794.88	0.4190%
5	300229.SZ	拓尔思	1738.27	0.4675%
6	002465.SZ	海格通信	147.34	0.0076%
7	600941.SH/0941.HK	中国移动	4100.00	0.0021%
8	600050.SH/0762.HK	中国联通	8476.39	0.0127%
9	601728.SH/0728.HK	中国电信	10507.37	0.0121%
10	600415.SH	小商品城	910.14	0.0253%
11	301078.SZ	孩子王	258.18	0.0269%
12	300937.SZ	药易购	10.10	0.0060%
13	600233.SZ	圆通速递	372.54	0.0085%
14	002044.SZ	美年健康	751.98	0.0404%
15	835184.BJ	国源科技	253.82	0.3903%
16	300075.SZ	数字政通	501.75	0.1035%
17	002152.SZ	广电运通	262.59	0.0100%
18	000034.SZ	神州数码	389.79	0.0083%

数据来源：根据上市公司披露的财务报告整理。

2024年上半年1家上市公司将数据资源计入存货科目的具体情况如表1-12所示，其数据资源上半年期末余额为627.06万元，占总资产比达0.7960%。

表 1-12　存货科目入账数据资源明细表

序号	股票代码	股票名称	数据资源期末余额/万元	数据资源总资产占比
1	688787.SH	海天瑞声	627.06	0.7960%

数据来源：根据上市公司披露的财务报告整理。

3. 上市公司一季报与半年报数据资源入表情况简要对比分析

将 2024 年一季报与半年报对数据资源进行入表处理的企业名单进行对比，具体如表 1-13 所示。

表 1-13　2024 年一季报与半年报中据资源入表上市公司数企业名单

名称	股票代码	一季报是否披露	半年报是否披露
南钢股份	600282.SH	是	是
卓创资讯	301299.SZ	是	是
佳华科技	688051.SH	是	是
开普云	688228.SH	是	是
每日互动	300766.SZ	是	是
中远海科	002401.SZ	是	是
拓尔思	300229.SZ	是	是
中文在线	300364.SZ	是	是
海天瑞声	688787.SH	是	是
美年健康	002044.SZ	是	是
浙江交科	002061.SZ	是	是
青岛港	601298.SH	是	是
中交设计	600720.SH	是	是
山东高速	600350.SH	是	是
航天宏图	688066.SH	是	是
金盘科技	688676.SH	否	是
凌云光	688400.SH	否	是
海格通信	002465.SZ	否	是
中国移动	600941.SH	否	是

续表

名称	股票代码	一季报是否披露	半年报是否披露
中国联通	600050.SH	否	是
中国电信	601728.SH	否	是
小商品城	600415.SH	否	是
孩子王	301078.SZ	否	是
药易购	300937.SZ	否	是
圆通速递	600233.SH	否	是
日照港	600017.SH	否	是
同方股份	600100.SH	否	是
国源科技	835184.BJ	否	是
数字政通	300075.SZ	否	是
广电运通	002152.SZ	否	是
神州数码	000034.SZ	否	是
福石控股	300071.SZ	否	是
海通证券	600837.SH	否	是
平安电工	001359.SZ	是	否
恒信东方	300081.SZ	是	否
博敏电子	603936.SH	是	否

数据来源：根据上市公司披露的财务报告整理。

从 2024 年一季报与半年报数据资源入表的企业对比来看，共有 15 家企业在2024 年一季报与半年报中均开展了数据资源入表的披露工作，具体为：南钢股份、卓创资讯、佳华科技、开普云、每日互动、中远海科、拓尔思、中文在线、海天瑞声、美年健康、浙江交科、青岛港、中交设计、山东高速、航天宏图。这些企业所属行业主要集中在大数据应用较为密集的信息传输、软件和信息技术服务业（8 家）。同时更多企业将数据资源纳入开发支出科目中，数量较一季度有较大增长，由 6 家上升至 18 家，其主要内容表现为对自家数据应用的开发投入。

4. 上市公司数据资源入表后更正简要分析

半年报中，有 5 家上市公司在存货科目入账数据资源后，在更正版中删除了对应的条目（表 1-14）。经查阅其发布的更正内容说明，主要是其误填了财务报表所致。

表 1-14　涉及半年报更正数据资源明细表

序号	股票名称	股票代码	原数据资源入表类别	原数据资源入表金额/万元	更正后数据资源入表金额/万元	披露时间	更正时间
1	奥飞数据	300738.SZ	存货	1089000.00	—	2024/8/28	2024/8/28
2	晶华新材	603683.SH	存货	31762.66	—	2024/8/13	2024/8/15
3	密尔克卫	603713.SH	存货	52652.88	—	2024/8/2	2024/8/16
4	华塑股份	600935.SH	存货	37902.05	—	2024/7/31	2024/8/17
5	惠同新材	833751.BJ	存货	8663.51	—	2024/7/26	2024/8/14

5 家上市公司之所以同时出现披露错误，原因仍在于财务人员对 2024 年的财务报表模板格式的变化未适应，即在"存货""无形资产""开发支出"科目的后面各新增了一个次级科目"数据资源"，使得公司财务人员未留意到财务报表模板格式的变化，在填报数据时出现了误填；个别企业可能在财务报表制作时出现错行等问题，导致填报错误。

1.4　数据资产入表与价值评估已成为刚需

2023 年 8 月 21 日，为规范企业数据资源相关会计处理，强化相关会计信息披露，财政部正式印发《企业数据资源相关会计处理暂行规定》，并于 2024 年 1 月 1 日起施行。2023 年 12 月，为深入贯彻落实党中央关于构建数据基础制度的决策部署，规范和加强数据资产管理，更好推动数字经济发展，财政部正式印发《关于加强数据资产管理的指导意见》，提出依法合规管理数据资产、明晰数据资产权责关系、完善数据资产相关标准、加强数据资产使用管理、稳妥推动数据资产开发利用、健全数据资产价值评估体系、畅通数据资产收益分配机制、规范数据资产销毁处置、强化数据资产过程监测、加强数据资产应急管理、完善数据资产信息披露和报告、严防数据资产价值应用风险等主要任务，目标是构建"市场主导、政府引导、多方共建"的数据资产治理模式，逐步建立完善数据资产管理制度，不断拓展应用场景，不断提升和丰富数据资产经济价值和社会价值，推进数据资产全过程管理以及合规化、标准化、增值化。

与此同时，数据资产买卖、融资、质押等相关交易日益增多，导致数据资产价值评估成为刚需。数据资产价值评估过程较为复杂，需要评估专业人员同时掌握评估专业知识并对数据资产特性有深入理解，且需要考虑权属复杂性、价值易变性、评估方法局限性等问题。针对数据资产价值评估，2023年9月，中国资产评估协会发布了《数据资产评估指导意见》，对执行数据资产评估业务涉及的基本遵循、评估对象、操作要求、评估方法、披露要求等方面做出了规定，并列举了相关案例予以说明。同年11月，上海数据交易所率先发布了《数据资产入表及价值评估实践与操作指南》，指出应从数据资产化路径、数据资产入表实践、数据资产价值评估操作等方面进行探讨，以企业数据产品赋能实体经济的具体应用场景为基础，以企业数据资源开发利用形成数据资产的路径为核心，探讨企业数据资产入表与价值评估的实践与操作。

对于国家来说，对数据资产进行入表与价值评估是开展数据财政和制定产业政策的基础。一方面，对公共数据进行入表与价值评估可以帮助国家了解公共数据的价值，进而对其使用权、经营权、收益权进行交易和管理，扩大财政收入的来源；另一方面，对市场中流通的数据进行入表与价值评估可以使国家了解市场中流通的数据资产的价值，进而制定相关的产业政策，促进产业高质量发展。对于企业来说，对数据资产进行入表与价值评估有助于确认数据资产的经济价值，将数据从潜在价值转化为可量化的财务价值，且企业可以根据数据资产的价值评估结果，制定或调整其对于数据的管理和经营策略，实现数据资产价值最大化。对于企业利益相关者来说，对数据资产进行价值评估可以增加企业财务报告的透明度，外部利益相关者能够更清楚地了解企业的资产状况，从而可以为投资者提供重要信息，帮助投资者评估数据资产的潜在回报，作出更理性的投资决策。

第 2 章

数据资产入表与价值评估的基本概念

近年来，我国出台的与数据相关的政策文件均涉及一些数据类基本概念。本章对数据、数据资产、数据资产入表和数据资产价值评估的基本概念、特征等进行系统的梳理，为后续章节的内容奠定基础。

2.1 数　　据

2.1.1 数据的基本概念

什么是数据，如何理解数据，不同的专家学者有不同的看法。一般而言，数据是指对客观事件进行记录并可以鉴别的符号，是对客观事物的性质、状态以及相互关系等进行记载的符号或符号的组合，是我们通过观察、实验或计算得出的结果。根据《中华人民共和国数据安全法》第三条规定，数据是指任何以电子或者其他方式对信息的记录。数据是信息的记录载体，信息则体现了数据的实质内容。数据的表现形式多种多样，可以是数字、表格、图像，也可以是声音、视频、文字、光电信号、化学反应，甚至是生物信息等。

2.1.2 数据的分类

根据数据的持有主体不同，数据可以分为公共数据、企业数据和个人数据。

公共数据是指党政机关、企事业单位等经依法授权具有公共事务管理和公共服务职能的组织在依法履职或提供公共服务的过程中产生和收集的数据。公共数据包括政府通过普查、全面调查、抽样调查等方式获得的数据，以及政府在行使行政职权过程中自然生成的行政记录数据。除了政府部门获得的数据，大学、医院等公立机构在其管理和运作过程中产生和收集的数据也可以纳入公共数据范畴。

企业数据是指企业生产和处理的数据，既包括企业自己生产的数据，也包括企业自行收集或从其他主体处取得的数据。企业数据可以分为传统业务数据和物联网数据两大类。其中，传统业务数据是指企业在研发、供应、生产、销售、人力资源、财务管理和物流管理等生产经营活动中产生的数据；物联网数据是指通过传感器自动获取的来自物品和设备的数据。

个人数据是指与个人有关的，被记录在各种电子设备、社交网络、提供服务的企业以及政府数据库中以物理或电子形式记录的数据。数据的"可识别性"是区分个人数据与非个人数据的关键标准。凡是能够单独识别出特定自然人的数据或者与其他数据结合后能够识别出特定自然人的数据，都是个人数据，反之，则为非个人数据。所谓能够单独识别出特定自然人的数据是指从其本身就能识别出或联系到特定自然人的数据，如肖像、姓名、身份证号码、工作证号码、社会保险号码等。与其他数据结合能够识别出特定自然人的数据是指本身无法识别出特定自然人（如爱好、习惯、兴趣、性别、年龄、职业等），但在与其他的数据结合之后就可以识别出特定自然人的数据。由于个人数据可以识别出特定自然人，因此，对个人数据的收集、存储、分析和使用不可避免地会对特定自然人产生影响。

从数据的生成和应用角度来看，数据可以分为原始数据、服务层数据和应用层数据。原始数据是指通过各种传感器、网络、文件所获取的数据，以及企业的各类业务和财务数据等。服务层数据是指以采集、清洗和规范化的数据为基础，经整合和汇总形成某一个主题域的数据。应用层数据主要是指提供给数据产品和数据分析使用的各类数据。数据可以自用，也可以对外提供数据服务，还可以在数据市场中进行交易。数据可以通过各种算法、模型和规则等生产出文本、图片、音频、视频和代码等新数据。

2.2 数 据 资 产

2.2.1 数据资产的概念

"数据资产"一词于 1974 年首次由美国学者理查德·彼得斯（Richard Peterson）提出，2009 年，国际数据管理协会（DAMA）发布《DAMA 数据管理知识体系指南》（*The DAMA guide to the data management body of knowledge*），指出"在信息时代，数据被认为是一项重要的企业资产"。

2021 年，国家市场监督管理总局、国家标准化管理委员会发布的《信息技术服务 数据资产 管理要求》（GB/T 40685—2021）中将数据资产定义为：数据资产是合法拥有或控制的，能进行计量的，为组织带来经济和社会价值的数据资源。2023 年 9 月，中国资产评估协会发布的《数据资产评估指导意见》中将数据资产定义为：数据资产是指特定主体合法拥有或者控制的，能进行货币计量的，且能带来直接或者间接经济利益的数据资源。近年来，国内对数据资产的定义主要参考了现行会计准则中对资产的定义，即数据资产是由企业过去的交易或事项形成的，预期会给企业带来经济利益的数据资源。值得注意的是，数据资产与数字资产有所不同，数字资产是指以数字形式存在的、具有一定价值的资产。这些资产可以是数字货币、数字版权、数字艺术品、虚拟世界中的资产等,其价值通常取决于其稀缺性、独特性、市场需求以及创造者或所有者的声誉等。

数据资产具有信息属性、法律属性与价值属性。信息属性主要包括数据名称、数据结构、数据字典、数据规模、数据周期、产生频率及存储方式等。法律属性主要包括授权主体信息、产权持有人信息,以及权利路径、权利类型、权利范围、权利期限、权利限制等权利信息。价值属性主要包括数据覆盖地域、数据所属行业、数据成本信息、数据应用场景、数据质量、数据稀缺性及可替代性等。

如上所述,数据资产具有经济价值且能被货币计量,并且能被某主体合法拥有或者控制。从权益属性的角度来看,拥有或者控制数据的主体拥有相关数据资产所产生的权益,即数据资产可以产生经济效益。

2.2.2 数据资产的基本特征

数据资产的基本特征通常包括:通用性和多元主体性、非实体性和可复制性、非竞争性和弱排他性、依托性和多样性、可加工性和交易性、价值易变性等。

(1) 通用性和多元主体性。一般而言,数据资产的通用性很高。比如,个人的信用信息既可以用于金融行业的信用定级,也可以用于制订消费行业的营销方案。就数据的生产和利用过程而言,数据要素常常从一开始就具有多元主体共同参与、协作生产的特征,具有多元主体性。

(2) 非实体性和可复制性。数据资产虽然需要依托实物载体,但其本身无实物形态,决定数据资产价值的是数据本身以及数据所包含的各种信息。数据的非实体性使得数据不会因为使用频率的增加而出现磨损和消耗,可以无限制地循环使用,也可以通过备份和复制等方式被无限次传递,且备份和复制的成本很低,可以忽略不计。

(3) 非竞争性和弱排他性。数据资产的可复制性和极低的复制成本使其具有非竞争性,多元主体可以同时加工、使用数据而又不产生相互影响。数据具有的弱排他性是指数据可以被不同人在同一时间使用,虽然企业可以通过加密数据等技术手段使数据资产的使用具有一定的排他性,但这种排他性通常较弱。

(4) 依托性和多样性。数据的存储、使用和流通等都需要借助介质才能完成,数据不能单独存在。数据介质的种类多种多样,如纸、磁盘、磁带、光盘、硬盘等,甚至可以是化学介质或者生物介质。同一数据可以以不同形式同时存在于多种介质中。数据的表现形式多样,可以是数字、表格、图像、音频、视频、文字、光电信号、化学反应，甚至是生物信息等。数据资产的多样性还表现在数据通过与数据处理技术融合，形成融合形态的数据资产。

（5）可加工性和交易性。数据可以被维护、更新和补充，使数据量增加；也可以被删除、归集、合并、消除冗余；还可以被分析、提炼、挖掘，通过各种算法和模型继续生产加工得到更多和更深层次的数据资源。在合法合规的前提下，企业或个人可以将数据通过转让、出售、投资、抵押、租赁等各种形式进行交易，直接产生经济效益和价值。同时，企业还可通过将数据和其他资产组合在一起进行交易，进而间接产生经济效益和价值。

（6）价值易变性。企业可以将生产经营中产生的数据进行收集、整理、分析，为自身的生产经营决策和业务流程提供服务，从而产生或提高经济效益。同样，数据在交易中也可以产生交换价值或为所有者带来一定的价值增值。与其他资产相比，数据资产的价值受多种因素的影响，而这些因素会随着时间的推移不断变化，具有时效性数据的价值可能会随着时间的推移而失去价值；某些数据当前看来可能没有价值，但随着时代进步可能会产生很高的价值；有些数据在不同的应用场景和应用方式下的价值也有所差异。

2.3 数据资产入表

2.3.1 数据资产入表的基本概念

数据资产入表是指企业按照财政部发布的《企业数据资源相关会计处理暂行规定》，将符合确认条件的数据资源，确认为资产负债表中的一项资产，并在资产负债表上单独列报或作为存货和无形资产进行列报，从而在企业的财务报表中反映数据资产的真实价值。

《企业数据资源相关会计处理暂行规定》明确，企业应当按照企业会计准则的相关规定，根据数据资源的持有目的、形成方式、业务模式，以及与数据资源有关的经济利益的预期消耗方式等，对数据资源相关交易和事项进行会计确认、计量和报告。

2.3.2 数据资产入表的意义

数据资产入表的重要意义体现如下。

（1）促使数据资源价值显性化。建立数据资产核算和入表机制，可以明晰企业拥有和控制的数据资源的价值。一方面，有利于更加系统科学地评价数据要素在经济社会发展中发挥的作用；另一方面，有利于盘活数据资产价值，体现企业数字竞争优势和数字创新程度，为企业运用数据资产开展投融资活动提供合理的依据，有助于企业提升决策水平，优化资源配置。

（2）促进数据资产流通。建立数据资产入表机制有利于提升企业数据资产管理意识，激活数据市场供给和需求主体的积极性，增强数据流通意愿，促进数据交易，为企业对数据进行深度开发和利用提供有效动力。同时，还可以促使企业对数据进行科学有效的核算计量，实现数据要素市场化配置。

（3）增强数据产业生态培育。建立数据资产入表机制能够有效地带动数据采集、清洗、标注、评价、资产评估等数据服务业发展，深化数字技术创新应用、激发数字经济发展动力。同时，可以有效地推动财税和金融等政策改革，改善各行业的企业资产结构和水平，有助于形成企业收入的新来源。

（4）提升数据安全管理。在数字经济高速发展的过程中，数据安全引发了很多新问题，建立数据资产入表机制和核算体系，能够有效提高数据安全意识，规范数据使用，并且有利于防止企业数据资产流失，推进建立数据市场安全风险预警机制。

2.4　数据资产价值评估

数据资产价值评估是指资产评估机构及其资产评估专业人员遵守法律、行政法规和资产评估准则，根据委托对评估基准日特定目的下的数据资产价值进行评定和估算，并出具资产评估报告的专业服务行为。

2.4.1　数据资产价值评估的特征

数据资产价值评估具有一定的特殊性，主要体现为以下四点。

（1）综合性。数据资产价值评估需要在考虑数据本身的准确性、完整性、时效性等内部因素的同时，也考虑数据的市场需求和使用对象等外部因素。具体来说，首先，应对数据资产进行识别，分辨数据资产的权属类型和收益类型，确定数据资产的评估范围。其次，在对数据资产价值进行评估时，需要评估数据的准确性、完整性和时效性，还需要核实数据资产是否合法合规。在上述基础上，需考虑数据的市场需求、数据的使用对象等，再采用相应的资产评估方法和模型对数据资产的价值进行估算。

（2）复杂性。数据资产种类众多，其价值与应用场景密切相关，不同的应用场景中数据资产的价值也有所不同，同样的数据在不同情境下展现的价值也可能完全不同，因此，需要结合每项数据资产所处的应用场景特征来估算其价值。此外，数据资产价值还与宏观经济环境和行业环境关系密切，需要评估专业人员对与数据资产相关的宏观经济环境和行业环境进行全面、系统的分析与测算。数据资产评估工作难度系数高、工作量大，且耗时长，需要评估专业人员掌握评估的专业知识、深入理解数据资产特性。

（3）动态性。数据资产的价值具有易变性，随着技术的更新迭代和创新发展，数据资产能够带来的未来预期收益、风险等也在不断变化，同一数据资产的价值也有可能会随之变化。此外，与数据资产有关的宏观经济环境和政策变化等也会对数据资产的未来收益、风险及收益期限等造成影响。因此，在进行数据资产价值评估时，应根据需要不断调整评估模型中的参数估算方法及过程。

（4）载体依赖性。数据资产具有非实体性特征，须依附于相关载体。因此，数据资产价值的大小与载体特性有关。例如，数据资产载体的技术水平、系统覆盖范围、可访问性、更新间隔时间等，均会对数据资产价值产生影响。因此，在评估数据资产价值时，应结合数据资产载体综合分析其价值。

2.4.2 数据资产价值评估的意义

数据资产价值评估对于厘清数据资产权属、构建数据资产的定价和交易体系、促进数据要素市场发展具有至关重要的作用。

（1）数据资产价值评估可以有效促进数字经济发展。数据资产作为数字经济时代的关键要素和资源，其价值评估不仅关乎企业自身的决策质量、业务流程的优化和客户体验的提升，更是推动数字经济发展的重要因素。数据资产的价值评估能够揭示数据资产的潜在价值，为数据资产的合理流通和有效利用提供坚实的基础，有助于释放数据的潜在价值、促进社会资源优化配置、推动技术创新与增长、促进数字经济发展。

（2）数据资产价值评估为数据资产入表提供充分保障。数据资产价值评估是数据资产入表和后续计量的必要工具。数据资产入表是持续性行为，需要进行持续规范的后续计量。对于数据资源存货可变现净值以及数据资源无形资产可收回金额的计量，判断存货和无形资产是否存在减值，均需要资产评估提供专业服务。因此，数据资产价值评估为数据资产入表企业提供有力的专业支持。

（3）数据资产价值评估有助于公共数据的价值管理。一方面，对公共数据进行价值评估可以帮助国家了解公共数据的价值，有助于促进公共数据使用权、经营权、收益权的交易，可以扩大财政收入的来源。另一方面，对市场中流通的数据进行价值评估可以使国家了解市场中流通的数据资产的价值，进而制定相关的产业政策。此外，还可以帮助国家确定数据资产的相应税基，进而制定相应的税收政策，保障国家税收收入。

（4）数据资产价值评估有助于合理确认数据资产的经济价值。数据资产价值评估可以将数据资产的潜在价值转化为可量化的价值，企业可以根据数据资产价值评估的结果，制定或调整数据资产的管理和经营策略，这也有助于企业投融资等交易行为的顺利进行。

第 3 章

数据资产入表

虽然数据资产具有一定的特殊性，难以完全用现行会计标准的方法进行确认和计量，但目前将数据资源作为一项资产进行确认已得到广泛认可，且2024年已有中国移动、南钢股份、密尔克卫和开普云等多家上市公司在财务报表中列报与披露数据资产的实践案例。

3.1 数据资产入表的作用

从本质上看，数据资产入表属于对数据产权进行界定，是从会计层面对企业合法拥有的数据资源控制权进行确认和计量。数据作为资产入表前，形成数据所发生的各项支出作为企业的成本费用，直接列入企业的利润表。数据作为资产入表后，数据资产可以直接在资产负债表中列示，这样既可以实现企业数据资产的显性价值，又可以让利益相关者知悉企业拥有的数据资产及其价值，有利于企业挖掘数据潜力，激发创新活力。

数据资产入表对于国家、市场和企业均有着非常重要的作用。从国家的角度来看，通过数据资产入表，可以明晰各行各业企业拥有的数据资源的价值，为宏观调控和市场决策提供有用信息；可以进一步促进企业优化资源配置，激发数据创新活力，助力公平分配。从市场的角度来看，数据作为资产入表可以激活数据市场中不同供需主体的积极性，增强市场参与主体的数据流通意愿，为企业数据资源的深度开发和利用提供动力，有助于推动数据资产相关产业与数据服务业的发展，培育数据资产相关的生态环境，进而更好地促进数字技术的创新应用。从企业的角度来看，数据资产入表有助于企业了解自身拥有的数据资源价值，促进企业强化数据管理和价值提升，提高数据资产的运营和管理能力；有助于真实体现企业的资产布局和资产结构，反映企业未来的发展潜力；有助于合理反映企业的价值，为发现企业价值提供新思路。

数据资产入表涉及多个流程，包括对数据资产的权属进行确认，对数据资产进行确认和计量，以及对数据资产进行列报与披露。数据资产入表框架如图3-1所示。下面将分别对数据资产的权属确认、会计确认和会计计量加以阐述，数据资产列报与披露在第6章进行阐述。

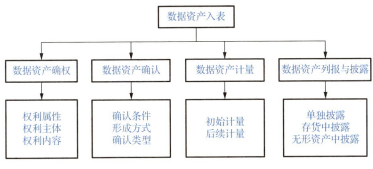

图 3-1 数据资产入表框架

3.2 数据资产的权属确认

3.2.1 数据资产确权的概念

2020 年，中共中央、国务院出台的《中共中央 国务院关于新时代加快完善社会主义市场经济体制的意见》指出，要完善数据权属界定、开放共享、交易流通等标准和措施；2021 年，中共中央办公厅、国务院办公厅出台的《建设高标准市场体系行动方案》指出，要建立数据资源产权、交易流通、跨境传输和安全等基础制度和标准规范；2021 年发布的《中华人民共和国国民经济和社会发展第十四个五年规划和 2035 年远景目标纲要（草案）》指出，要加快建立数据资源产权、交易流通、跨境传输和安全保护等基础制度和标准规范；2022 年，中共中央、国务院出台的《中共中央 国务院关于加快建设全国统一大市场的意见》指出，要加快建立健全数据安全、权利保护、跨境传输管理、交易流通、开放共享、安全认证等基础制度和标准规范；同年 12 月，中共中央、国务院出台的《中共中央 国务院关于构建数据基础制度更好发挥数据要素作用的意见》（以下称为"数据二十条"）中指出，要建立保障权益、合规使用的数据产权制度，还提出了创新的数据产权观念。"数据二十条"对数据产权制度提出了两项要求，一是确定数据要素市场各方参与者的数据权益，二是确立"三权分置"的产权结构。"数据二十条"中明确了对数据权属监管的顶层设计，即在建立数据分类、分级授权的基础上，探索数据产权结构性分置制度，淡化所有权、强调使用权，聚焦数据使用权流通。根据数据来源和数据生成特征，分别界定数据生产、流通、使用过程中各参与方享有的合法权利，建立数据资源持有权、数据加工使用权、数据产品经营权等分置的产权运行机制，推进非公共数据按市场化方式"共同使用、共享收益"的新模式。

数据资产确权是指明确数据资产的权属关系，确定数据资产的权利主体和享有的权利内容的过程。数据资产确权通过对数据所有者、经营者或处理者等赋权，使他们对数据享有相应的法律控制权利，从而在一定程度上或一定范围内明确数据具有排除他人侵害的效力。进一步讲，数据资产确权是指运用法律、政策规定和技术支持等多种方式，对数据资产的占有权、使用权、收益权、处分权等权利归属进行明确。

3.2.2 数据资产确权的内容

数据确权是数据资产化的基础。数据确权就是要对数据的各种权利明确相应的权属主体。只有明确了数据的权属主体，数据才能成为一种资产。同理，数据只有成为资产，才能够在要素市场上交易和流通，从而更好地产生经济价值并实现增值。由于数据资产具有通用性、非实体性、依托性、非竞争性、可加工性、价值易变性等特征，因此数据资产的权属确认具有一定的难度。

数据资产确权需要解决数据权利属性、权利主体和权利内容等基本问题。其中，权利属性需要考虑数据资产的占有权、使用权、收益权、处分权等；权利主体需要考虑数据资产的来源者、处理者与经营者，并考虑相对应的数据资产来源者的所有权、处理者的使用权和经营者的产品经营权等；权利内容需要考虑数据资产各种权利包含的内容。另外，数据资产确权还需要考虑分类确权与分级确权的问题。分类确权是指根据数据资产的类型和用途、数据资产的来源，对个人数据、企业数据、政务数据等进行分类，并根据不同类别的数据制定相应的确权规则。分级确权是指根据数据的重要性、数据量和敏感度，对数据进行分级，并在不同级别上实施不同程度的保护和管理措施。

数据资产确权是一个复杂的过程，需要法律、政策、技术等多方面的支持和配合。通过制定相应的法律，可以明确数据资产的权利属性、权利主体和权利内容，进而明确数据资产不同权利属性的归属，为数据资产的确权提供法律依据。通过区块链、机器学习、云存储等现代科学技术手段，可以确保数据资产的完整性、安全性和可追溯性，为数据确权提供技术支撑。

完善数据资产确权意义重大。第一是数据资产确权有利于促进数据流通和交易，有助于建立数据交易市场，促进数据的合规、高效流通和使用，为经济社会数字化转型提供支撑。第二是数据资产确权可以明确数据安全管理的责任，保护数据不被非法获取和滥用，维护数据安全。第三是数据资产确权可以保护个人、组织的数据权益，确保其在数据收集、生成、存储、管理过程中的合法权益得到尊重和保护。第四是数据资产确权有助于构建共治共享的数据资产管理格局，实现数据资源的优化配置和高效利用，进而释放数据的经济价值，推动数字经济发展。

3.2.3 数据资产的权利类型及数据权利的界定

1. 数据资产的权利类型

目前，数据资产的权利类型主要包括数据产品经营权、数据资源持有权和数据加工使用权。每种权利类型都有其特定的内涵和外延，理解这些权利的特征和行使方式对于准确界定数据权属至关重要。

（1）数据产品经营权主要是指网络运营商对其研发的数据产品进行开发、使用、交易和支配的权利。体现"谁投入、谁贡献、谁受益"的原则，有利于推动数据要素收益向数据价值和使用价值创造者合理倾斜。数据产品经营权的客体并非原始数据或者数据集合，而是经匿名化处理、加工、分析而形成的数据或数据衍生产品。

（2）数据资源持有权是指在相关数据主体的授权同意下，对数据资源进行管理、使用、收益和依法处分的权利。重点聚焦数据的依法取得和合规持有，并在此基础上确定其权属功能。但是，需要弱化所有权的定式思维。例如，在特定项目或应用中，数据持有者可能需要根据法律法规或合同约定，将数据资源提供给其他主体使用，并确保数据的合法性和安全性。

（3）数据加工使用权是指在授权范围内以各种方式、技术手段使用、分析、加工数据的权利。数据加工使用权应当在数据处理者依法持有数据的前提下才具有。例如，数据分析师或数据科学家在获得数据持有者的授权后，可以对原始数据进行清洗、转换、分析等处理，以获取有价值的信息或洞察。但是，在开展数据加工活动时，如对数据进行转换、汇聚、分析等处理，一旦发现可能危害国家安全、公共安全、经济安全、社会稳定和个人隐私的数据，应立即停止加工活动。

2. 数据权利的界定

数据权利的界定决定了数据资产的权属状况和使用范围。数据权利的界定需要遵循合法性、公平性、效率性和安全性等原则，确保权利界定的结果符合法律规定，同时保障数据安全和个人隐私。在实际应用中，数据权利的界定可以通过合同约定、法律推定、行业惯例和利益衡量等方法进行。值得注意的是，数据权利的界定往往需要综合考虑多种因素，并且可能随着时间的推移和环境的变化而进行调整。因此,建立动态的权利界定机制非常重要,这就要求企业和组织持续关注数据权属的变化,及时更新和调整确权结果。

3.2.4 数据资产确权的步骤

数据资产确权可以有两种路径:一是从拥有的角度出发,"数据二十条"提出了以数据资源持有权、数据加工使用权、数据产品经营权为核心的"三权分置"体系,企业可以将是否拥有数据资源持有权、加工使用权与产品经营权作为判断企业是否享有权利的依据和类型参考;二是从控制的角度出发,将是否合法控制数据资源作为能否确认数据资源为资产的重要判断标准,即如果某企业并未拥有某项数据资源的所有权,但企业实际控制了该项数据资源,且能够据此获取经济利益,则可以对数据资源进行确权。具体而言,数据资产的确权需在确定数据来源者、数据处理者、数据使用者的基础上确定数据资产的持有权、使用权及收益权。数据资产确权的主要步骤如下。

1. 数据梳理和分类

数据梳理和分类是数据资产确权的第一步,这个阶段的主要任务是对数据进行梳理并建立数据资产清单,然后对数据进行分类。在进行数据分类时,可以根据数据的内容、用途、敏感程度等因素进行划分,如可分为核心数据、重要数据、一般数据等。不同类别的数据需要制定相应的管理策略,这为后续的确权工作提供了重要参考。

2. 判断数据是否合规

判断数据是否合规是数据资产确权的关键,数据不合规会导致数据资产确权面临重大的法律风险。数据合规包含以下四个方面。①数据来源合规,是指企业获取数据行为没有违反任何法律法规、国家政策和社会公共道德,不会侵犯任何第三方的合法权利。常见的不合规行为包括:未获合法授权收集个人信息和其他数据、数据产品交易时未检查供应商是否拥有数据的合法授权等。②数据处理合规,是指企业处理数据行为没有违反法律相关规定,符合合法、正当、必要原则。常见的不合规行为包括:企业超出个人授权同意的范围私自处理个人信息等。③数据管理合规,是指企业需按照法律法规和国家标准等要求,建立数据安全合规的相关管理制度,开展数据合规管理体系搭建、风险识别、风险评估与处置等管理活动,建立相应的全链条监督管理机制。④数据经营合规,是指企业需依法开展数据经营业务,获得相应的资质、行政许可及充分授权,建立完善的内控体系。

3. 明确数据来源者、数据处理者和数据使用者等权利主体

数据资产确权中要明确数据来源者、数据处理者和数据使用者。数据的来源主要包括个人提供的信息、企业自有信息或收集的信息，因此，数据来源者是个人、企业等。数据处理者是对来自个人、企业等原始数据通过算法进行加工的主体，可以是企业，也可以是个人，还可以是企业或个人授权的第三方企业。数据处理者对原始数据投入算法形成数据资产。企业或个人使用这些数据资产，投入生产经营并获得收益，企业或个人便是数据资产的使用者。

4. 确定数据来源者、数据处理者、数据使用者等对应的权利内容

数据资产确权中很关键的一步是确定数据来源者、数据处理者和数据使用者对应的权利。

数据来源者对所提供的数据拥有所有权，该权利体现为对所提供的信息的查阅、更正和删除等权利。对于数据来源者而言，如果其数据没有被加工处理，则很可能不会体现出数据的价值，因此，数据来源者不具有数据资产的持有权，也不享有数据资产的收益权。

数据处理者（被委托的第三方技术企业或个人除外）以及委托第三方的技术企业或个人进行数据处理者享有数据资产持有权。对于企业而言，如果数据来源者为企业，那么企业既是原始数据的所有者，又因其是数据处理者而具有数据资产的持有权；如果数据来源中有收集或购买的数据，那么因其在收集或购买中有成本付出，所以数据处理者对其收集或购买的数据具有使用权，对于运用这些原始数据加工处理后形成的数据资产拥有数据持有权。对于受企业或个人等委托对原始数据进行加工、处理的第三方技术企业而言，其加工处理后的数据资产的持有权应归属于委托方（委托的企业或个人），而不是第三方技术企业。

数据使用者享有数据资产的使用权和经营权。数据使用者对于从数据处理者手中获得的数据资产具有使用权和经营权，其拥有运用购买的数据资产获得收益的权利。

数据权利主体和权利内容关系图如图 3-2 所示。

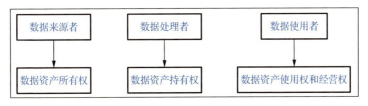

图 3-2　数据权利主体和权利内容关系图

5. 制定确权文件

数据资产确权流程的最后一步是制定确权文件。数据资产确权文件是数据确权结果的正式记录，通常包括确权协议和数据资产权属证书。确权协议需要明确规定各方的权利和义务、数据使用的范围和限制、收益分配方式、争议解决机制等内容。数据资产权属证书则是对数据资产权属状况的正式确认，通常包含数据的基本信息、权利主体、权利内容、确权日期等要素。在制定数据资产确权文件时，需要注意使用准确的法律术语，明确各方的权利和义务，避免歧义；还需要考虑数据资产的动态性，为未来可能的权属变更预留空间。对于重要的数据资产，可以考虑进行公证或区块链存证，以增强确权结果的法律效力。

3.2.5 数据资产确权的案例

1. 多模态成年人群脑影像数据确权

多模态成年人群脑影像数据由左西年、高鹏、董昊铭、王银山、于春水等共同申请登记（DIP2024000000819）。该数据能够揭示大脑各区域的特定功能及协作模式，用于研究大脑的发育过程等，也可以协助人们更准确地识别神经退行性疾病（如阿尔茨海默病）的早期迹象。该数据还能够促进跨学科研究的发展，如结合地理空间、环境健康等数据资源，可解析发展人口神经科学机制。

多模态成年人群脑影像数据是我国首件数据来源为个人的数据知识产权，相关数据采集及数据处理得到了中国科学院心理研究所伦理委员会的批准。这是浙江省数据知识产权登记平台与中国科学院科学数据银行实现互联互通后，登记的首批科研领域数据知识产权之一，也是浙江省省外主体登记的数据知识产权典型案例。该数据对原始采集数据进行了预处理，去除了非脑组织部分，进行了时域分析、空间模式分析、网络分析等特征提取；开展了皮层厚度、灰质体积、低频波动振荡、功能同伦等指标计算，在脑科学研究、疾病诊断、神经科学教育及人类行为理解等领域具有重要的学术研究价值和应用价值。

2. 微言科技数据知识产权确权

深圳微言科技有限责任公司（以下简称微言科技）是一家人工智能基础设施提供商，其主要基于 AutoML 自动建模平台及隐私计算技术，为政府、金融机构及企业提供 PaaS+SaaS 数字化变革服务。

2023 年 3 月，凭借在深圳数据交易所上架的数据交易标的，微言科技通过光大银行深圳分行授信审批，成功获得全国首笔无质押数据资产增信贷款额度 1000 万元，并于 2023 年 3 月 30 日顺利放款。

在该项目中，广东广和律师事务所对微言科技提供的数据交易标的出具了法律风险评估意见书。深圳数据交易所对微言科技自身的资信情况以及律所出具的意见书进行了审核、评估，完成了数据产品安全审核、平台公示、合规上市。光大银行总行数据资产管理部基于深圳数据交易所的数据商认证流程、上市产品与场内备案交易情况，协同深圳数据交易所与第三方权威机构完成微言科技数据知识产权确权登记、数据资产质量评估和价值评估。中国电子技术标准化研究院联合有关单位，构建了一套数据资产价值评估体系，为推进数据评估计价提供了基础支撑。光大银行深圳分行结合企业数据产品的上架登记和内外部估值情况，对微言科技综合评估后，完成了对微言科技的授信审批。

3.3 数据资产的会计确认

数据资产确认需要参照会计准则的规定，符合会计确认的基本要求，在数据可以资产化时予以确认。

3.3.1 数据资产确认条件

数据资产确认是指以会计准则中资产确认的基本原则为出发点，并结合数据资产的特点，将数据资产确认为存货或者无形资产。

根据《企业数据资源相关会计处理暂行规定》并参照会计准则中的资产确认原则，将数据资源确认为数据资产时，需要在符合数据资产定义的前提下，同时满足以下两个条件。

1. 与数据资源有关的经济利益很可能流入企业

《企业会计准则第 6 号——无形资产》第五条规定，企业在判断无形资产产生的经济利益是否很可能流入时，应当对无形资产在预计使用寿命内可能存在的各种经济因素作出合理估计，并且应当有明确的证据支持。如果企业持有的数据资源具有无形资产的属性，是源于企业外购或内部研发产生的，在持有数据资源期间，可以通过应用数据资源为客户提供服务，进而为企业带来相应的收益。

《企业会计准则第 1 号——存货》第四条规定，存货同时满足与该存货有关的经济利益很可能流入企业和该存货的成本能够可靠地计量时才予以确认。企业如果在日常活动中持有具有存货的属性、最终目的用于出售的数据资源，则可向客户销售或提供服务产品及对应的数据。这样就可以为企业带来相应的收益。

上述两种情况均可视为与数据资源有关的经济利益很可能流入企业。如果与数据资源有关的经济利益不能流入企业，则不能确认为数据资产。

2. 数据资源的成本或者价值能够进行可靠的计量

企业日常活动中持有的、最终目的用于出售的、具有存货属性的数据资源，形成相关数据资源的各项成本均有记录，如采购合同、发票、运营人员的薪资或运营外包的费用等，并且各项成本可以进行可靠的计量，在确认收入时可以进行成本结转。

企业自行开发的具有无形资产属性的数据资源，需要在不同阶段将其研发成本进行归集。数据资源处于研究阶段时，在研发支出—费用化支出科目归集支出，达到资本化条件时，通过研发支出—资本化支出科目进行归集开发阶段的支出，待研发项目资本化结束时，资本化的支出可转为无形资产。企业内部研发的数据资源发生的研发支出是否可以确认为无形资产成本时，需要考虑是否具备以下五项资本化条件。

（1）完成该数据资源无形资产以使其能够使用或出售在技术上具有可行性。

这一条件通常同时包括以下内容。①企业应当开展项目研发立项工作，经过规划、设计和可行性分析，形成可行性分析报告等相关材料，并按照企业内部要求完成了相应审批。按规定需要有关部门审批的，还应当经有关部门审批。②企业应当具备数据资源无形资产开发所需的相关技术条件，如数据采集技术、数据整合技术、数据存储技术、数据分析技术、数据挖掘技术、数据安全与隐私保护技术等。③企业应当有详细的开发计划、技术路线图、技术文档、技术评估报告或评估意见等，证明相关项目能够按照预定的技术路径完成。④企业应当提供相关技术验证说明，证明数据资源无形资产技术路径已经通过了相关的技术测试和验证，能够合理证明其功能和技术性能符合预期，不存在技术上的障碍或其他技术不确定性。⑤数据资源无形资产开发已经达到一定的稳定性，企业应当对数据资源技术成熟度和可靠性进行分析，以合理证明其可以在业务环境中稳定运行，不会频繁出现技术故障。

（2）具有完成该数据资源无形资产并使用或出售的意图。

这一条件通常同时包括以下内容。①企业应当有经批准的数据资源无形资产开发立项相关书面决策文件（如开发计划书、立项决议等），内容一般应涵盖数据资源无形资产的开发目标、预计需求方、开发必要性、开发可行性、开发总体计划、预期成果、预期收益、项目时间表、需要的各项资源等。②企业应当能够说明其开发数据资源无形资产的目的、数据资源无形资产使用的业务模式、应用场景。例如，企业将数据资源无形资产与其他资源相结合使用，从而服务、支持生产经营或管理活动，实现降本增效等目的；企业运用数据资源无形资产对外提供有关服务；企业授权外部单位使用数据资源无形资产从而赚取收入等。

（3）数据资源无形资产产生经济利益的方式，包括能够证明运用该数据资源无形资产生产的产品存在市场或数据资源无形资产自身存在市场，数据资源无形资产将在内部使用的，应当证明其有用性。

这一条件通常可分为下列情形。①该数据资源无形资产形成后主要直接用于生产产品或对外提供服务的，企业应当对运用该数据资源无形资产生产的产品或提供的服务的市场情况进行合理估计，能够证明所生产的产品或提供的服务存在市场，有明确的市场需求，能够为企业带来经济利益流入。②该数据资源无形资产形成后主要用于授权使用的，应当能够证明市场上存在对该类数据资源无形资产的需求，开发以后存在外在的市场可以授权，并带来经济利益流入。③该数据资源无形资产形成后主要用于企业内部使用的，应当能够对数据资源无形资产单独或与企业其他资产结合使用，以实现降本增效等目的，即在增加收入、降低成本、节约工时、提高运营效率、减少风险损失等方面的情况以定量定性方式进行前后对比分析，合理证明在上述相关方面的收益预计将大于研发支出概算。

（4）有足够的技术、财务资源和其他资源支持，以完成该数据资源无形资产的开发，并有能力使用或出售该数据资源无形资产。

这一条件通常同时包括以下内容。①企业应当具备开发数据资源无形资产所需的技术团队，能够保证团队投入必要的开发时间，从而有确凿证据证明企业继续开发该数据资源无形资产有足够的技术支持和技术能力。②企业应当能够证明为完成该数据资源无形资产开发具有足够的专门资金、软件硬件条件等财务和其他资源。自有资金不足以支持研发活动的，应当能够证明可以获得银行等其他方面的外部资金支持。③企业应当能够证明数据来源、使用范围和方式等方面的合法合规性。④除用于内部使用的数据资源无形资产外，企业应当能够证明具有相应的市场资源、渠道资源等，以确保该数据资源无形资产或者运用该数据资源无形资产生产的产品或提供的服务能够顺利推向市场并被客户接受。

（5）归属于该数据资源无形资产开发阶段的支出能够可靠地计量。

这一条件通常同时包括以下内容。①企业应当对数据资源无形资产研发活动采取项目化管理，对于数据资源无形资产研发活动发生的支出应当单独归集和核算，如外购数据支出、研发使用内部数据时的加工整理支出、与该数据资源无形资产研发活动项目直接相关的研发人员薪酬、研发使用的硬件折旧、研发使用的软件摊销、研发使用的资源租赁费（或使用费），以及用于研发活动的外购技术服务等其他直接及间接成本等。企业不得将应由其他生产经营活动负担的支出计入研发活动支出。②企业应当具备内部数据治理和成本管理等方面可靠的信息化条件，能够对数据资源无形资产研发支出进行完整、准确、及时的记录。③企业同时从事多项研发活动的，所发生的支出应当能够系统合理地在各项研究开发活动之间进行分摊，分摊原则以及方法应当保持一致，无法明确分摊的支出应予费用化计入当期损益。一项研发活动同时产生数据资源无形资产和其他资产的，所发生的支出应当能够系统合理地在数据资源无形资产和其他资产之间进行分摊，分摊原则以及方法应当保持一致。

在对外购形成的数据资源无形资产成本进行确认时，其成本包括购买价款、相关税费，直接归属于使该数据资源无形资产达到预定用途所发生的数据脱敏、清洗、标注、整合、分析、可视化等加工过程所发生的有关支出，以及数据权属鉴证、质量评估、登记结算、安全管理等费用。外购数据资源无形资产的初始入账成本不包括数据资源无形资产达到预定用途之后所发生的支出，也不包括与数据资源无形资产开发有关但并非必不可少的偶发性经营支出。

就目前的状况而言，在企业进行数据资源入表的实际操作中，相关成本归集和收入成本匹配会存在较大挑战，其主要原因是数据产品的可塑性较高，底层的数据库可以通过多种建模方式进行后续加工使用；应用场景多样化，消费者可能一次性购买多个数据产品组合，导致企业在数据产品中的投入如相关人力成本、设备投入成本，难以清晰归集，将收入准确匹配到具体产品中也存在一定的困难。

3.3.2 数据资产类型确认的影响因素

按照《企业数据资源相关会计处理暂行规定》，并根据数据资源的持有目的、形成方式、业务模式和应用场景，以及与数据资源相关的经济利益预期等，来确认数据资产的类型。判断数据资产类型时需要考虑的影响因素如下。

1. 数据资产的持有目的

数据资产按照持有目的，可以分为企业内部研发并供内外部使用的数据资源和企业日常活动中持有、最终目的用于出售的数据资源两类。

（1）企业内部研发并供内外部使用的数据资源。

企业内部使用的数据资源是企业业务数据资产化的体现，主要是指对企业经营中产生的数据进行收集整理和分析，并将其应用于经营决策和业务流程，从而为企业带来经济效益。这类数据资源可以降低企业的运营成本或提高企业的运营效率，从而为企业带来更多的经济效益。外部使用的数据资源是指企业将自身合法拥有的数据资源通过授权的方式允许第三方使用，并通过收取使用费等方式增加企业的经济效益。此外，还有内部和外部均可使用的数据资源，内部使用该数据资源可以开发新的数据产品进行销售，或提高持有企业的运行效率，实现企业的降本增效，而外部可以通过授权的方式允许第三方合法使用该数据资源，为企业带来相关收益。

（2）企业日常活动中持有、最终目的用于出售的数据资源。

企业日常活动中持有的数据资源主要存在于多个加工环节及工序中，如数据规划、采集、汇聚、开发等。企业合法持有不同阶段的数据资源，通过出售最终加工成为可销售的数据产品或服务，为企业带来相关收益。

2. 数据资产的形成方式

数据资产按照形成方式，主要分为内部研发及外购两种。内部研发形成的数据资产，应考虑是否长期持有、是否一次性销售等条件，分别予以确认为无形资产或存货。对于外购形成的数据资产，需要关注和充分判断其成本是否符合无形资产的定义，不符合无形资产确认条件的，应当根据用途计入当期损益。如果企业运用外购形成的数据和内部研发形成的数据组合产生新的数据资产，应结合其最终使用方式来确定数据资产的类型。

3. 数据资产的业务模式和应用场景

数据资产的业务模式应考虑与持有目的和应用场景的结合，数据资产的业务模式会根据不同的应用场景产生不同的业务模式，同一业务模式也可以对应不同的应用场景。数据资产持有目的分为内部使用、外部使用及内外使用相结合三种情况，可分别对应企业内部长期持有、可重复、可多次销售数据资产使用权给不同客户的应用场景，企业内部长期持有、可重复内部使用来提高企业内部生产及运营效率的应用场景，按客户要求提供定制化数据资产不可重复销售的应用场景。

针对企业内部长期持有、可重复、可多次销售数据资产使用权给不同客户的应用场景，可以对应产品开发业务模式，这种业务模式既包含内部开发，也包含外部采购加内部开发两种情况。若满足无形资产定义，则产生的数据资产可计入"无形资产——数据资源"科目。

针对企业内部长期持有、可重复内部使用来提高企业内部生产及运营效率的应用场景，可以对应数据研发业务模式，这种业务模式所产生的数据资产，若满足无形资产定义，则数据资产可计入"无形资产——数据资源"科目。

针对按客户要求提供定制化数据资产不可重复销售的应用场景，可以对应数据产品生产业务模式，这种业务模式所产生的数据资产，其作用类似于制造业企业生产的产成品，即作为企业存货销售给特定客户或一类客户，若这种模式下产生的数据资产满足存货定义，则可确认为数据资源存货。

4. 数据资产摊销

数据资产摊销需要考虑数据资产的使用寿命、摊销方法和会计科目转换等因素。

考虑数据资产使用寿命因素时，主要存在使用寿命确定及使用寿命不确定两种情形。对于使用寿命确定的数据资产，若有明确的合同约定，则可以按照合同约定的年限进行摊销；若没有明确的合同约定，则可归为使用寿命不确定的数据资产，不进行摊销。无论数据资产摊销与否，均须在年底进行无形资产减值测试，通过"数据资产减值准备"科目予以反映数据资产减值情况。

考虑数据资产摊销方法因素时，如果数据资产对企业收益的贡献在年度间均匀发生，则可以考虑直线摊销；如果数据资产对企业收益的贡献随着数据资产量的变化而变化，则可以考虑加速摊销。

考虑数据资产会计科目转换因素时，如果企业最初将数据资产确认为存货，则其价值贡献方式为一次性贡献。如果后续随着数据资产中的数据不断累积，产生了新的数据产品且满足无形资产确认条件，则需要考虑应将其由存货科目调整至无形资产科目，其价值贡献方式也由一次性贡献变为长期贡献。

3.3.3 数据资产确认案例——将数据资源确认为无形资产和存货

A 公司是一家物联网大数据企业，多年来一直聚焦生态环境"双碳"领域，服务智慧城市建设，提供基于物联网技术的软硬件产品、解决方案及数据服务。A 公司依托多年的环境监测和能耗监测经验，以生态环境双碳云图为大数据底座，自主研发"碳账本""数字碳表"等"双碳"系列产品。"碳账本"作为"双碳"智慧服务管理平台，可以帮助用户实时查看全域碳数据，利用碳预测分析动态跟踪预测区域内碳排放的态势，为控碳和达峰做好清晰指引；该平台还可以对企业的碳数据质量和碳排放管理水平进行置信度评价，帮助政府管理部门强化对企业数据质量的管理。"数字碳表"则是一个针对数据收集难度大、碳管理困难、碳资产流失等问题研发的企业碳排放及碳资产管理平台。"数字碳表"内置"碳排放表"及"置信度表",利用物联网终端设备自动采集碳数据,提供电子台账、一键核算、排放报告、智能分析、资产管理、数据交互、碳数据图谱等核心功能;服务于企业报送碳数据、应对碳核查、开展碳金融、申请碳奖补等工作,助力企业"厘清碳数据、管好碳资产、获得碳收益"。

2022年9月,A公司中标北京绿色交易所项目,成为北京绿色交易所唯一的技术支持单位。该公司建设的"企业碳账户和绿色项目库系统"形成了碳排放基础数据库,为企业用户提供碳核算和统计分析等服务,支撑全国自愿减排交易、绿色投融资业务的全面发展。在企业碳账户开展碳核算的基础上建立绿色项目库,吸引绿色企业和绿色项目入库,进行统一登记、统一评价,同时,统一对接绿色投融资、统一进行绿色增信。系统可以对入库的企业和项目进行碳评价、绿色分类等级评价、绿色投融资对接、政府"双碳"管理工具等全方位信息化支持,为绿色金融发展提供动力。

1. A公司数据资源无形资产的确认

A公司开发的生态环境双碳云图 V2.0 项目是在生态环境双碳云图 V1.0 项目的版本上继续研发的,执行期为2023年3月1日—2024年2月29日,预算金额为717万元。项目研发主要内容是将各执行项目中形成的数据资源进行汇聚、脱敏、清洗、标注、分析、可视化等后续处理,建立数据工厂。按照《企业数据资源相关会计处理暂行规定》,项目形成的数据资源可确认为无形资产。A公司拟按照无形资产进行确认及会计处理,具体分析过程如下。

(1)资产确认判断。

数据资源是否可以作为无形资产进行初始确认,需要判断是否满足无形资产的确认条件,即需要判断:是否由过去的交易或事项所形成;是否由企业拥有或控制;是否预期会给企业带来经济利益;成本或者价值是否能够进行可靠的计量。结合A公司相关数据资源情况进行判断如下:A公司从2023年4月开始支出该项目的相关成本,实际成本支出已形成;A公司与客户的相关合同中已约定与原始数据相关的权利;该项目具有成熟的商业模式,开发成功后有明确的应用场景及意向订单的支持;该项目建立了对应的数据资源目录,在项目立项阶段判断是否涉及数据资源加工,梳理、规范了数据加工工序,明确了加工产出物,量化了与之对应的料、工、费的成本支出,成本支出能够可靠计量。综上所述,该项目的数据资源满足无形资产的确认条件,可以确认为无形资产。确认数据资源为无形资产后,需要合理区分研究阶段及开发阶段,再判断开发阶段具体成本支出是费用化还是资本化。

（2）研究阶段支出的会计处理。

生态环境双碳云图 V2.0 项目的研究阶段为 2023 年 4 月至 2023 年 6 月 9 日，涉及的相关费用包括公共管理成本，如办公费、福利费、其他（主要是差旅费、交通费、通信费），会计处理时，会计分录如下。

借：研发支出——费用化支出　　　　　　　×××万元
　　贷：应付职工薪酬/银行存款/累计折旧等　×××万元

期末结转时，相应的会计分录如下。

借：管理费用　　　　　　　　　　　　　　×××万元
　　贷：研发支出——费用化支出　　　　　×××万元

（3）开发阶段支出的会计处理。

按照 A 公司研究开发阶段确认标准，生态环境双碳云图 V2.0 项目于 2023 年 6 月 10 日通过项目可行性评审会，进入开发阶段。

该项目进入开发阶段后，按照数据资产形成的环节、阶段、工序，对开发数据资产相关科目进行统计，并分析其是否满足资本化的五个条件：完成该无形资产以使其能够使用或出售在技术上具有可行性；具有完成该无形资产并使用或出售的意图；无形资产产生经济利益的方式较为明确，包括能够证明运用该无形资产生产的产品存在市场或无形资产自身存在市场，无形资产将在内部使用的，能证明其有用性；有足够的技术、财务资源和其他资源支持，以完成该无形资产的开发，并有能力使用或出售该无形资产；归属于该无形资产开发阶段的支出能够进行可靠的计量，可以进行资本化。

本次资本化金额统计时间区间为 2023 年 6 月 10 日至 2023 年 6 月 30 日，具体如表 3-1 所示。

表 3-1　生态环境双碳云图 V2.0 项目数据资产资本化金额统计表

单位：万元

环节	阶段	工序	记账科目	数据资产资本化金额	其他无形资产资本化金额
顺序性环节	数据规划	规划	研究人员薪酬	—	—
	数据采集	采集	研究人员薪酬	2.98	—
			技术咨询服务费	5.78	—
			五险一金	0.65	—
	数据汇聚	清洗	研究人员薪酬	5.52	—
			五险一金	1.06	—

续表

环节	阶段	工序	记账科目	数据资产资本化金额	其他无形资产资本化金额
顺序性环节	数据汇聚	整合	研究人员薪酬	3.96	—
			五险一金	0.83	—
	数据开发	脱敏	研究人员薪酬	2.82	—
			五险一金	0.51	—
			股份支付	0.96	—
		分析	研究人员薪酬	2.70	—
			外聘研发人员的劳务费	4.81	—
			五险一金	0.55	—
		可视化	研究人员薪酬	3.15	3.15
			五险一金	0.57	0.57
全流程环节	数据存储	存储	技术咨询服务费	0.50	0.50
		算力	技术咨询服务费	4.14	4.14
	数据运维	运维	研究人员薪酬	2.36	2.36
			五险一金	0.43	0.43
	数据安全	安全	特定软件等	—	—
			人工费用	—	—
	间接成本	公共管理成本分摊	职工福利费	0.56	0.14
		公共管理成本分摊	差旅费	0.30	0.08
		公共管理成本分摊	折旧费	0.23	0.06
		公共管理成本分摊	办公费	0.05	0.01
		公共管理成本分摊	通信费	0.07	0.02
合计				45.51	11.47

各个工序对应的数据资产资本化分析如表 3-2 所示。

表 3-2 各个工序对应的数据资产资本化分析

工序	分析
规划	规划工序的主要内容是数据库规划，最终成果为数据库。本项目在 2023 年 6 月 10 日至 6 月 30 日之间未发生数据规划成本，因此，该工序资本化金额为 0

续表

工序	分析
采集	采集工序主要内容是开发多源数据接入功能，可以接入不同来源的数据，比如 A 公司运营项目的伴生数据、从外部采购以及从公开环境采集的原始数据。最终成果为多源录入数据。该工序与数据资产形成直接相关，为数据资产形成提供原始数据，因此该工序涉及的研究人员薪酬、技术咨询服务费及五险一金均应计入数据资产资本化金额
清洗	清洗工序的主要内容是对采集的数据中的无用数据、错误数据、低质量数据等进行处理，提高数据质量。最终成果为修正错误、剔除无用数据。该工序与数据资产形成直接相关，为数据资产形成提供原始数据，因此该工序涉及的研究人员薪酬、五险一金均应计入数据资产资本化金额
整合	整合工序的主要内容是将多源数据按照数据标准模型进行整合，形成新的数据。最终成果是按照系统设计的数据模型整合后的数据。该工序与数据资产形成直接相关，为数据资产形成提供可利用数据，因此该工序涉及的研究人员薪酬、五险一金均应计入数据资产资本化金额
脱敏	脱敏工序的主要内容是对数据中的敏感信息进行处理，使数据适合于公开使用。最终成果是对伴生数据和外部原始数据脱敏后的数据。该工序为数据资产形成提供可利用数据，因此该工序涉及的研究人员薪酬、五险一金、股份支付均应计入数据资产资本化金额
分析	分析工序的主要内容是利用整合后的多源数据开发形成新的数据产品。最终成果是按照设计的数据产品加工生成的数据产品和 API。该工序与数据资产形成直接相关，因此该工序涉及的研究人员薪酬、外聘研发人员的劳务费、五险一金均应计入数据资产资本化金额
可视化	可视化工序的主要内容是开发可视化数据产品和可视化系统界面。最终成果是软件功能可视化、界面可视化及数据可视化。该工序不仅会形成数据资产，还会形成生态环境双碳云图 V2.0 项目的软件系统，因而该工序对应的成本需要在数据资产和软件两种无形资产中按照合理比例拆分。目前 A 公司按照 1∶1 的比例将可视化成本拆分至数据资产和软件中，因此该工序涉及的研究人员薪酬、五险一金均应计入数据资产资本化金额
存储及算力	存储工序的主要内容是利用公司云平台存储每个工序运行后的数据资产，该工序会贯穿数据资产形成的全部环节。该工序发生的费用不仅会存储数据资产，还会存储生态环境双碳云图 V2.0 项目的软件系统，因此该工序对应的成本需要在数据资产和软件两种无形资产中按照合理比例拆分。目前 A 公司按照 1∶1 的比例将可视化成本拆分至数据资产和软件中。算力工序的主要内容是利用佳华云平台上的虚拟机进行计算，贯穿数据资产形成的全部环节。该工序发生的费用不仅用于计算数据资产，还会负责运行生态环境双碳云图 V2.0 项目的软件系统，因此该工序对应的成本需要在数据资产和软件两种无形资产中按照合理比例拆分。目前 A 公司按照 1∶1 的比例将可视化成本拆分至数据资产和软件中

续表

工序	分析
运维及安全	运维工序的主要内容是生态环境双碳云图 V2.0 项目平台的测试及运维等，贯穿数据资产形成的全部环节。该工序不仅运维数据资产，还负责运维生态环境双碳云图 V2.0 项目的软件系统，因此该工序对应的成本需要在数据资产和软件两种无形资产中按照合理比例拆分。目前 A 公司按照 1∶1 的比例将可视化成本拆分至数据资产和软件中。针对生态环境双碳云图 V2.0 项目，运维工序中也包含了安全费用。安全费用主要是指保护数据安全产生的费用，包括但不限于：外购软件保护、自有软件保护等，主要与数据资产形成相关
间接成本	间接成本的主要内容是公共管理成本摊销，贯穿数据资产形成的全部环节。该工序发生的费用不仅与数据资产相关，还与生态环境双碳云图 V2.0 项目的软件系统相关，因此该工序对应的成本需要在数据资产和软件两种无形资产中按照合理比例拆分。目前 A 公司按照数据资产和软件在采集至安全工序各工序成本合计中的占比将间接成本拆分至数据资产和软件中，即数据资产分摊的间接成本=间接成本金额×数据资产采集至安全工序各工序成本合计金额÷采集至安全工序成本合计金额

生态环境双碳云图 V2.0 项目进入开发阶段后的相关支出通过研发支出——资本化支出科目归集。

发生支出时，相应的会计分录如下。

借：研发支出——资本化支出——数据资源　　　×××万元
　　贷：原材料/银行存款/应付职工薪酬　　　　　×××万元

达到预定用途确认资产时，相应的会计分录如下。

借：无形资产——数据资源　　　　　　　　　　×××万元
　　贷：研发支出——资本化支出——数据资源　　×××万元

2. A 公司数据资源存货的确认

A 公司目前执行的某市的智慧城市项目于 2023 年 7 月签订，内容包括"一网共治""数字经纬"和"视频融合"三个系统的建设和一次性的数据处理服务，预计建设期为 5 个月，在 2023 年 12 月底交付使用，质保期为三年，最终交付的存货为三个模块产品。

按照《企业数据资源相关会计处理暂行规定》，数据资源存货可在"存货"类科目下设二级科目"库存商品/生产成本/合同履约成本——数据资源"进行核算并区分企业其他库存商品。

A 公司拟按照数据资源存货进行确认及会计处理，具体如下。

（1）确认判断。

数据资源作为一项存货进行初始确认，需要满足存货的确认条件：①是否由过去的交易或事项所形成；②是否由企业拥有或控制；③是否预期会给企业带来经济利益流入；④成本或者价值是否能够可靠计量。结合 A 公司相关数据资产的特点，逐一分析判断如下：①A 公司从 2023 年 7 月份开始发生加工支出，实际成本支出事项已形成；②A 公司与甲方签订的合同约定"运维期间，乙方有权对数据进行使用、加工、衍生、运营和修改，其使用经营产生的经济收益归甲方所有"；③基于双方合同约定的履约义务，甲方在乙方完成相应的数据加工后，乙方支付相应的对价；④该项目建立了数据资源目录，梳理、规范了数据加工工序，明确了加工产出物，量化了与之对应的料、工、费成本支出，成本支出能够可靠计量。

综上所述，该项目相关数据资源可以确认为存货。

（2）会计处理。

A 公司拟确认三种数据资源存货，分别为"一网共治""数字经纬"和"视频融合"，均属于企业通过数据加工取得的数据资源存货。以"一网共治"为例加以说明。

根据"一网共治"形成过程，将"一网共治"确认为存货时，其成本包括采购安全管理，数据采集、清洗、整合、分析、可视化等加工成本和使存货达到目前场所和状态所发生的其他支出。现对其各工序预算成本列示，并分析其是否构成数据资源存货初始成本，具体内容如表 3-3 所示。

表 3-3 "一网共治"各工序预算成本

工序	占比	数据资产——归集金额/元
安全管理	7.62%	93000.00
采集	29.48%	360000.00
清洗	4.42%	54000.00
整合	15.23%	186000.00
分析	9.34%	114000.00
可视化	33.91%	414000.00
总　计	100.00%	1221000.00

其中，各工序对应的数据存货金额合理性分析如表 3-4 所示。

表 3-4 各工序对应的数据存货金额合理性分析

工序	分析
安全管理	安全管理费用主要是指保护数据安全及保证系统正常运行产生的费用,包括但不限于:用户正常使用系统,系统内数据可以被合理修改、处理等,以及与系统平台建设及操作相关的安全费用,因此该工序对应的成本需要在数据资产和软件两种存货中按照合理比例拆分。目前 A 公司按照 1:1 的比例将安全管理成本拆分至数据资产和软件中,因此该工序发生金额的一半计入数据资源存货
采集	采集工序的主要内容是在具有档案导入功能的系统中,完成社区现存的人口、房屋、企业、网格等档案的导入和信息表创建。该工序与数据资产形成直接相关,因此应全部确认为数据资源存货的成本
清洗	清洗工序的主要内容是将采集的信息表中的无用、错误、低质量数据或表格等进行处理,提高信息表及表中数据质量。该工序与数据资产的形成直接相关,因此应全部确认为数据资源存货的成本
整合	整合工序的主要内容是将清洗后有用信息表整合为一张数据表。该工序与数据资产形成直接相关,因此应全部确认为数据资源存货的成本
分析	分析工序的主要内容是利用整合后的数据表进行数据分析,以便为数据产品提供智慧政务相关功能及必要的系统管理功能。该工序与数据资产形成直接相关,因此应全部确认为数据资源存货的成本
可视化	可视化工序的主要内容是数据产品可视化和软件系统可视化。最终成果是软件功能可视化、界面可视化及数据可视化效果。该工序不仅形成数据资源存货,还会形成要交付的 PC 端及移动端的软件系统,因此该工序对应的成本需要在数据资产和软件两种存货中按照合理比例拆分。目前 A 公司按照 1:1 的比例将可视化成本拆分至数据资产和软件中,因此该工序发生金额的一半计入数据资源存货。该工序成本支出金额及占比最高

综上所述,在数据资源存货的生产加工过程中,按此阶段支出的相关料、工、费进行归集,相应的会计分录如下。

借:存货——数据资源 ×××万元
　　贷:原材料/应付职工薪酬/银行存款等 ×××万元

3.4 数据资产的会计计量

数据资产的会计计量包括初始计量、后续计量和其他事项计量,下面分别加以阐述。

3.4.1 数据资产的初始计量

1. 数据资源存货的初始计量

数据资源存货在初始计量时,需要了解数据资源存货的特点,明确初始计量的基本内容和注意事项,并形成相应的会计分录。

(1) 数据资源存货的特点。

数据资源存货具有三个主要特点。①数据资源存货不具有实物特征。一般的存货通常是有形资产,而数据资产通常不具备实物形态,但如果企业持有数据资产的目的是用于出售,且该类销售活动的频率为持续性、长期性时,这种无实物形态的数据资产也可纳入存货范畴进行核算。②数据资源存货具有较强的流动性。在企业中,一般存货经常处于不断销售、耗用、购买或重置中,具有较快的变现能力和明显的流动性,数据资源存货也具有较强的流动性。③数据资源存货具有时效性和发生潜在损失的可能性。一般存货能够规律地转换为货币资产或其他资产,但长期不能耗用的存货就有可能变为积压或降价销售的物资,从而造成企业的损失;数据资源存货也存在潜在损失的可能性,该风险通常考虑为合同到期后客户的采购意愿以及价格偏好等因素,而非数据资产本身因素。

(2) 数据资源存货的初始入账成本的内容。

按照存货准则,存货应当按照成本进行初始计量。根据《企业数据资源相关会计处理暂行规定》的要求,企业通过外购方式取得确认为存货的数据资源,其采购成本包括购买价款、相关税费、保险费,以及数据权属鉴证、质量评估、登记结算、安全管理等所发生的其他可归属于存货采购成本的费用。企业通过数据加工取得确认为存货的数据资源,其成本包括采购成本、数据采集、脱敏、清洗、标注、整合、分析、可视化等加工成本和使存货达到目前场所和状态所发生的其他支出。

(3) 数据资源存货初始计量时的注意事项。

企业在判断各项支出是否应计入存货成本时,如果是使存货达到目前可出售状态所发生的直接和必要支出,则应计入数据资源存货成本。如果是非正常消耗的支出、购买价款中包含的可抵扣的税费和商业折扣、不属于加工过程中为达到下一个加工阶段所必需的数据存储费用,以及数据资源存货达到预定可销售状态后发生的销售费用、数据运维成本和数据安全管理费用等,则不得计入数据资源存货成本。

(4) 数据资源存货初始入账的案例以及会计分录。

C 公司运营的山东省聊城市智慧城市项目所形成的产品最终将移交给甲

方，在该项目中形成了三项数据资源存货，分别为"一网共治""数字经纬"及"视频融合"，C 公司对该项目中的数据具有加工使用权，该数据资源存货在初始计量时纳入存货成本的支出主要包括以下内容：相关数据资产的系统设计及建设期的各项成本，如采购的外部服务、运营人员的薪酬或运营外包的费用，物联网平台、云存储资源、数据库等基础公共资源的摊销费用，AI 算法采购费用以及公司公共管理成本摊销等加工成本可归集为数据资源存货的成本。

C 公司"一网共治"项目中涉及数据资源存货的成本归集情况如表 3-5 所示。

表 3-5 C 公司"一网共治"项目中涉及数据资源存货的成本归集情况

工序	具体工序内容	成本投入/万元	占比
安全管理	开发用户账号角色的权限控制和系统日志管理，主要为人工成本	18.6	10.76%
采集	基础档案信息的导入、录入和建立基础数据表，主要为人工成本	36	20.83%
分析	开发数据解析和智能预警，对达到阈值的数据自动预警并推送任务功能，主要为人工成本	11.4	6.60%
可视化	开发智能报表、基于数据的社区人员画像、社区房屋概括展示等可视化应用，主要为人工成本	82.8	47.92%
清洗	开发元数据管理，用于统一数据标准，处理存量数据，主要为人工成本	5.4	3.13%
整合	将社区人口、房屋、企业、网格等多种数据整合为一套数据，并进行数据治理，主要为人工成本	18.6	10.76%
总　　计		172.8	100.00%

从立项阶段到加工完成阶段属于数据资源存货的生产加工过程，按此阶段支出的相关料、工、费进行归集，借记合同履约成本——数据资源，贷记原材料、应付职工薪酬或银行存款等。上述"一网共治"项目涉及的存货会计分录如下。

借：合同履约成本——数据资源　　　　　　　172.8 万元
　　贷：原材料/应付职工薪酬/银行存款等　　　172.8 万元

2. 数据资源无形资产的初始计量

数据资源无形资产在进行初始计量时，需要以相应数据资产的特点为基础,参考无形资产准则,明确初始计量的基本内容和注意事项,并确定相应的会计分录。

(1) 数据资源无形资产的特点。

数据资源无形资产具有如下三个主要特点。①数据资源无形资产不具有实物形态。在企业中,无形资产无实体,在使用中也不存在有形损耗,报废时不存在残值;数据资源无形资产同样存在无实物特点。②数据资源无形资产具有共享性。企业的无形资产具有所有权归属于企业本身,使用权可以共有的特点;数据资源无形资产同样具有该特征,公司开发自有知识产权的数据,通过销售数据的使用权,获取让渡资产使用权收入。此类数据经开发完成后,可多次销售并获取授权许可收入。③数据资源无形资产通常为企业长期持有的资产。数据资源无形资产具有能在较长时期内使用的特性,不是为了对外销售,而是为了在较长的时期内使企业获得经济效益。

(2) 数据资源无形资产的初始入账成本的内容。

按照无形资产准则,无形资产应当按照成本进行初始计量。对于数据资源无形资产,其成本构成可分为外购形成的无形资产及自主研发形成的无形资产。

① 外购形成的无形资产的成本构成。企业通过外购方式取得数据资源无形资产,其成本包括购买价款、相关税费、直接归属于使该项无形资产达到预定用途所发生的数据脱敏、清洗、整合、分析、可视化等加工过程所发生的有关支出,以及数据权属鉴证、质量评估、登记结算、安全管理等费用。

② 自主研发形成的无形资产的成本构成。企业内部数据资源研究开发项目的支出,应当区分研究阶段支出与开发阶段支出。研究阶段的支出,应当于发生时计入当期损益;开发阶段的支出,只有满足无形资产准则规定的有关条件,才能确认为无形资产。

对于企业来说,其数据资产在形成过程中通常经过数据规划、数据采集、数据整合、数据存储、数据开发、数据运营维护、数据安全防护等过程,针对数据资产形成过程中发生的成本,可参考以下原则进行资本化或费用化处理。

- 数据规划阶段发生的费用,主要包括前期调研发生的人工、会议及咨询费用等。在做数据规划前,企业已有明确的项目计划书,对数据的调研有清晰的意图,后续开发有明确计划等,此阶段的投入可以资本化作为数据资产的初始计量成本。
- 数据采集阶段发生的费用,主要包括采集过程中的人工投入、购买外部数据的投入等。在数据采集阶段,必要的人工、维护或采购外部数据的投入可以资本化作为数据资产的初始计量成本。

- 数据整合阶段的费用，主要包括来自不同数据源的数据所发生的费用，具体包括投入的计算资源、人力资源、接入费用和链路费用等。这部分费用可以资本化作为数据资产的初始计量成本。
- 数据存储阶段的费用，主要包括数据存储阶段发生的费用。此部分费用可以资本化作为数据资产的初始计量成本。
- 数据开发阶段的费用，主要包括信息资源整理、清洗、挖掘、分析和重构等费用，知识提取、转化及检验等费用，算法、模型等费用。此部分费用可以资本化作为数据资产的初始计量成本。
- 数据运营维护阶段的费用，主要包括数据质量评价费用，包括识别质量问题、敏感数据等费用；数据加工费用，包括数据调整、补全、标注、更新和脱敏等费用；数据备份、数据迁移和应急处置等费用。一般认为在数据运营维护阶段之前，数据已经达到了可以使用的状态，此部分运营维护费用应该作为费用化处理，而不作为数据资产的初始计量成本。
- 数据安全防护阶段的费用，主要包括为保障数据安全投入的等保认证、安全产品等费用。这部分费用由于具有明确的购买价格和使用期限，应按照会计准则规定的记账原则计入相应的科目，不作为数据资产的初始计量成本。
- 对于数据资产形成过程中涉及的间接费用，包括软硬件成本及分摊的其他公共管理费等，应分别计入固定资产、无形资产——其他或直接计入当期损益，不再计入无形资产的初始计量成本。

③ 数据资源无形资产在初始计量时的注意事项。

数据资源无形资产在初始计量时需注意如下事项。

a. 自主研发形成的数据资产。对于自主研发形成的数据资源无形资产，应严格按照无形资产准则和应用指南的要求将研发过程区分为研究阶段和开发阶段，并按照无形资产准则规定的资本化的要求对资本化和费用化成本进行区分。

b. 投资者投入的数据资产。投资者投入的数据资源无形资产的成本，应按照合同或协议约定确定。

c. 通过非货币性资产、债务重组等方式取得的数据资产。企业通过非货币性资产、债务重组等方式取得的数据资源无形资产，其成本应当分别按照《企业会计准则第 7 号——非货币性资产交换》《企业会计准则第 12 号——债务重组》等的规定确定。

④ 数据资源无形资产初始入账的案例以及会计分录。

如前文所述，A 公司正在研发一项新型数据服务产品——生态环境双碳云图 V2.0 项目，此产品预计未来可通过销售数据、付费使用等方式获取收入，202×年 4—8 月共发生成本 203.37 万元，其中满足资本化条件的研发支出 194.08 万元，费用化支出 0 万元。资本化研发支出主要包括数据采集、脱敏、清洗、整合、分析、可视化、安全管理等环节涉及的内部及外聘人工费用、技术咨询费用及办公费用等，具体如表 3-6 所示。

表 3-6 A 公司生态环境双碳云图 V2.0 项目资本化研发支出情况

工序	具体工序内容	成本投入/万元	占比
采集	开发多源数据接入功能，接入数据；采购数据；从公开环境采集数据，涉及人工成本、数据采购成本、开通数据下载账号的成本等	25.68	13.23%
脱敏	对原始数据中的敏感信息进行处理，主要为人工成本	14.92	7.69%
清洗	对数据中的无用数据、错误数据、低质量数据等进行处理，主要为人工成本	26.28	13.54%
整合	将多源数据按照数据标准模型进行整合，形成新的数据，主要为人工成本	26.03	13.41%
分析	利用整合后的多源数据开发形成新的数据产品，主要为人工成本	42.24	21.76%
可视化	开发可视化数据产品和平台自身管理功能，主要为人工成本	33.11	17.07%
安全管理	平台测试、运维等，主要为人工成本	19.20	9.89%
其他	公共管理成本摊销	6.62	3.41%
总　计		194.08	100.00%

企业自主研发无形资产发生的研发支出，不满足资本化条件的，借记费用化支出，具体分录如下。

借：研发支出—费用化　　　　　　　　　　×××万元
　　贷：原材料/应付职工薪酬/银行存款等　　×××万元

进入开发阶段满足资本化条件后通过研发支出——资本化支出科目归集，具体分录如下。

借：研发支出—资本化　　　　　　　　　　×××万元
　　贷：原材料/应付职工薪酬/银行存款等　　×××万元

研究开发项目达到预定用途形成无形资产的,应按研发支出资本化的余额,借记无形资产——数据资源,贷记研发支出——资本化。

期末,企业应将本科目归集的费用化支出金额转入研发费用,即借记研发费用,贷记研发支出——费用化。

对于上述生态环境双碳云图 V2.0 项目的具体会计分录如下。

在开发阶段其成本投入均满足资本化条件,计入研发支出。

借:研发支出——资本化　　　　　　　　194.08 万元
　　贷:原材料/应付职工薪酬/银行存款等　　194.08 万元

在 202×年×月,达到预定用途,转为无形资产。

借:无形资产——数据资源　　　　　　　　194.08 万元
　　贷:研发支出——资本化　　　　　　　　194.08 万元

3.4.2 数据资产的后续计量

1. 数据资源存货的后续计量

数据资源存货在后续计量过程中,应当参考存货会计准则,明确后续计量模式和注意事项,并确定相应的会计分录。

(1) 后续计量模式选择。

在资产负债表日,存货应当按照成本与可变现净值孰低计量。当存货成本低于其可变现净值时,存货按成本计量;当存货成本高于其可变现净值时,存货按可变现净值计量,同时按照存货成本高于其可变现净值的差额计提存货跌价准备,计入当期损益。当存货存在减值时,应计提存货跌价准备,并在损益表中计入资产减值损失。在确定数据资源存货的可变现净值时,应当以取得的确凿证据为基础,并且考虑持有存货的目的、资产负债表日后事项的影响等因素。

资产负债表日对未出售的部分估计可收回金额,计提跌价准备时的会计分录如下。

借:资产减值损失　　　　　　　　×××万元
　　贷:合同履约成本跌价准备　　×××万元

(2) 成本的结转。

现行存货准则规定的结转方法主要包括以下四种:先进先出法、移动加权平均法、月末一次加权平均法以及个别计价法,上述四种方法各自具有优缺点。数据资源存货通常交易次数较少,根据谨慎性要求,可按照个别计价法对数据资源存货进行结转。对于项目中的履约义务按合同中的标准约定完成,并给客户验收合格即达到数据资源存货的结转时点。

产品出售时，按已发生成本，对外出售时结转相应的存货成本，会计分录如下。

借：主营业务成本　　　　　　　　　　×××万元
　　贷：合同履约成本——数据资源　　　×××万元

（3）数据资源存货的盘点。

数据资源存货盘点包括以物理或电子形式记录的数据库、数据项、数据文件等结构化或非结构化的数据资产。数据资源存货盘点首先应按照各企业数据字典的特点，制定盘点模板；开始盘点后，一方面，从业务角度按照企业数据字典对数据进行梳理和规划，通过对企业的相关制度文件、职能体系、业务流程、业务单据等进行全面分析，逐层分解，梳理数据资产的三级目录、业务属性和相关管理属性；另一方面，从技术方面对数据进行质量评价，通过 IT 系统—数据库表—数据结构，进行自下而上归纳，逐步明确数据资产相关的系统信息项。

数据资产在进行盘点时，如出现账实不符的情况，应及时查明原因，按照规定进行报批处理。对于盘亏损失，应设立"待处理财产损溢"科目，在充分分析盘亏或损毁的具体原因后，按照相关会计处理方式分别计入"管理费用""营业外支出"等科目。

2. 数据资源无形资产的后续计量

根据企业经济贡献的形式，数据资产可以分为两种类型：一是可以为企业带来持续的经济利益的数据资产；二是在一定时期内为企业带来经济利益的数据资产。

对于可以为企业带来持续的经济利益的数据资产，考虑其使用寿命为无限期，故在会计处理时不适用摊销方式，需要在每个资产负债表日通过资产减值测试的方式进行后续计量。

对于在一定时期内为企业带来经济利益的数据资产，考虑其使用寿命为有限年期，故在会计处理时可以按照相应的摊销规则进行摊销，具体的摊销方法包括直线摊销法和加速摊销法。

直线摊销法是将数据资产的成本平均分配到可预计的使用年限内各个会计期间的一种摊销方法。其计算简单、方便运用，但是其在资产的实际损耗和变化情况的体现上与会计的配比原则和客观性原则上有一定的出入，无法真实体现资产的价值。加速摊销法是在资产的使用寿命早期进行快速摊销，使用寿命后期随着年限的增长逐渐减少摊销额的方法。加速摊销法包括余额递减法、年数总和法。在选择摊销方式的过程中应该注意，若数据资产在收益期内收益贡献均匀稳定，则适用于直线摊销法进行摊销。当数据资产刚被使用时，若数据资产的更新速度快、时效性强，其实时性和新鲜性能够挖掘到较高的经济价值；但是随着市场需求和新数据的更迭，其带来的经济效益也在减少。因此，加速摊销法更适合此类数据资产。

根据谨慎性原则，若判断使用寿命有限的无形资产出现减值迹象，可以通过减值测试的方式判断其账面价值的合理性。

假设 A 公司确认的数据资产在 3 年内按照直线摊销法进行摊销，每年应摊销×××万元。则年度进行摊销时编制的会计分录如下。

借：管理费用或营业成本——数据资源　　　　×××万元
　　贷：累计摊销　　　　　　　　　　　　　　×××万元

在后续计量模式的选择上，如存在减值迹象则需要对数据资产进行减值测试，通过"数据资产减值准备"科目予以反映，编制的会计分录如下。

借：资产减值损失——数据资产减值准备　　　×××万元
　　贷：数据资产减值准备　　　　　　　　　　×××万元

3.4.3　数据资产的其他事项计量

数据资产的其他事项计量主要包括数据资产后续支出的计量和数据资产处置的计量。

1. 数据资产后续支出的计量

数据资源在资产持有及使用过程中会产生一系列相关的后续支出，在会计计量时应当结合后续支出的主要类型进行合理归集和核算。

（1）数据资源存货后续支出的计量。

数据资源存货的后续支出主要包括日常维护型支出、新增需求型支出和无法预见型支出三种类型。①日常维护型支出。对于日常维护型支出，在初始计量之后，为保证在合同期内能持续为客户服务而产生的成本均应计入存货成本。例如，采集设备的日常维护成本、数据处理产生的人员工资等。②新增需求型支出。对于新增需求型支出，在初始计量之后，为增加供给量或提高存货质量而进行的系统升级、产品创新、数据增加等成本均应计入存货成本。例如，当企业系统升级、产品创新和数据增加等导致可服务用户数量和商品服务质量发生变化时，企业应对可服务用户数量重新进行测算，对存货成本重新计量，进而调整单位存货成本，但不应追溯调整，而是采取未来适用法。③无法预见型支出。对于无法预见型支出，为在提供服务期间产生的相关非常规性支出，应费用化处理，计入当期损益。例如，数据采集设备非正常损坏产生的修理费以及因此产生的人员费用等不在企业日常经营活动所考虑的相关支出。

（2）数据资源无形资产后续支出的计量。

数据资源无形资产的后续支出主要包括更新改良型支出和日常维护支出两种类型。

① 更新改良型支出。对于更新改良型支出，应类比于固定资产的更新方式。在对数据资产初始计量之后，对为增加数据采集维度及提高数据质量而进行的数据采购、人工投入等一系列能使数据资源无形资产价值提升所发生的改良支出，应予以资本化处理；在达到预定可使用状态时，应形成新的数据资产，并重新考虑其使用寿命，合理进行摊销或者减值测试。

② 日常维护型支出。对于日常维护型支出，在后续计量中不增加数据量、不提升数据利用效率的投入，不应计入数据资产成本，而应计入当期损益；增加数据量、提升数据利用效率的投入应该严格区分是否必需，若必需才能计入数据资产成本，否则也应该费用化。

2. 数据资产处置的计量

数据资产的处置主要包括数据资产的出售和数据资产的废弃。

① 数据资产的出售。企业把自己拥有或控制的数据资产进行出售，将数据资产的使用权与所有权一同转移给买方，按照实际收到的价款确认"银行存款"，并将账面价值予以转销，二者的差额应计入"资产处置损益"。若实际收到的价款高于其账面价值，则为处置收益；反之则为处置损失。

② 数据资产的废弃。数据资产的废弃主要有主动报废和被动报废两种方式。企业因不具备维护数据资产的技术，使数据资产因不能及时更新而失去利用价值，这种属于主动报废；企业在没有备份的情况下，因操作不当或外部变化等导致数据资产的意外损坏，这种属于被动报废。既无法使用又不能转让出售，这时就需对数据资产进行报废处理，可参考无形资产的报废处理，将数据资产的账面价值转出，差额部分确认为"营业外支出"。

3.5 数据资产入表及其财务影响案例

3.5.1 案例背景

企业 D 是一家数据服务商，属于轻资产公司，假设该企业自 2024 年 1 月 1 日开始执行《企业数据资源相关会计处理暂行规定》，并采用未来适用法模拟财务报表，模拟期限是 2024 年 1 月 1 日至 2024 年 12 月 31 日。企业 D 同时还是高新技术企业，所得税税率为 15%，研发费用满足加计扣除的条件。

如果企业 D 在 2024 年不按照《企业数据资源相关会计处理暂行规定》进行入表处理，则企业 D 在 2024 年的收入为 3 亿元，资产规模为 10 亿元，经营活动产生的现金流量净额为 5000 万元。

假定企业 D 持有两种类型的数据资产：一种是以数据资源经过创新型投入和实质性加工形成准备对外提供服务并且满足无形资产准则的数据资产，且这种类型的数据资产占比较高；另一种是在企业日常活动中持有、最终目的用于出售，且满足存货准则的数据资产。企业 D 数据资产相关成本主要包括进行数据采集、脱敏、清洗、标注、整合、分析、可视化等服务所发生的有关支出。在《企业数据资源相关会计处理暂行规定》出台之前，企业 D 数据资产相关的成本均在当期费用化，主要归集在营业成本科目，有部分研发费用部门人员参与数据加工环节，相应成本归集在研发费用。而在《企业数据资源相关会计处理暂行规定》出台之后，这部分费用化的成本可以在满足资产确认条件之后进行资本化处理。

3.5.2 入表模拟

一般而言，企业数据资产入表应该包括几个关键步骤：第一步，对满足数据资产确认条件的数据资源进行分类，按照《企业数据资源相关会计处理暂行规定》分为两大类：数据资源无形资产和数据资源存货；第二步，对相关数据资产的成本进行归集；第三步，对相关数据资产的成本和收入进行匹配；第四步，按照成本法进行初始计量；第五步，按照成本模式进行后续计量和终止确认等；第六步，在最终的财务报表中进行列示。由于我们是以模拟企业入表的形式进行研究，因此这里跳过中间成本归集和收入成本匹配的步骤，直接假设企业相关数据资产产生的成本和收入项，然后进行财务报表模拟。以下将分数据资源无形资产和数据资源存货两部分展开论述。

1. 满足无形资产确认条件的企业数据资源

下面描述企业 D 满足无形资产计量准则的数据资源入表的会计政策和会计估计方法。根据《企业数据资源相关会计处理暂行规定》的要求，这部分数据资源将按照成本法进行初始计量。对于使用寿命有限的数据资产，在使用寿命内按照与该项无形资产有关的经济利益的预期实现方式系统、合理地摊销，无法可靠确定预期实现方式的，采用直线法摊销。根据企业 D 对提供数据产品最长回溯 3 年或 10 年的历史数据等因素进行综合分析，模拟财务报表中不同类型的产品采用不同摊销年限的做法。同时考虑数据时效性一般呈现逐年递减的特征，所以采用年数总和法进行摊销。企业 D 主要数据资产摊销年限如表 3-7 所示。

表 3-7　企业 D 主要数据资产摊销年限

项目	摊销年限/年
数据资源无形资产——数据应用	3
数据资源无形资产——数据集	10

2. 满足存货确认条件的企业数据资源

下面描述企业 D 满足存货计量准则的数据资源入表的会计政策和会计估计方法。根据《企业数据资源相关会计处理暂行规定》要求，存货包括在日常活动中持有、最终目的用于出售的数据资源。模拟财务报表采用个别计价法来发出存货。数据资源存货可变现净值的确定依据为：资产负债表日，存货采用成本与可变现净值孰低计量，通常按照单个存货成本高于其可变现净值的差额计提存货跌价准备。直接用于出售的存货，在正常生产经营过程中，以该存货的估计售价减去估计的销售费用和相关税费后的金额确定其可变现净值；需要经过加工的存货，在正常生产经营过程中，以所生产的产成品的估计售价减去至完工时估计将要发生的成本、估计的销售费用和相关税费后的金额确定其可变现净值；资产负债表日，同一项存货中一部分有合同价格约定、其他部分不存在合同价格的，分别确定其可变现净值，并与其对应的成本进行比较，分别确定存货跌价准备的计提或转回的金额。

基于上述判断标准和成本确认方法，企业 D 自行开发的数据资源无形资产和自行加工的数据资源存货的列报情况如表 3-8 所示。其中，有 10000 万元数据资产原本计入研发费用，且数据资源无形资产中有 7500 万元按 10 年摊销，2500 万按 3 年摊销，在计算摊销时，无形资产残值为 0 且当年新增的无形资产平均分配至当年 12 个月。

3. 数据资产入表前和入表后的财务报表变化

第一，我们重点分析资产负债表的变化。数据资产入表前，企业 D 的资产负债表中不存在数据资产相关的科目列表。数据资产入表后，我们将表 3-8 中满足无形资产确认条件的数据资源和满足存货确认条件的数据资源计入资产负债表，如表 3-9 所示，其中数据资产的确认导致存货账面价值对应增加 400 万元、无形资产账面价值对应增加 8584.28 万元（已扣除当年摊销额）。同时，由于原本费用化的数据资产入表后确认为无形资产或存货，导致利润总额增加 8984.28（8584.28+400）万元，当期无形资产按年数总和法摊销及税务按 10 年直线摊销形成递延所得税资产增加 131.11 万元，研发费用重新分类至数据资产，导致研发费用加计扣除减少 150 万元，进而导致应交所得税（体现在应交税费中）增加 1628.76 万元。

表 3-8　企业 D 自行开发的数据资源无形资产和自行加工的数据资源存货列报

单位：万元

自行开发的数据资源无形资产		自行加工的数据资源存货	
项目	2024.12.31	项目	2024.12.31
一、账面原值		一、账面原值	
1.期初余额		1.期初余额	
2.本期增加金额	10000.00	2.本期增加金额	2000.00
其中：购置		其中：购入	
内部研发	10000.00	采集加工	2000.00
其他增加		其他增加	
3.本期减少金额		3.本期减少金额	1600.00
其中：处置		其中：出售	1600.00
失效且终止确认		失效且终止确认	
其他减少		其他减少	
4.期末余额	10000.00	4.期末余额	400
二、累计摊销		二、存货跌价准备	
1.期初余额		1.期初余额	
2.本期计提金额	1415.72	2.本期计提金额	
3.本期减少金额		3.本期减少金额	
其中：处置		其中：转回	
失效且中止确认		转销	
其他减少		4.期末余额	
4.期末余额	1415.72	三、账面价值	
三、减值准备		1.期末账面价值	400
1.期初余额		2.期初账面价值	—
2.本期增加金额			
3.本期减少金额			
4.期末余额			
四、账面价值			
1.期末账面价值	8584.28		
2.期初账面价值			

表 3-9 企业 D 数据资产入表前和入表后的简化资产负债表

单位：万元

项目	入表前 2024.12.31	入表后 2024.12.31	差异
存货		400.00	400
流动资产合计	18000.00	18400.00	400
递延所得税资产	300.00	431.11	131.11
无形资产	2000.00	10584.28	8584.28
非流动资产合计	82000.00	90715.40	8715.40
资产总计	100000.00	109115.40	9115.40
负债和所有者权益			
应交税费	1000.00	2628.76	1628.76
流动负债合计	15000.00	16628.76	1628.76
非流动负债合计	20000.00	20000.00	0
负债合计	35000.00	36628.76	1628.76
未分配利润	25000.00	32486.64	7486.64
所有者权益合计	65000.00	72486.64	7486.64
负债和所有者权益合计	100000.00	109115.40	9115.40

第二，我们分析利润表的变化。数据资产入表前，企业 D 是以费用化的方式处理与数据资产相关的支出；数据资产入表后，企业 D 将满足资产确认条件的支出予以资本化，从表 3-10 可以看出，营业成本和研发费用分别下降 7984.28 万元和 1000 万元，因数据资产入表调整导致企业当期的利润总额和净利润显著上升，同时所得税费用也显著上升。

表 3-10 企业 D 数据资源入表前和入表后的简化利润表

单位：万元

项目	入表前2024年度	入表后2024年度	差异
营业收入	30000.00	30000.00	0.00
减：营业成本	15000.00	7015.72	-7984.28
研发费用	3500.00	2500.00	-1000.00
营业利润（亏损以"-"号填列）	5000.00	13984.28	8984.28
利润总额（亏损总额以"-"号填列）	5000.00	13984.28	8984.28

续表

项目	入表前2024年度	入表后2024年度	差异
减：所得税费用	750.00	2247.64	1497.64
净利润（净亏损以"-"号填列）	4250.00	11736.64	7486.64

分析数据资产入表前和入表后现金流量表的变化。从表 3-11 可以看出，企业 D 数据资产入表对现金流量表的影响主要是经营活动产生的现金流量和投资活动产生的现金流量，由于数据资源无形资产的增加导致数据资产入表后构建固定资产、无形资产和其他长期资产支付的现金部分增加 10000 万元，同时数据资产入表前原本计入营业成本或者研发费用的经营活动现金流量支付相应减少 10000 万元。

表 3-11 企业 D 数据资产入表前和入表后的简化现金流量表

单位：万元

项目	入表前2024年度	入表后2024年度	差异
一、经营活动产生的现金流量：			
支付给职工以及为职工支付的现金	15000.00	6000.00	-9000.00
支付其他与经营活动有关的现金	3000.00	2000.00	-1000.00
经营活动产生的现金流量净额	5000.00	15000.00	10000.00
二、投资活动产生的现金流量：			
构建固定资产、无形资产和其他长期资产支付的现金		10000.00	10000.00
投资活动产生的现金流量净额		-10000.00	-10000.00
三、筹资活动产生的现金流量：			
筹资活动产生的现金流量净额			

3.5.3 财务指标分析

根据以上模拟财务报表，我们计算了数据资产入表前和入表后的关键财务指标情况，基于数据资产入表模拟和对比分析，我们可以直观地看到数据资产入表带来的变化：（1）因存货与无形资产增加导致总资产增加，而总负债前后变化幅度小于总资产，使得资产负债率下降，即企业的杠杆率下降；（2）数据资产入表导致所得税费用上升，应交税费等流动负债增加，流动负债增加幅度大于流动资产增加幅度，使得流动比率下降；（3）数据资源形成无形资产后需要按照预计可使用的年限进行摊销，虽然数据资产入表当年部分费用化的数据资产因纳入资产负债表而导致当期成本或费用降低，但因为无形资产摊销导致后续年份的数据资源无形资产摊销额将再次计入当期成本或费用，直至无形资产最终处置或报废，即数据资产入表可能导致企业成本或费用的确认存在时间差异，呈现先低后高的状态；（4）假定企业收入稳定，由于当期成本或费用先低后高，因此利润呈现先高后低的状态，毛利率和净资产收益率同样也会呈现先高后低的状态；（5）由于利润出现先高后低的变化，可能导致所得税费用也表现为先高后低。

第 4 章

数据资产价值评估基础

数据资产价值评估对于厘清数据资产权属、构建数据资产的定价和交易体系、促进数据要素市场发展具有至关重要的作用。数据资产评估中需要厘清其基础概念，本章将阐述数据资产价值评估的评估目的、评估对象、评估程序，数据资产的价值影响因素，数据资产质量评价，数据价值化的典型场景和数据资产的价值实现路径。这些概念是资产评估专业人员确定数据资产评估程序、选择评估方法、形成及编制数据资产评估报告的基础。

4.1 数据资产的评估目的

数据资产的评估目的是指数据资产评估业务对应的经济行为对数据资产评估结果的使用要求，或数据资产评估结论的具体用途。数据资产的评估目的通常是指数据资产评估报告和数据资产评估结论的预期用途，由数据资产评估委托人拟实施的经济行为决定。同一数据资产在不同的应用场景下，通常会发挥不同的价值。资产评估专业人员应当通过委托人、相关当事人等提供或者自主收集等方式，了解相应评估目的下评估对象的具体应用场景，选择和使用恰当的价值类型。

在通常情况下，以下经济行为发生时需要进行数据资产评估。

（1）与数据资产相关的企业投融资和收购等经济行为。例如，以数据资产对外投资、接受数据资产出资、数据资产授信融资、收购数据资产等。当企业利用数据资产进行投资、融资、收购等业务时，应当对数据资产进行合理和准确的评估。

（2）与数据资产相关的法律权利和义务关系明确涉及的经济行为。例如，数据资产涉讼、数据资产抵债和数据资产抵质押等，此类应用场景与法律的权利和义务关系尤为紧密。当数据资产涉及法律的权利和义务关系时，应该对数据资产进行评估，合理量化其对企业造成的风险，有助于企业做出稳健的风险应对措施，促进行业数据要素流动。

（3）判断数据资产对企业的贡献度以及处于不同市场状态的数据资产价值相关的经济行为。例如，数据资产转让、置换和数据资产处置等。企业管理人员需要评估数据资产等各项资产对企业的贡献，另外从数据资产自身的角度出发，其权利形式和所处的市场状态不同，其价值也会不同。因此，当数据资产涉及其对企业整体的贡献度以及基于促进行业发展和数据要素流动的愿景下探究数据资产自身不同状态价值的情况时，应该对资产评估业务有所需求。

具体而言，数据资产评估的经济行为主要有：
① 数据资产入表；
② 以数据资产对外投资；
③ 数据资产转让和交易；
④ 数据资产处置；
⑤ 数据资产涉讼；
⑥ 接受数据资产出资；
⑦ 接受数据资产抵债；
⑧ 数据资产招商引资；
⑨ 数据资产授信融资；
⑩ 数据资产抵质押等。

除以上经济行为外，当数据持有人有提高内部管理水平、量化资产价值等需求时，也可对数据资产进行评估。

4.2　数据资产的评估对象

数据资产的评估对象是指进行数据资产评估时的具体评估对象，如数据资源持有权、数据加工使用权和数据产品经营权等。2022 年发布的《中共中央 国务院关于构建数据基础制度更好发挥数据要素作用的意见》创新性地提出，探索数据产权结构性分置制度，以及建立数据资源持有权、数据加工使用权、数据产品经营权等分置的产权运行机制。数据资源持有权是指数据持有者对于通过合法途径获取的数据，无论是基于业务运营的需要采集以及产生的数据，还是通过采购、共享等方式获取的数据，有权依照法律规定或合同约定自主管控所取得的数据资源，并拥有排除他人对控制状态侵害的权利。数据加工使用权的权利主体为数据处理者。只要成为数据处理者，就可以依法对数据加工和使用。这项权利允许主体对数据进行采集、使用、分析或加工等操作。它可独立存在，企业可通过授权或继受等方式获得。数据产品经营权是指权利人对通过合法途径获取的数据资源，在法律规定或合同约定的范围内，对经过加工处理而形成的数据产品或服务，享有在合法范围内进行营销、销售和获取收益的权利。

数据资源持有者、数据加工使用者、数据产品经营者等主体在内的数据资产价值链上的全部权益主体，原则上都应该对数据变现形成的收益享有分配权。从评估对象的角度来看，主要从数据资源持有权、数据加工使用权、数据产品经营权"三权分置"的产权运行机制中对单一或多项的权利关系或"三权"的衍生权利关系进行确定,并在此基础上进一步厘定评估对象的内容和范围。

数据资产评估对象可以是能单独发挥作用、独立产生经济效益的单项数据资产或资产组,也可以是与其他资产共同发挥作用、共同产生经济效益的整体资产的组成部分。当数据资产与其他资产共同发挥作用时,需要采用适当的方法区分数据资产和其他资产的贡献,并结合数据资产的评估目的,合理评估数据资产的价值。

4.3 数据资产的评估程序

执行数据资产评估业务,应当明确资产评估业务的基本事项,履行适当的资产评估程序。数据资产评估的主要工作程序如下。

4.3.1 前期沟通交流

应明确的数据资产评估业务的基本事项如下:
① 委托人、产权持有人和委托人以外的其他资产评估报告使用人;
② 评估目的;
③ 评估对象和评估范围;
④ 价值类型;
⑤ 评估基准日;
⑥ 资产评估项目所涉及的需要批准的经济行为的审批情况;
⑦ 资产评估报告的应用范围;
⑧ 资产评估报告的提交期限及方式;
⑨ 评估服务费及支付方式;
⑩ 委托人、其他相关当事人与资产评估机构及其资产评估专业人员工作配合和协助等需要明确的重要事项。

在明确上述数据资产评估业务的基本事项后,还需进一步明晰被评估数据资产的基本情况,如数据资产的信息属性、法律属性和价值属性等。信息属性主要包括数据名称、数据结构、数据字典、数据规模、数据周期、数据的产生频率及存储方式等。法律属性主要包括授权主体信息、产权持有人信息,以及权利路径、权利类型、权利范围、权利期限、权利限制等权利信息。价值属性主要包括数据覆盖地域、数据所属行业、数据成本信息、数据应用场景、数据质量、数据稀缺性及可替代性等。

在明确数据资产评估业务基本事项的基础上，评估专业人员与委托人、数据持有人及相关当事方协商制订评估工作方案，完成数据资产申报和数据资产评估的资料准备。

4.3.2 收集数据资产评估相关资料信息

数据资产相关资料信息包括数据资产基本信息、权利信息、相关财务会计信息和其他资料。调查方式包括核查验证、分析整理及记录等。对于数据资产基本信息的核查，可以通过利用数据领域专家工作成果及相关专业报告等多种方式进行。

在此阶段，需重点关注影响数据资产价值的各项因素，并收集包括数据资产基本信息、权利信息、相关财务会计信息在内的相关资料。

1. 影响数据资产价值的因素

通常影响数据资产价值的因素包括成本因素、场景因素、市场因素和质量因素。成本因素包括形成数据资产所涉及的前期费用、直接成本、间接成本、机会成本和相关税费等。场景因素包括数据资产相应的使用范围、应用场景、商业模式、市场前景、财务预测和应用风险等。市场因素包括数据资产相关的主要交易市场、市场活跃程度、市场参与者和市场供求关系等。质量因素包括数据的准确性、一致性、完整性、规范性、时效性和可访问性等。评估专业人员应关注数据资产的质量状况，通常需要进行数据资产的质量评估工作。

2. 收集相关资料

需收集的相关资料包括数据资产基本信息、权利信息、相关财务会计信息和其他资料等；资料来源包括数据持有人、相关当事方，以及政府部门、各类专业机构和其他相关部门等公开渠道。

4.3.3 现场调查与核查验证

根据数据资产评估业务的具体情况和数据资产的特性，对被评估数据资产进行针对性的现场调查。现场调查手段通常包括询问、访谈、核对、监盘、勘查等。由于数据资产具有非实体性、依托性等特征，核对、监盘、勘查等通常采用技术手段实现。同时，还需对数据资产评估业务所依据的数据资产相关资料进行核查验证。核查验证的方式通常包括观察、询问、书面审查、实地调查、查询、函证、复核等。

评估专业人员应当关注数据资产质量，并采取恰当的方式执行数据质量评价程序或者获得数据质量的评价结果，必要时可以利用第三方专业机构出具的数据质量评价专业报告或者其他形式的数据质量评价专业意见等。数据质量评价采用的方法包括但不限于：层次分析法、模糊评价法和德尔菲法等。数据质量评价指标通常是指反映数据准确性、一致性、完整性、规范性、时效性和可访问性等特征的一套指标体系。

4.3.4 评定估算和撰写评估报告

以上述过程中明确的数据资产评估目的、评估对象、价值类型，以及信息和资料收集等情况为依据，分析市场法、收益法和成本法三种资产评估基本方法的适用性，选择评估方法，建立适当的评估模型，选取相应的公式和参数进行分析、计算和判断，对数据资产价值进行评定估算，形成测算结果。在对形成的测算结果进行综合分析后，形成合理的评估结论，撰写并形成初步数据资产评估报告。

4.3.5 向相关当事人征求意见并出具数据资产评估报告

在不影响对数据资产评估结论进行独立判断的前提下，与委托人或者委托人同意的其他相关当事人就数据资产评估报告有关内容进行沟通，对沟通情况进行独立分析，并决定是否对数据资产评估报告进行调整，最终出具、提交正式的数据资产评估报告。

4.4 数据资产价值的影响因素

《数据资产评估指导意见》明确指出，执行数据资产评估业务，需要关注影响数据资产价值的成本因素、场景因素、市场因素和质量因素。成本因素包括形成数据资产所涉及的前期费用、直接成本、间接成本、机会成本和相关税费等。场景因素包括数据资产相应的使用范围、应用场景、商业模式、市场前景、财务预测和应用风险等。市场因素包括数据资产相关的主要交易市场、市场活跃程度、市场参与者和市场供求关系等。质量因素包括数据的准确性、一致性、完整性、规范性、时效性和可访问性等。在进行数据资产评估的过程当中，需要对数据资产价值的影响因素进行充分判断和考量。

4.5 数据资产质量评价

在数据资产入表和价值评估的过程中,数据资产质量评价至关重要。对数据资产质量进行客观、全面的评价,是确保数据资产入表和数据资产价值评估准确和合理的重要步骤。

4.5.1 数据资产质量评价标准

《信息技术 数据质量评价指标》(GB/T 36344—2018)是规范信息技术领域数据质量评价工作的国家标准。该标准详细阐述了数据质量评价指标的框架和释义,为数据生命周期各阶段的数据质量评价提供了明确指导。

数据质量评价指标体系包含以下几个方面。(1)规范性:数据符合数据标准、数据模型、业务规则、元数据或权威参考数据的程度。(2)完整性:按照数据规则要求,数据元素被赋予数值的程度。(3)准确性:数据准确表示其所描述的真实实体(实际对象)真实值的程度。(4)一致性:数据与其他特定上下文中使用的数据无矛盾的程度。(5)时效性:数据在时间变化中的正确程度。(6)可访问性:数据能被访问的程度。

依据上述标准,可将准确性、一致性、完整性、规范性、时效性和可访问性作为数据质量评价的六个维度,根据数据质量情况,从业务场景角度出发,选取相应指标,建立数据质量评价指标体系,如表 4-1 所示。

表 4-1 数据质量评价指标体系

一级指标	二级指标
准确性	内容准确率
	精度准确率
	记录重复率
	脏数据出现率
一致性	元素赋值一致率
完整性	元素填充率
	记录填充率
	数据项填充率

续表

一级指标	二级指标
规范性	值域合规率
	元数据合规率
	格式合规率
	安全合规率
时效性	周期及时性
	实施及时性
可访问性	可访问度

4.5.2 数据资产质量评价方法

1. 指标权重计算方法

（1）层次分析法。层次分析法作为一种结构化决策方法，主要用于确定各级指标的权重。首先，根据数据质量评价的目标和要求，构建层次结构模型，明确各级指标之间的逻辑关系。其次，通过专家咨询和调研，构建判断矩阵，反映各级指标之间的相对重要性。再次，利用数学方法计算判断矩阵的最大特征值和对应的特征向量，得到各级指标的初始权重。最后，对权重进行归一化处理，并通过一致性检验，确保权重分配的合理性和科学性。

（2）德尔菲法。德尔菲法作为一种专家调查技术，主要用于对层次分析法得出的权重进行验证和调整。首先通过邀请多位数据质量领域的专家，以匿名方式进行多轮咨询和反馈，收集专家对指标权重的意见和建议。然后根据专家的反馈，对初始权重进行修正和完善，以提高权重分配的准确性和可靠性。

2. 二级指标取值的计算

在计算二级指标取值时，可以参照《信息技术 数据质量评价指标》《数据资产评估指导意见》中的内容，结合实际情况，对二级指标进行量化处理。

3. 数据质量评价的计算方法

在获取二级指标的数值及其相应的权重后，可以采用加权求和的方法计算一级指标的取值和数据质量评价得分。具体计算公式如下：

$$一级指标取值 = \sum (二级指标取值 \times 二级指标权重)$$

数据质量评价得分 = $\sum$（一级指标取值 × 一级指标权重）

通过上述方法获取的得分能够全面、客观地展现数据质量的整体状况，从而为数据资产入表提供科学、可靠的参考依据。

4.6 数据价值化的典型场景

国家创新驱动发展战略的实施促使数据作为新的生产要素参与了社会分配，数据的资产属性开始在企业实践中凸显。企业基于技术和场景产生的数据转化为企业在经营活动中的资源。2024年5月，国家数据局会同生态环境部、交通运输部、金融监管总局、中国科学院、中国气象局、国家文物局、国家中医药局等相关部门在第七届数字中国建设峰会上发布第一批20个"数据要素×"典型案例，这些典型案例分布于12个领域中。

4.6.1 工业制造领域

国家能源投资集团有限公司汇聚22类铁路运输装备、9类港口装备、6类船舶装备的运行、故障、维修等数据超30亿条，打破装备制造商之间的数据壁垒，构建智能模型，形成近600类装备设计和研发数据集，搭建数据资产交易平台，探索形成数据资产定价模型，吸引275家运输装备制造企业开展数据资产交易，有效地推进了近100家运输装备制造企业产品的设计和功能优化。

四川长虹电子控股集团有限公司建立工业数据空间，通过打通测试、生产、库存、应付账款、供应商资信和历史交易记录等数据，推进产业链上下游加强信息共享，向代工品牌商安全共享超135万台电视生产质量数据，赋能产值超90亿元。依托供应链数据，为产业链上下游中小微企业提供融资，授信服务覆盖64家大型企业及其上下游超过1650家中小企业，融资额超40亿元。

4.6.2 现代农业领域

江苏省互联网农业发展中心融合农情、植保、气象、基础空间等数据，提供历史病害、监测分析、预警发布等服务，2019—2023年累计监测小麦和水稻种植面积超2亿亩，近3年年均挽回稻麦损失200万吨，年均挽回直接经济损失49.8亿元。

4.6.3 商贸流通领域

浙江中国小商品城集团股份有限公司通过公共数据授权运营，融合小商品城企业数据，推出企业信用、供应链金融等数据产品服务，提高了贸易效率、降低了交易风险，2023 年，全年累计授信总额 90.57 亿元，放款额 35.58 亿元，为 3.3 万余户小微企业提供融资支持。

上海钢联电子商务股份有限公司通过人工采集和系统自动化采集相结合的方式，汇聚大宗商品生产、供应及销售、价格等数据，并融合外部企业提供的遥感卫星数据，采用图像语音识别、人工智能建模分析预测等技术，形成了一套覆盖黑色金属、有色金属、建筑材料、能源化工、新能源、新材料、再生资源、农产品 8 大领域 100 多个产业链的产业数据库。面向产业链上下游各类企业、金融衍生品市场机构、政府等主体需求，开发了商品价格指数等多个系列数据产品，累计形成了 900 多个大宗商品 10 万多条日度价格数据。上海钢联电子商务股份有限公司以数据终端服务（PC 端和移动端）、数据互换、个性化定制服务等方式，服务 30 多万个付费用户，以及 300 多万个免费用户，为国内外现货和衍生品市场提供结算基准和定价参考。

4.6.4 交通运输领域

浙江四港联动发展有限公司通过打造智慧物流云平台，先后整合打通政务、班轮、码头、货代等 100 多个系统，汇集海运、空运、陆运、口岸各类物流数据超 1.1 万项，对接各类物流数据超 1000 万条；应用物流运单 AI 智能识别、智能沙箱等技术，实现运输轨迹、班轮船期、运输价格、海关报关、航班信息等的一站式查询，提升多式联运承载能力和衔接水平。

4.6.5 金融服务领域

浙江网商银行股份有限公司、蚂蚁科技集团股份有限公司融合农田遥感、农业生产、农户个人授权数据，优化授信评估模型，自 2023 年以来，累计为 260 万户农户提供授信总额 638.8 亿元，其中 53 万户农户首次获得银行贷款。

4.6.6 科技创新领域

国家空间科学数据中心、国家高能物理科学数据中心、国家天文科学数据中心加强空间与天文领域科学数据全生命周期治理与融合开发，打造超 50PB 规模的高质量科学数据资源，提供面向日地空间天气传播链、超高能宇宙线起源、多波段时域天文等典型科学场景的数据分析应用服务，助力取得十余项国际领先的重大科学发现，加速科学研究范式变革。

合肥机数量子科技有限公司建立了 9000 万个化合物、1100 万个化学反应路径的大规模材料数据库，打造了材料研发新模式，"机器化学家"日均可完成百次以上化学实验操作，并将数千次实验优化过程减少至 300 次以下，开发效率提升超百倍，大幅提升了新材料的研发效率。

4.6.7　文化旅游领域

湖南博物院融合 103 万条文物条目数据、11 万张文物图片、2000 余个三维模型等数据，推动文物数据跨领域融合创新，先后推出云展览、动画视频、沉浸式体验等 200 余项数字化项目；举办 2 个大型线下数字展览，吸引 60 余万名观众，实现 2300 万元票房收入。

武汉理工数字传播工程有限公司整合多渠道图书出版标签、发行渠道、读者评价等数据，助力出版单位更好地把握市场趋势和用户需求，已为 300 多家出版单位提供了 1300 多款应用与产品，助力文化市场繁荣。

4.6.8　医疗健康领域

讯飞医疗科技股份有限公司融合疾病、检验、药物等数据，训练形成智慧医疗 AI 模型，应用于全国 506 个县区的近 5.3 万个基层医疗机构，服务 6 万余名基层医生，累计提供 7.7 亿次 AI 辅诊建议，规范病历 2.9 亿次，大幅提升了基层医疗服务能力。

北京市计算中心有限公司通过多渠道、合规收集海量药物的研发关键数据，建立专业的新药研发数据集，进行智能化分析和数据挖掘，有效缩短了新药的研发周期，赋能上百个新药研发项目。目前已与全国 30 余家高校和科研院所开展合作，利用高质量药物数据集和智能服务开展的新药研发项目 100 余项，人工智能预测靶点超 1 万个，为我国创新药研发探索出新的路径。

4.6.9　应急管理领域

广东省应急管理厅整合 1171 类气象、水利、林业等跨部门监测数据和危化、矿山等企业感知数据，构建大数据智慧分析模型，提高了应急管理部门预测预警、协同处置、辅助决策等能力。2023 年，广东省应急管理厅有效应对了 30 轮强降雨和 6 次台风，未发生重大安全事件，显著提升了其应急实战能力。

福建省电子政务建设运营有限公司融合 59.8 亿条气象预报、应急物资、救援队伍等应急基础数据及 2.41 亿条省级危险化学品、工贸、矿山等企业基础信息数据，实现安全隐患的智能预警和快速响应。自 2023 年以来，福建省处置各类安全事故 550 余起，有效提升了安全生产监管水平。

4.6.10 气象服务领域

四川省国土空间生态修复与地质灾害防治研究院、四川省气象台通过共搭平台，实现地质、气象等数据的协同效应，显著提升了风险预警的实时性、精确度与实用性。自 2022 年以来，有效支撑四川省全省范围发布地质灾害气象风险预警 5839 次，实现成功避险 123 起。

台州市气象局探索"买保险送气象服务"合作模式，使风电企业从保险公司低成本获得实时风向、风速、雨量、温度、能见度等气象数据服务，结合风功率预报模型、灾害风险模型及智慧工地平台数据，为电力调度、工程推进提供决策建议，助力风电企业实现降本增效。

4.6.11 城市治理领域

烟台市大数据中心建设镇街综合数据平台，整合市、县、乡、村 4 级共 15 大类、1300 多万条数据，通过智能报表、智能台账等实现报表自由定制、数据自动复用、结果实时统计，有效地减少了基层数据重复填报和手工筛查的工作量，减轻了基层"指尖上"的负担，基层表格缩减率达 34%、填报缩减率超过 52%，为基层治理现代化提供了有力支撑。

4.6.12 绿色低碳领域

国网新疆电力有限公司融合 807 家新能源场站的 5.7 亿条运行数据、8497 万余条云图数据，建立新能源功率预测及消纳能力分析模型，为新能源项目建设、并网运行、动态消纳等提供决策依据，助力风电短期预测精度提高 4.3%，增加新能源上网电量 31.9 亿 kW·h，提升并网效率 30%，为"双碳"目标实现和能源安全贡献力量。

合肥市生态环境局融合 11 亿条蓝藻治理相关数据，构建智能模型，精准预测巢湖蓝藻发生情况，结合预警信息并提前介入管控，2023 年巢湖水质稳定保持在Ⅳ类，创 1979 年以来最高水平，巢湖流域的生态得到了系统性改善。

4.7　数据资产的价值实现路径

在企业价值链体系中，数据资产在技术的驱动下进行价值创造与价值增值且通过数据的分享、链接和融合实现更大的价值创造。数据资产价值链是数据从原始数据、数据资源到数据产品、数据资产的过程。数据资产价值链包括以下环节：数据采集→数据治理→数据流通→数据利用。其中，经过数据采集可以形成原始数据，原始数据经过必要的加工处理形成了有价值的、可被利用的数据资源，成为资源性数据资产，为进一步转化为可流通的数据产品提供资源储备。数据产品是指作为产品的数据集，或者是从数据集中衍生出来的信息服务。合规合法的数据产品可挂牌上市流通，成为企业的经营性数据资产。

数据采集是数据资产价值链的起点，数据质量直接影响最终的数据价值实现。不同主体采集数据的途径基本相同。从数据持有者的角度，数据主要包括公共数据、企业数据和个人数据。公共数据是政府、社会组织或其他组织在依法履职或提供公共服务过程中收集、整理、管理的，预期能够激发管理服务潜能并能带来经济效益的公共数据资源。企业数据涵盖生产管理、运营和财务等方面，是各类市场主体在生产经营活动中采集、加工的各种类型的数据。个人数据则是个体参与经济活动的副产品，主要包括用户授权的个人信息数据和基于用户行为生成的痕迹数据。

数据治理是数据资产价值开发的重要环节。将数据结构化处理之后，其承载的信息被挖掘出来，此时数据才具有价值。在此过程中，数据实现从无序向有序的转换，知识被挖掘、分享和传播。数据治理的过程包括数据清洗、脱敏、开发。其中，数据清洗主要分为两大类：一类是对具有结构冲突或噪声数据的脏数据进行模式层的清洗；另一类是对属性错误、数值重复等脏数据进行实例层的清洗。数据脱敏是指将敏感或涉及隐私的数据进行脱敏处理，防止隐私数据的泄露与滥用，能得到具备一般性的数据，以进行商业分析。数据开发是将清洗和脱敏后的数据针对用户需求进一步加工处理的过程，通过对数据进行进一步的模型化开发，为用户提供可用性更高的数据产品或数据服务。

数据流通是数据成为生产要素的关键。由于数据要素的低成本复用特征，数据的使用者越多，使用场景越丰富，其挖掘出的价值越高，数据要素的"乘数效应"越强。从数据流通主体来看，数据流通可以分为经济行为主体内部的流通以及主体与主体之间的流通。从产业领域来看，多个地级行政区已成功搭建公共数据开放平台，与此同时，国内涌现了如贵阳、上海、北京、深圳等地的数据交易所，标志着一批创新性数据交易平台的兴起，但同时也面临数据资产确权难、交易安全无法保障、定价不准确、收益分配不合理等诸多挑战，这些都是数据要素价值释放的核心障碍。

数据利用和应用场景的开发是数据资产价值实现的最重要一步。通过数据资产的创新开发利用，投资和产业化等价值化路径将会对数据资产的价值进行最有效的释放。从数据资产推动经济增长的作用机制看，数据资产能够驱动创新和技术进步，能够优化企业生产决策流程，提升组织学习能力，驱动企业管理方式和管理体制创新。数据要素与劳动力、资本等要素的协同作用，将使得数据引领技术、资金、人才等传统要素，突破传统资源要素的约束。通过数字技术对数据的开发应用，能够提升其他生产要素的生产效率，推动传统产业转型升级，提高资源配置效率。数据要素蕴含的有效信息能够降低企业运行的不确定性，优化和提升对各种生产要素的综合利用能力。数据的多场景应用和多主体复用，将极大地促进新产品和新服务的出现，实现知识扩散、价值倍增；数据的多元融合，使得数据从对各类事物的特征描述转变为知识创新的资源，促进生产工具创新升级，催生新产业、新模式，培育经济发展新动能。数据资源的有效利用将为各种期望达成的目的找到实现的途径和方法，这也是数据资产价值实现的有效路径。

由于数据资产的特有性质，数据资产的价值实现不仅与数据资产的内容和质量相关，也与数据资产利用过程中的算法、模型和算力相关，并依赖于数据资产的应用场景。数据资产价值的实现需要不断创新数据资产或数据资源的应用场景，才能为企业数据和公共数据资产化和资本化的顺利实现和持续健康发展打下坚实的基础。应用场景对数据资产价值的实现具有重要的意义，因此，《"数据要素×"三年行动计划（2024—2026 年）》提出，到 2026 年年底，数据要素应用广度和深度大幅拓展，在经济发展领域数据要素乘数效应得到显现，打造 300 个以上示范性强、显示度高、带动性广的典型应用场景。

数据应用场景的开发包含不同的阶段，在开始阶段，数据大部分还是原始数据，没有具体匹配的应用场景，即使有应用场景，也是辅助传统的业务和管理，商业化程度低，其价值仅限于开发成本。数据不断汇聚和加工处理，初步找到适用的商业化场景，但应用场景还不丰富。然后通过数据的不断聚集和融合，使得应用场景不断涌现；数据的多场景使用和多主体复用，使得数据多维度的商业化场景开发成为可能，数据资产价值得到最有效实现。在数据应用场景的开发过程中，人工智能技术的运用使得数据通过模型的开发，生成各种新的文本/图像/应用，它们产生价值的速度也大大加快，生成式人工智能大模型能在短时间内处理大量的数据和任务，使得数据处理效率大幅提升。对于多模态数据，传统的机器学习算法难以解决一些复杂问题，而人工智能大模型的应用能够打破这些技术瓶颈，为多元数据的融合开发提供了新的路径，为数据应用场景的创新和深度挖掘创造了技术条件，人工智能大模型的应用为企业创造了新的商业机会和市场需求，也为数据资产价值的实现提供了无限的可能和价值想象空间。

数据要素在政府管理与服务和宏观经济调控方面扮演着关键角色。首先，数据要素的自由流动提高了政府的透明度，增强了公民和政府之间的信任感，同时有助于消除"数据孤岛",推动公共数据的开放共享。其次,来自传统和新型社交媒体的数据要素可以用于公民的社会情绪分析,帮助政府更好地了解公民的情感、兴趣和意见,为制定公共服务对象的优先级提供支持。最后,来自不同公共领域的数据要素相关性有助于政府智库中的经济学家进行更准确的经济形势分析和预测,从而促进宏观经济政策的有效制定。

公共数据也具有巨大的经济社会价值,《"数据要素×"三年行动计划(2024—2026年)》提出,以推进数据要素协同优化、复用增效、融合创新作用发挥为重点,强化场景需求牵引,带动数据要素高质量供给、合规高效流通,培育新产业、新模式、新功能,充分实现数据要素价值。扩大公共数据资源供给,维护公平正义,营造良好的发展环境,加快构建数据共享交换平台,创建高质量AI大模型训练数据集,并进行公共数据的授权运营以及相应的授权机制的探索。财政部2023年12月印发的《关于加强数据资产管理的指导意见》也明确指出,坚持有效市场与有为政府相结合。最大限度地利用市场在资源配置中的决定性作用,鼓励有偿使用公共数据资产,同时也要加强政府的引导和调节作用,探讨并建立公共数据资产的开发、利用和收益分配机制。人工智能大模型在公共数据开发领域具有显著的作用。人工智能大模型作为包含超大规模参数(通常在十亿个以上)的神经网络模型,拥有强大的表达能力和学习能力,使其能够处理和分析海量的公共数据。公共数据通常涉及多个领域和方面,包括政府、组织或其他实体产生或收集的数据。人工智能大模型能够同时学习并处理这些数据,从而提供全面的数据分析和应用。公共数据应用场景的不可预计性强、场景应用复杂,分析难度较大,人工智能大模型可以深入挖掘公共数据中的潜在信息和规律,帮助开发者发现数据之间的关联性和趋势,挖掘多维度的应用场景,提升数据处理的效率和准确性,促进公共数据的应用和共享,为产业发展、政府决策、社会治理等提供有力支持。

数据资产这种能够激发管理服务潜能或实现经济收益的数据资源,成为经济社会价值创造的重要资源和发展新质生产力的关键。数据资产价值化实践,对激活数据要素潜能、做强做优做大数字经济和增强经济发展新动能具有重要意义。

第 5 章

数据资产价值评估方法

数据资产价值评估方法主要包括收益法、成本法和市场法三种基本方法及其衍生方法，每种基本方法包括具体的评估方法和评估模型，资产评估专业人员应根据评估目的和价值类型、评估对象、评估方法的适用条件、数据资产的质量和数量等因素选择恰当的评估方法。本章对收益法、成本法和市场法在数据资产价值评估中的应用以及数据资产价值评估模型的改进进行探讨。

5.1 收益法

收益法是根据预期收益原则来估测资产价值的方法。其核心思路是"将利求本"，即通过估测资产未来预期收益，并选取适当的折现率将资产未来预期收益折算成现值，进而求取资产价值的方法。采用收益法评估数据资产，是通过预测被评估数据资产未来所能产生的预期收益并折算成现值，进而得出数据资产的价值。

5.1.1 收益法评估的基本模型

收益法评估模型如下：

$$P = \sum_{i=1}^{n} \frac{F_i}{(1+r)^i}$$

式中　P——被评估资产的价值；
　　　F_i——资产未来第 i 年的预期收益；
　　　i——年序号；
　　　r——折现率；
　　　n——获利年限。

5.1.2 收益法评估数据资产的前提条件

1. 应用收益法的前提条件

（1）被评估资产未来预期收益可以合理预期并用货币计量。能否准确预测未来预期收益是决定收益法能否准确预测资产价值的重要环节。如果资产的未来预期收益不能合理预期或使用货币计量，则不宜采用收益法进行评估。

（2）被评估资产的未来预期收益所对应的预期风险能够度量。资产的风险包括资产应用过程中的管理风险、流通风险、安全风险和监管风险等。如果资产的预期风险不能合理预测，则不宜采用收益法进行评估。

（3）被评估资产的收益期限能够确定或者合理预期。预测资产的收益期限也是评估实践中的关键一环，且受资产自身现实条件的限制。如果资产的收益期限不能合理预测，则不宜采用收益法进行评估。

2. 应用收益法评估数据资产的前提条件

根据数据资产的特性，采用收益法评估数据资产时应当分析以下条件。

（1）采用收益法评估数据资产，也应满足收益法的应用前提条件。应根据数据资产的历史应用情况及未来应用前景，结合应用或者拟应用数据资产的企业经营状况，重点分析数据资产未来的预期收益、预期风险和收益期限，进而考虑收益法的适用性。

（2）保持预期收益的口径与数据资产的权利类型口径一致。

（3）区分数据资产和其他资产所获得的收益，辨别数据资产单独带来的收益和与其他资产共同形成的收益；分析与数据资产有关的预期变动、收益期限，以及相关的成本费用、配套资产、现金流量、风险因素等。

（4）考虑数据资产应用过程中的风险是否可以度量。数据资产的风险包括管理风险、流通风险、安全风险和监管风险等，数据资产评估中需要综合考虑上述因素并合理估算折现率。

（5）保持折现率口径与预期收益口径一致。

（6）综合考虑数据资产的法律有效期限、相关合同的有效期限、数据资产的更新时间、数据资产的时效性、数据资产的权利状况以及相关产品的生命周期等因素，合理确定数据资产的经济寿命或者收益期限，并关注数据资产在收益期限内的贡献情况。

5.1.3 收益法的预测模型及其适用条件

根据数据资产应用场景的不同商业模式，可选择以下收益预测模型。

（1）直接收益预测模型，通常适用于被评估数据资产的应用场景及商业模式相对独立，且数据资产对应服务或者产品为企业带来的直接收益可以合理预测的情形。

（2）分成收益预测模型，通常适用于软件开发服务、数据平台对接服务、数据分析服务等数据资产与其他资产协同带来收益的应用场景。

（3）超额收益预测模型，通常适用于数据资产可以为其使用者带来超过平均回报率的超额收益，并且能够清晰划分被评估数据资产与其他数据资产、有形资产、无形资产所带来的贡献的情形。

（4）增量收益预测模型，通常适用于可以使应用数据资产主体产生额外的可计量的现金流量或利润的情形，或者是使数据资产的使用者获得可计量的、额外的成本节约的情形。

5.1.4 收益法的基本步骤

1. 收益预测方法

数据资产的预期收益是指数据资产在特定的使用场景下使用的收益，同样的数据资产在不同使用场景下的预期收益可能存在差异。数据资产通常可通过提供个性化精准营销、数据内容检索、服务于前端等方式创造经济价值。在确定预期收益时，需要区分并剔除与委托评估的数据资产无关的业务产生的收益；重点关注数据评价中应用要素的主要判断、评价结果及其依据，并着重分析数据资产的应用场景和商业模式、所属行业的市场规模、市场地位和供求关系等情况。

预测数据资产收益时，需要注意以下几点。

（1）数据资产的预期收益取决于数据资产的质量价值和数据资产的应用价值。数据资产质量价值的影响因素包含真实性、完整性、准确性、可计算性、安全性。数据资产应用价值的影响因素包含稀缺性、时效性、多维性、场景经济性。相同的数据资产，由于其应用领域、使用方法、获利方式的不同，会造成其价值的差异。

（2）数据资产的收益只有在使用、流通和交易过程中才能获得，并由市场来反映和决定。数据资产的收益也取决于在数据内容采集、加工、流通、应用等不同环节中，相关主体之间如何对其产生的收益进行合理分配。

（3）当从收益出发评估数据资产的价值时，首先对数据资产的场景或商业模式进行判断和分析。应用场景或商业模式不仅与评估目的相关，不同的选择也会影响数据资产的价值类型选择，从而影响数据资产的评估值。

（4）在估算数据资产带来的预期收益时，需要区分数据资产所获得的收益和其他资产所获得的收益，分析与之有关的预期变动、收益期限、成本费用、配套资产、现金流量、风险因素等，并对收益预测所使用的财务信息和其他相关信息、评估假设和评估目的的恰当性进行分析。在收益法的运用过程中，还需要特别考虑数据资产所驱动的收益增加和成本节约因素。

根据预期收益的来源及内涵不同，采用收益法评估数据资产时，预期收益的具体预测方式也不同，包括直接收益预测、分成收益预测、超额收益预测和增量收益预测等。

(1) 直接收益预测。

① 技术思路。直接收益预测通常是指针对特定应用场景下被评估数据资产的预期收益进行直接预测，并通过适当的折现率折现到评估基准日时点，以此得出数据资产的价值。

② 参考公式如下：

$$F_t = R_t$$

式中　F_t——预测第 t 期数据资产的收益额；

　　　R_t——预测第 t 期数据资产的收入或息税前利润。

③ 适用场景。直接收益预测通常适用于被评估数据资产的应用场景及商业模式相对独立，且数据资产对应服务或者产品为企业带来的直接收益可以合理预测的情形。例如，拥有用户数据的某公司建立数据资产管理中心，经用户授权后，提供数据调用服务并收取费用。

(2) 分成收益预测。

① 技术思路。分成收益预测通常采用分成率计算数据资产的预期收益，并通过适当的折现率折现到评估基准日时点，以此得出数据资产的价值。具体思路是：首先，计算总收益；然后，将被评估数据资产在产生总收益过程中作出贡献的所有资产之间进行分成。分成率通常包括收入分成率和利润分成率两种。

② 参考公式。

采用收入分成率时：

$$F_t = R_t \times K_{t1}$$

采用利润分成率时：

$$F_t = R_t \times K_{t2}$$

式中　F_t——预测第 t 期数据资产的收益额；

　　　R_t——预测第 t 期数据资产的收入或息税前利润；

　　　K_{t1}——预测第 t 期数据资产的收入分成率；

　　　K_{t2}——预测第 t 期数据资产的净利润分成率。

③ 适用场景。分成收益预测通常适用于软件开发服务、数据平台对接服务、数据分析服务等数据资产应用场景，当其他相关资产要素所产生的收益不可单独计量时可以采用此方法。例如，对第一手数据进行加工利用并与软件开发服务等传统 IT 项目结合为完整的解决方案，实现数据持续不断地在未来预测期间接变现。

在确定分成率时，需要对被评估数据资产的成本因素、场景因素、市场因素和质量因素等方面进行综合分析。

（3）超额收益预测。

① 技术思路。超额收益预测将归属于被评估数据资产所创造的超额收益作为该项数据资产的预期收益。具体思路是：首先测算数据资产与其他相关贡献资产共同创造的整体收益，在整体收益中扣除其他相关贡献资产的收益，将剩余收益确定为超额收益，并作为被评估数据资产所创造的收益，进而测算数据资产价值。除了数据资产，相关贡献资产一般包括流动资产、固定资产、无形资产和组合劳动力等。

② 参考公式如下：

$$F_t = R_t - \sum_{i=1}^{n} C_{ti}$$

式中　F_t——预测第 t 期数据资产的收益额；
　　　R_t——数据资产与其他相关贡献资产共同产生的整体收益额；
　　　n——其他相关贡献资产的种类；
　　　i——其他相关贡献资产的序号；
　　　C_{ti}——预测第 t 期其他相关贡献资产的收益额。

③ 适用场景。超额收益预测通常适用于被评估数据资产可以与资产组中的其他数据资产、无形资产、有形资产的贡献进行合理分割，且贡献之和与企业整体或者资产组正常收益相比后仍有剩余的情形。超额收益预测尤其适用于数据资产产生的收益占整体业务比重较高，且其他资产要素对收益的贡献能够明确计量的数据服务公司。

例如，企业对自有及公开数据进行加工整合后，通过提供可供查询、自助分析的数据产品实现较明确的预期收益。在确定超额收益时，首先，将被评估数据资产与其他共同发挥作用的相关资产组成资产组。然后，调整溢余资产，进而对资产组的预期收益进行估算。在此基础上剔除非正常项目的收益和费用，以便预测折旧摊销和资本性支出等，从而确定贡献资产及其贡献率，并估计贡献资产的全部合理贡献。最后，将预期收益扣除被评估数据资产以外的其他资产的贡献，得到超额收益。

（4）增量收益预测。

① 技术思路。增量收益预测是基于对未来增量收益的预期而确定的数据资产预期收益。该增量收益源于对被评估数据资产所在的企业经营业绩和另一个不具有该项数据资产的企业经营业绩的对比，即将因该项数据资产使企业得到的利润或现金流量，与一个没有使用该项数据资产的企业所得到的利润或现金流量进行对比，将二者的差异作为被评估数据资产所创造的增量收益并测算数据资产价值。

② 参考公式如下:

$$F_t = RY_t - RN_t$$

式中　F_t——预测第 t 期数据资产的增量收益额;
　　　RY_t——预测第 t 期采用数据资产的息税前利润;
　　　RN_t——预测第 t 期未采用数据资产的息税前利润。

③ 适用场景。增量收益预测通常适用于以下两种情形下的数据资产评估:一是可以使应用数据资产主体产生额外的可计量的现金流量或者利润的情形,如通过启用数据资产能够直接有效地开拓新业务或者提高当前业务所带来的额外现金流量或者利润;二是可以使应用数据资产主体获得可计量的成本节约的情形,如通过嵌入大数据分析模型使成本费用降低。

增量收益预测是假定其他资产因素不变,为获取数据资产收益预测结果而进行人为模拟的预测途径。在实际应用中,应用数据资产产生的收益是各种资产共同发挥作用的结果。资产评估专业人员应根据实际情况,进行综合性的核查验证并合理运用数据资产的增量收益预测。

采用收益法评估数据资产时,可以通过以上四种方法获得收益预测,也可以结合数据资产的实际情况,对上述方法进行调整或者拓展。

2. 收益期限的确定

(1) 收益期限的定义。

数据资产的收益期限是指在数据资产的寿命年限内持续发挥作用并可以产生经济利益流入的期限。

(2) 收益期限的确定。

使用收益法进行数据资产评估时,需要综合考虑法律的有效期限、相关合同的有效期限、数据资产自身的经济寿命年限、数据资产的更新时间、数据资产的时效性以及数据资产的权利状况等因素,合理确定收益期限。收益期限的选择需要考虑评估对象达到稳定收益的期限、收益的周期性特征等,且不得超出产品或者服务的合理收益期。

在确定收益期时,需要考虑被评估数据资产在其收益期限内是否存在衰减的情况。例如,数据资产在未来因广泛传播、更新迭代、下游市场需求下降等情况导致其价值下降。若存在这些情况,则需要在预期收益的测算时考虑合理的衰减值,并对预期收益进行调整。

3. 折现率的确定

(1) 折现率的定义。

折现率是指将未来各期的预期收益折算成现值的比率。在使用收益法进行数据资产评估时,折现率的确定需要合理考虑数据资产的运营风险。

(2)折现率的确定。

折现率可以通过分析评估基准日的利率和投资回报率,并结合数据资产评价中数据资产所涉及的管理风险、流通风险、数据安全风险、敏感性风险和监管风险等因素的评价结果及相关依据进行综合考虑。数据资产折现率口径与预期收益的口径需要保持一致。

数据资产折现率可以采用风险累加法,即无风险收益率加风险收益率的方式进行确定。参考公式如下:

$$折现率=无风险收益率+风险收益率$$

式中,无风险收益率是指在正常条件下所有的投资都应该得到的投资回报率,可参考政府发行的、截至评估基准日未到期的国债到期收益率,并关注国债剩余到期年限与收益期限的匹配。风险收益率可通过判断被评估数据资产所涉及的各类风险的大小,并将各类风险的风险收益率累加得出。

风险收益率的取值范围如表 5-1 所示。

表 5-1　风险收益率的取值范围

风险种类	内容	取值范围
管理风险	在数据应用过程中,因管理运作中信息不对称、管理不善、判断失误等导致的风险	1%~5%
流通风险	数据开放共享、交换和交易等流通过程中的风险	1%~5%
数据安全风险	数据泄露、被篡改、敏感性、可追溯性和损毁等风险	1%~3%
监管风险	新发布或变更的法律法规、政策文件、行业监管制度等对数据应用产生的影响	1%~3%
数据质量风险	数据的准确性、一致性、完整性、规范性、时效性、可访问性等质量要素对数据应用产生的影响	1%~3%
其他	…	

此外,也可以采取其他能够充分反映投资报酬的,与收益口径、内涵一致的折现率确定方法。

4. 收益法评估数据资产应注意的问题

在应用收益法评估数据资产时,评估专业人员要合理区分标的数据资产和其他资产所获得的收益,并分析与之有关的预期变动、收益期限,以及与收益有关的成本费用、配套资产、现金流量、风险因素;要根据数据资产应用过程中的管理风险、流通风险、数据安全风险、监管风险等因素估算折现率,并保持折现率口径与预期收益口径一致。此外,评估专业人员还要综合考虑数据资产的法律有效期限、相关合同的有效期限、数据资产的更新时间、数据资产的时效性、数据资产的权利状况以及相关产品的生命周期等因素,合理确定经济寿命或者收益期限,并关注数据资产在收益期限内的贡献情况。

在使用收益法对数据资产价值进行评估时,还需注意以下几点。

(1)收集与被评估资产未来预期收益相关的数据资料,包括数据资产的来源、持有主体以及相关权属资料。收集工作属于评估工作的初始阶段,评估专业人员需要保持谨慎的态度,尽可能全面地收集数据资产的相关资料,以提高评估结果的可靠程度。

(2)核对并分析收集的相关资料,根据以往和目前的数据资产状态来预测数据资产的预期收益。

(3)评估专业人员要全面考虑数据资产所处的状态和环境,谨慎选取折现率。最后将数据资产的未来预期收益折算成现值,以求取标的数据资产价值。

5.1.5 收益法应用举例

收益法模型的选择受数据资产应用场景及商业模式的约束。根据目前数据资产的开发利用情况,以某电网公司数据资产评估为例,对分成收益预测模型的应用进行介绍。

1. 评估基本事项

某电网公司在主营业务经营过程中积累了大量用户的用能数据,并具备实时监测、采集数据功能。公司以数据表单为基础推出大数据平台,创建了总览及经济发展、社会民生、创新驱动、应急保障、城市规划等多个版块,已上线 30 多个应用场景,深度对接多个政府委办局的业务需求。公司数据资产迄今已应用于城市治理近 5 万次,曾获得多项高等级数据奖项,得到社会各界高度认可。

为积极响应数字政府建设及企业数字化发展需求,加快推动数据资产价值实现,公司对某区域 90 多万户居民及几万家企业的用能数据进行了采集,形成了 360 余张结果数据表单,数据总量超过 2 亿条。公司已完成数据信息登记备案、合规审查、数据信息实质性检验,并获得某数据交易所数据资产登记凭证,同时取得某市知识产权保护中心出具的有关监测数据集、经济数据集等数据知识产权登记证,现拟对其价值进行评估。

据评估专业人员调查了解,该公司的数据资产成熟度较高,可应用场景丰富,特别是在民生服务及区域经济分析等领域取得过成功案例。参考《信

息技术 数据质量评价指标》，按照规范性、完整性、准确性、一致性、时效性和可访问性六个维度，对被评估数据资产质量进行评价，质量因素得分为98.3 分，即被评估数据资产质量较高。同时，被评估数据资产应用场景和商业模式比较清晰，具备采用收益法评估的条件，具体可采用分成收益预测模型进行评估。

分成收益预测采用分成率计算数据资产的预期收益。具体思路是，首先计算总收益，然后将其在被评估数据资产和产生总收益过程中作出贡献的其他资产之间进行分成。分成率通常包括收入分成率和利润分成率两种，本次数据资产预期收益评估选择收入分成率，以销售收入作为收益预测口径。

2. 收益预测

公司遵循"原始数据不出域、数据可用不可见"的基本要求，数据资产以模型、核验等产品和服务等形式向社会提供。被评估数据资产的产品和服务销售对象主要包括政府类客户和企业与园区类客户两大类。对于政府类客户收入的预测，主要依据评估基准日公司在手订单或与客户达成的销售意向进行预测；对于企业与园区类客户收入的预测，首先根据公司制定的数据资产定价标准测算产品的销售价格，然后参考公司已有客户规模和未来市场需求与开拓情况预测收入规模。

在估算预期收益年限时，综合考虑数据资产和其相关产品的用途、稀缺性、市场需求前景、法律保护期限、相关合同约定期限等因素来确定。考虑到公司具备持续经营条件，随主营业务产生的数据资产及其相关产品可以随着公司的存续而存续，因此收益年限假设为无限年期。

在估算收入分成率时，可以采用层次分析法（AHP），即以数据资产在方案层的排序权重作为收入分成率。

数据资产收益层次结构如图 5-1 所示。

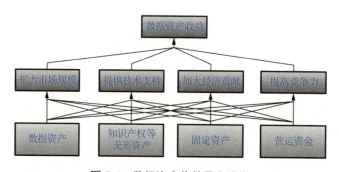

图 5-1　数据资产收益层次结构

3. 折现率预测

折现率由无风险报酬率和风险报酬率构成，具体公式如下：

$$折现率=无风险报酬率+风险报酬率$$

式中，无风险报酬率根据中长期国债到期收益率来确定。风险报酬率根据数据资产价值实现过程中面临的主要风险种类及水平来确定。

数据资产的风险主要包括数字化风险、市场风险、资金风险和经营管理风险等。其中，数字化风险如数字化转化风险、数字化替代风险、数字化权利风险等；市场风险如市场容量风险、市场现有竞争风险、市场潜在竞争风险等；资金风险如融资风险、流动资金风险等；经营管理风险如销售服务风险、技术开发风险等。

4. 评估值的计算

根据公式计算最终的评估结果。

$$P = \sum_{t=1}^{n} \frac{KF_t}{(1+i)^t}$$

式中 P ——被评估资产的价值；
K ——分成率；
F_t ——资产未来第 t 年的总收益；
t ——年序号；
i ——折现率；
n ——获利年限。

5.2 成 本 法

采用成本法评估数据资产一般是将重置该项数据资产所发生的成本作为确定评估对象价值的基础，并对重置成本的价值进行调整，以此确定评估对象的价值。

5.2.1 成本法的基本模型

成本法是以数据资产的重置成本为基础，考虑各项价值调整因素对数据资产价值的影响后，得到数据资产的价值。根据数据资产的特点，成本法计算公式如下：

$$V = C\lambda$$

式中　V——被评估的数据资产价值；
　　　C——数据资产的重置成本；
　　　λ——数据资产的价值调整系数。

5.2.2　成本法评估数据资产的前提条件

数据资产的非实体性和投入产出的不对应性使得采用成本法评估其价值有一定的困难。因此，采用成本法评估数据资产价值必须满足以下条件。

（1）与数据资产成本的相关历史资料是可以被获取的，其中包括数据资产研究开发的各项费用或者成本，以及外购数据资产的购买对价等。评估专业人员在收集资料时应保持客观、审慎的态度，尽可能多地收集相关资料，并对评估所依据的资料的真实性、准确性和完整性进行核查验证。

（2）数据资产成本是可以被可靠计量的。成本法是以历史资料为依据确定数据资产目前的价值，其中重置成本包括各项相关合理成本项。如果数据资产的成本难以被确认，那么采用成本法评估数据资产价值就会很困难。

（3）数据资产成本能够与数据资产价值对应，经评估专业人员计算的重置成本应当能够较好地体现资产的待评估价值。值得注意的是，数据资产的投入经常和产出不成正比，在评估实际应用中应注意这一问题并寻找应对的策略，否则数据资产的评估价值可能会出现失真。

5.2.3　成本法评估数据资产的基本步骤

数据资产的价值并不能简单地等于其成本，数据资产的成本与价值具有弱对应性，并且某项数据资产成本的合理确定和分配具有不完整性，但一些数据资产从成本的角度评估其价值也存在一定的合理性。当从成本的角度评估数据资产的价值时，一般是按照该项数据资产的重置成本作为确定评估对象价值的基础，扣除相关贬值，以此确定评估对象的价值。数据资产的成本是指利用现代信息技术在采集、存储、加工、挖掘、保护或研发过程中形成数据资产所需要的合理成本，所利用的信息技术本身也会影响数据资产的成本。成本是指数据资产从产生到评估基准日所发生的总成本，主要包括前期费用、建设成本、运维成本和间接成本等，选择和使用成本法时除考虑重置成本以及相关贬值是否能够合理估算外，还需要分析数据质量是否达到（应用场景下）可评价的质量标准。

1. 估算重置成本

数据资产的重置成本包括前期费用、直接成本、间接成本、机会成本和相关税费。

（1）前期费用。前期费用主要是规划成本，即对数据生命周期整体进行规划设计，形成满足需求的数据解决方案所投入的人员薪酬、咨询费用和相关资源成本等。

（2）直接成本。直接成本主要包括数据建设阶段的成本（数据采集、数据汇聚、数据存储、数据开发等成本），数据运营维护阶段的成本及数据安全维护的成本等。

（3）间接成本。间接成本包括与数据资产相关的场地、软硬件、研发和公共管理等成本。

（4）机会成本。机会成本是指因购建、运营和维护数据资产而放弃经营其他业务和投资其他资产所对应的成本。

（5）相关税费和合理的利润。相关税费主要包括在数据资产形成过程中需要按规定缴纳的不可抵扣的税费以及合理的利润等。

2. 估算价值调整系数

数据资产的价值调整系数的计算方法主要有专家评价法和剩余经济寿命法。

（1）专家评价法。

专家评价法是综合考虑数据质量和数据应用价值等影响因素，并应用层次分析法和德尔菲法等对影响因素进行赋权，进而计算得出数据资产价值调整系数。

比如，数据质量评价专业机构首先依据相关标准将规范性、完整性、准确性、一致性、时效性和可访问性作为数据质量评价的六个维度；其次根据数据情况，分析业务场景；再次从数据质量关注角度选取相应指标，建立数据质量评价体系；最后根据专家意见，确定数据质量评价得分，以此作为数据资产价值调整系数。

（2）剩余经济寿命法。

剩余经济寿命法是一种通过对数据资产剩余经济寿命的预测或者判断来确定价值调整系数的方法。即在评估过程中综合考虑数据资产的市场竞争状况、可替代性、更新趋势等因素，判断数据资产的经济使用年限、剩余经济使用年限，确定数据资产的成新率，以此作为数据资产价值调整系数。

3. 成本法评估数据资产时应注意的问题

数据资产作为一种新兴资产，与传统的房地产和机械设备等有形资产评估存在着较大的区别。因此，使用成本法评估数据资产可能会出现不适配的情况，也存在一些局限性。

（1）主要评估参数难以确定。

首先，数据资产的成本利润率较难确定。数据资产从形成、发展到后续更新的成本计量并不容易。除此之外，数据资产投入市场后给企业带来的预期收益也较难被量化，一是由于数据资产转化收益难以度量，二是由于数据资产存在一定的转化风险。其次，数据资产的价值调整系数也要考虑多个因素，包括数据资产面临的风险，如数据安全风险和数据法律风险等。

（2）数据资产投入成本与数据资产产出价值不对称。

数据资产在研究开发过程中所投入的成本在很大程度上还是采取费用化标准，并不计入资本化的范畴之中，但这种会计核算方式并没有很好地反映数据资产的初始投入成本。另外，数据资产即便经过长时间的研究开发并成功转化为可用于企业生产经营的资产和成果，其产出的价值也未必与其研究开发的成本成正比。例如，数据资产的形成耗费了企业很多经济、人力和物力资源，但最终转化为成果时失败了或者投入市场后取得的效益并不高，导致采用成本法评估得到的数据资产价值和数据资产产出的价值出现较大背离，这是采用成本法评估数据资产价值会面临的重大挑战。

5.2.4 成本法应用举例

在目前采用成本法评估数据资产的案例中，以商业银行的数据资产评估较为典型。下面选取某商业银行数据资产评估案例介绍成本法的应用情况。

1. 评估基本事项

评估对象是商业银行 K 的全部数据资产的价值，评估目的是为数据资产入表提供价值参考，评估的价值类型为市场价值，评估方法为成本法。

2. 商业银行 K 的数据资产成本划分

商业银行 K 数据资产的建设流程分为获取、存储、加工和管理四个阶段。数据资产在这四个阶段的流转中，其成本构成也有着很大的不同，需要评估专业人员进行更细化的分类和甄别，并确定出这些流转过程的成本分属哪一类数据资产。

数据资产流转成本分类体系详见表 5-2。

表 5-2 数据资产流转成本分类体系

流转阶段	评估参数
数据获取阶段	采购价格及税费、采购人力成本
	采集人力成本、采集终端设备成本、采集系统成本、其他获取成本

续表

流转阶段	评估参数
数据存储阶段	存储设备成本、其他存储成本
数据加工阶段	加工人力成本、加工系统成本、其他加工成本
数据管理阶段	管理人力成本、管理系统成本、其他管理成本

数据资产主要分为三类：原始类数据资产、过程类数据资产和统计类数据资产。三类数据资产定义如下。

原始类数据资产是指通过外部获取或者内部采集的明细数据，这些数据可以为后续加工应用提供原始信息。由于外部获取和内部采集的数据资产的特点不相同，处理这两类数据资产时可以采用分类管理的原则，并分别作为两个独立的估值对象。原始外部获取类数据资产是指通过从其他厂商处购买或者从其他网站下载等方式获取的数据，可能不能直接应用于企业的生产经营，但可以对内部采集的数据进行合理补充，以提高生产效率。原始内部采集类数据资产是企业在生产经营过程中逐渐形成的，记录了企业的生产经营信息，也可能在与客户交易的设备中产生，如 ATM 设备记录的操作信息。

过程类数据资产是原始类数据资产和统计类数据资产的过渡阶段，该类数据应用广泛，可以减少重复加工工作，提高资源利用效率。过程类数据资产具有一次加工多次使用的属性。

统计类数据资产是指面对市场的需求，通过加工得到的统计数据或数据产品。它以原始类数据资产和过程类数据资产为依托，可直接被运用和投入企业的生产经营中。统计类数据资产可以划分为收益提升类和统计支持类两类。收益提升类数据资产是指在企业提升服务和开展业务时，能直接产生经济效益的数据资产，包括模型和数据产品等，其产生的收益和数据资产直接相关。统计支持类数据资产是指在原始类数据资产和过程类数据资产的基础上进行深度和定向加工的数据资产，可用于企业的财务分析和战略制定，以及相关监督工作，为企业制定决策提供数据支撑。

3. 建立估值指标体系

商业银行 K 成本法评估指标体系如表 5-3 所示。

表 5-3　商业银行 K 成本法评估指标体系

流转阶段	成本构成	原始类数据资产		过程类数据资产	统计类数据资产
		外部获取	内部采集		
数据获取阶段	采购价格及税费	√			
	采购人力成本	√			

续表

流转阶段	成本构成	原始类数据资产		过程类数据资产	统计类数据资产
		外部获取	内部采集		
数据获取阶段	采集人力成本		√		
	采集系统成本		√		
	采集终端设备成本		√		
	其他获取成本	√	√		
数据存储阶段	存储设备成本	√	√	√	√
	其他存储成本	√	√	√	√
数据加工阶段	加工人力成本				√
	加工系统成本			√	√
	其他加工成本			√	√
数据管理阶段	管理人力成本	√	√	√	√
	管理系统成本	√	√	√	√
	其他管理成本	√	√	√	√

对于原始外部获取类数据资产，其历史成本主要是购买该数据资产时所支付的对价（包括不含税购置价、相关税费等），以及后续存储和管理的成本。在采购过程中发生的采购人员的成本也计入其总成本之中。

对于原始内部采集类数据资产，其历史成本是采集人员的投入成本、采集终端设备购置成本和数据采集系统的建设成本。

对于过程类数据资产，其历史成本主要包括加工系统的建设成本，以及存储和管理成本。过程类数据资产加工系统产生的目的是加工外部获取或者内部采集的原始数据，为数据后续加工、管理和投入使用节约资源，提升效率。

对于统计类数据资产，其历史成本主要包括加工系统的建设和人力成本，以及存储和管理成本。数据资产加工系统的维持和建设离不开数据分析人员的日常业务，因此也应将其成本纳入考量体系之中。

在确定好评估指标体系后，查阅企业的历史资料，确定各指标参数的数值，分别确定原始类数据资产、过程类数据资产和统计类数据资产各自的历史成本。然后根据物价调整系数和人力资本重置系数等调节数据资产的历史成本，以此得到数据资产该部分历史投入的重置成本。

参考《商业银行数据资产入表》，商业银行 K 的数据资产的历史成本分类及相关数据如表 5-4 所示。

表 5-4 商业银行 K 的数据资产的历史成本分类及相关数据

单位：万元

总指标	一级指标	二级指标	具体指标	取值
原始内部采集类数据资产的历史成本	数据获取历史成本	采集人员成本	—	50000
		采集终端设备成本	—	20000
		采集系统成本	采集系统行外投入成本	60000
			采集系统行内投入成本	70000
	数据管理历史成本	内部采集类数据管理人员成本	—	4000
		内部采集类数据管理系统成本	—	3000
合计				207000

从表 5-4 可知，原始内部采集类数据资产的历史成本为 207000 万元。其中，数据获取历史成本可进一步划分为采集人员成本、采集终端设备成本和采集系统成本，取值分别为 50000 万元、20000 万元和 130000 万元；数据管理历史成本可进一步划分为内部采集类数据管理人员成本和内部采集类数据管理系统成本，取值分别为 4000 万元和 3000 万元。

按照相同的计算思路，可得出原始外部获取类数据资产、过程类数据资产和统计类数据资产的历史成本为 696000 万元，与原始内部采集类数据资产的历史成本合计为 903000 万元。

估算商业银行 K 的数据资产上述投入部分的重置成本。重置系数包括物价调整系数和人力资本重置系数，其中，物价调整系数选取 2015 年至 2022 年的平均居民消费价格指数（CPI），人力资本重置系数选取 2015 年至 2022 年数据资产采集人员的全行业平均工资增长率。以原始内部采集类数据资产采集人员的重置成本为例，计算过程如表 5-5、表 5-6 所示。

表 5-5 2015—2022 年重置成本系数统计

年份	居民消费价格指数（CPI）	物价调整系数	数据资产采集人员工资增长率	人力资本重置系数
2015	101.33%	1.15	108.69%	1.70
2016	102.05%	1.12	108.08%	1.59
2017	101.48%	1.11	111.57%	1.47
2018	102.08%	1.08	114.40%	1.35
2019	102.36%	1.06	108.20%	1.24

续表

年份	居民消费价格指数（CPI）	物价调整系数	数据资产采集人员工资增长率	人力资本重置系数
2020	103.65%	1.02	104.79%	1.16
2021	100.50%	1.02	108.53%	1.06
2022	101.70%	1.00	107.72%	1.00

表 5-6　2015—2022 年采集人员重置成本计算

单位：万元

年份	采集人员历史成本	物价调整系数	人力资本重置系数	采集人员重置成本
2015	2360	1.15	1.70	4614
2016	2710	1.12	1.59	4826
2017	3240	1.11	1.47	5287
2018	3680	1.08	1.35	5365
2019	3980	1.06	1.24	5231
2020	4290	1.02	1.16	5076
2021	4520	1.02	1.06	4887
2022	5220	1.00	1.00	5220
合计	30000			40506

按照表 5-5 和表 5-6 的估值逻辑，可求出数据资产前述投入部分的总重置成本为 1033000 万元。

4. 合理利润率的选取

合理利润率可以参照商业银行 K 过去的盈利水平、宏观环境和行业状况进行确定。除此之外，也要考虑数据资产安全风险、市场风险以及法律风险等对合理利润率的影响。评估专业人员应综合数据资产各方面的影响因素和外部情况，确定合理利润率的取值，来真实反映数据资产的获利能力。本案例综合考虑行业平均收益率和行业基本情况，选定合理利润率为 5%。

5. 估算调整系数

经咨询专家意见，专家们认为商业银行的数据管理水平较高，数据的开发利用符合预期要求，本次商业银行数据资产的重置成本估算考虑因素较为全面，无须再考虑价值调整系数。

6. 估值结果

根据前面具体数据的搜寻和公式计算，得出商业银行 K 采用成本法进行评估的最终结果为 1084650（1033000+1033000×5%）万元。

5.3 市　场　法

当从市场角度评估数据资产的价值时，需要找到足够的市场交易数据并通过分析后得到适当数量的可比交易案例，评估对象与可比交易案例在资产类型、交易价格、交易时间、交易条件等方面应具有可比性。但数据资产缺乏一般性和相对统一的交易场景，数据资产的交易模式和应用场景也是多种多样的，不同数据资产之间难以确认替代关系，这使得我们在采用市场法评估数据资产的价值时，需要对交易方式和交易范围进行限定才能进行数据资产价值的分析和判断。

5.3.1 市场法的基本模型

市场法是在公开、活跃市场上选取可比的参照物资产，并对其进行价值修正，从而得到被评估资产价值的方法。对数据资产而言，评估时应根据数据资产的特点和评估目的，选取合适的可比案例，并将可比案例和被评估数据资产的差异量化，汇总求得被评估数据资产的价值。由于目前数据资产交易市场尚未成熟，数据资产交易案例较少，因此采用市场法评估数据资产价值存在一定的困难。我国目前很多地区已经出现了数据资产交易，尽管还未大面积推广，但已经成为一种趋势。

市场法评估数据资产价值的基本模型如下：

$$V = \sum_{i=1}^{n}(Q_i \times \lambda_{i1} \times \lambda_{i2} \times \lambda_{i3} \times \lambda_{i4} \times \lambda_{i5})$$

式中　V ——被评估数据资产的价值；
　　　i ——被评估数据资产所分解成的数据集的序号；
　　　n ——被评估数据资产所分解成的数据集的个数；
　　　Q_i ——参照数据集 i 的价值；
　　　λ_{i1} ——质量调整系数；
　　　λ_{i2} ——供求调整系数；
　　　λ_{i3} ——期日调整系数；
　　　λ_{i4} ——容量调整系数；
　　　λ_{i5} ——其他调整系数。

5.3.2 市场法应用的前提条件

1. 存在公开活跃的市场

自 2014 年以后，我国各地的数据交易平台建设进入了探索阶段。据不完全统计，截至 2024 年 3 月底，我国已经建立了 49 家数据交易平台，如中关村数海大数据交易平台和北京大数据交易服务平台等。我国数据交易平台积极涌现，为构建数据要素市场和推动数据产业发展进程作出了卓越贡献。

尽管数据交易平台建设如火如荼，但数据交易数量很少，还存在很大的发展空间。未来我国数据交易平台建设应该更加规范和便利，将不断完善数据资产的产品化和商品化。

2. 存在可比的参照数据资产

从目前来看，在寻找参照数据资产时，其可比性很难满足。原因在于，一是数据资产的类别广泛，在获取、存储、加工和管理等方面差异很大，如果再考虑交易日期、数据容量等指标，可比性就更低；二是数据资产的交易案例太少，能够寻找的参照数据资产范围有限，在没有大量样本可供选择的情况下，采用市场法评估数据资产的价值可能会比较片面。

5.3.3 市场法的基本步骤

采用市场法对数据资产进行价值评估时，通常需要筛选参照数据资产和差异分析调整两个步骤。

1. 筛选参照数据资产

筛选参照数据资产是指在市场上寻找与数据资产具有可比性的参照数据资产或对标交易活动。评估要素为筛选环节提供了对比的维度和依据。数据资产价值评估专业人员应根据数据资产的特点，选择与数据资产相同或者可比的参照维度，如交易市场、数量、价值影响因素、交易时间和交易类型等，选择正常或可调整为正常交易价格的参照物。

2. 差异分析调整

差异分析调整是通过比较数据资产和参考数据资产或对标交易活动来确定调整系数，并对价值影响因素和交易条件存在的差异进行合理调整，以取得准确价值。

（1）**质量调整系数**是综合考虑数据质量对数据资产价值的影响。

（2）**供求调整系数**是综合考虑数据资产的市场规模、稀缺性和价值密度等相关影响。

（3）期日调整系数是综合考虑数据资产相关价格指数的影响，如居民消费价格指数等。

（4）容量调整系数是综合考虑数据容量对数据资产价值的影响。

（5）其他调整系数主要考虑影响数据资产价值差异的其他因素。

每类数据集的应用场景状况差异、适用范围等，可以根据实际情况考虑可比案例差异，选择可量化的调整系数。

3. 市场法评估数据资产应注意的问题

（1）可比性要求。

一是数据类型可比，评估专业人员采用市场法评估数据资产时，应当选择数据类型一致的资产，例如，标的数据资产如果属于收益提升类数据资产，那么参照数据资产也应该选择收益提升类数据资产；二是数据容量和规模可比，在选择数据资产评估参照物时，应当选择数据容量和规模相近的参照数据资产，相似程度越高，市场法评估越有效；三是交易日期相近，在市场不断变化过程中，资产的价值会随着市场的变化而改变，如果标的数据资产交易日期和参照数据资产交易日期相差较远，会影响市场法判断数据资产价值的准确性。

（2）评估难点。

一是可比的参照数据资产较少。在当前市场状况下，数据资产交易较少，可供参考的案例不多，对评估专业人员选取参照数据资产造成困难。此外，每项数据资产都有其独特性且很难被替代，因此也很难找到相似的数据资产。二是部分类型的数据资产流转范围具有一定的局限性，目前采用市场法评估数据资产能够应用的数据资产类型不多。例如，对于过程类数据资产，其可能并不参与交易，只是处于企业从原始类数据资产转化为应用类数据资产的过渡阶段，因此很难评估其价值。

5.3.4 市场法应用举例

上市公司 S 拟聘请评估机构评估本公司所拥有的数据资产。评估机构查阅资料可知，上市公司 S 自 2012 年成立至今，以数据支持服务作为其盈利基础，且目前经营状况良好，市场上可以找到相关的参照交易物，评估基准日确定为 2022 年 12 月 31 日，计算上市公司 S 的数据资产总价值。

表 5-7 所示为上市公司 S 数据资产集的调整系数表。

表 5-7　上市公司 S 数据资产集的调整系数表

单位：元

参数	参照数据集 $i1$	参照数据集 $i2$	参照数据集 $i3$
数据集价值	12000	13000	14000
质量调整系数	1.10	1.05	1.50
供求调整系数	0.98	1.03	1.20
期日调整系数	1.06	1.04	1.03
容量调整系数	1.34	1.09	0.99

根据表 5-7，则有：
数据集 $i1$ 价值=12000×1.10×0.98×1.06×1.34=18374.30（元）
数据集 $i2$ 价值=13000×1.05×1.03×1.04×1.09=15937.85（元）
数据集 $i3$ 价值=14000×1.50×1.20×1.03×0.99=25696.44（元）
数据资产总价值=18374.30+15937.85+25696.44=60008.59（元）

5.4　数据资产价值评估案例 1

A 公司成立于 2008 年，总部位于某一线城市。其业务遍布全国 200 多个城市和地区，拥有上千家客户，是我国遥感大数据与生态智能化服务商，也是国家高新技术企业与国家专精特新小巨人企业。A 公司拥有国家发明专利 300 余项，软著 700 余项，荣获许多国家科学技术进步奖等各项奖项。

在遥感大数据领域，A 公司基于多年的遥感、地理信息技术和数据资产优势，构建了多源、多维、多要素、多尺度的高精度动态数据资源与应用服务，产品涵盖遥感影像、遥感模型、二三维高精度地图以及行业专题数据等；同时打造了大数据云平台，服务于生态环境、自然资源、公共安全及智慧城市等多个领域，为各行业提供集大数据时空化、可视化、智能化于一体的综合解决方案。

5.4.1　价值评估目的、对象和范围

1. 价值评估目的

因为 A 公司拟了解其所持有的数据产品等相关数据资产价值，为此需对该行为涉及的数据资产在 B 产品、C 产品、D 产品三类应用场景下，基于数

据资产产权持有单位提供的盈利预测数据和持续更新的假设下，对价值评估基准日的市场价值进行分析，为上述经济行为提供价值参考依据。

2. 价值评估对象

评估 A 公司持有的 B 产品、C 产品和 D 产品等相关数据资产的价值。

3. 价值评估范围

A 公司持有的 B 产品、C 产品和 D 产品等相关数据资产，包含 20 个产品子类所应用的数据，共计 140 张数据表单，时间跨度为 5 年。数据资产产权持有单位尚未对上述 140 张表涉及的数据资产办理数据资产凭证。针对以上情况，A 公司出具了相关说明，承诺对上述数据资产具有数据资产持有权、数据加工使用权和数据产品经营权，且不存在权利期限和权利限制。

M 科技有限公司对 B 产品、C 产品和 D 产品等相关数据资产进行了质量评价，并出具了《A 公司数据资产质量评价报告》。通过采用数据抽取、建立规则库、搭建数据质量评价模型等评价方法，对数据的质量进行评价和分析，并形成数据质量评价报告，同时为数据资产价值评估提供数据质量要素指标基础。

通过对数据资产质量要素方面得分统计分析可以发现，可用性和一致性方面可采用加强数据规则和标准化处理等方式进一步改善；规范性和准确性存在一定提升空间，可通过加快数据处理和分析速度，加速释放数据资产价值；时效性评分最高，后续相关数据业务人员可根据业务和应用场景的变化进行及时调整，维持时效性管理水平。

5.4.2 价值评估的类型

根据本次价值评估目的、市场条件、价值评估对象自身条件等因素，考虑到本次所执行的资产价值评估业务对市场条件和价值评估对象的使用等并无特别的限制和要求，价值评估结果应反映价值评估对象的市场价值，确定价值评估对象的价值类型为市场价值。

市场价值是指自愿买方和自愿卖方在各自理性行事且未受任何强迫的情况下，价值评估对象在价值评估基准日进行正常公平交易的价值估计数额。

5.4.3 价值评估基准日和依据

1. 价值评估基准日

本报告的价值评估基准日是 2024 年 3 月 31 日。确定价值评估基准日主要考虑经济行为的实现、会计期末等因素。

2. 价值评估依据

（1）法律法规依据。

① 《中华人民共和国民法典》（2020年5月28日第十三届全国人民代表大会第三次会议通过）。

② 《中华人民共和国数据安全法》（2021年6月10日第十三届全国人民代表大会常务委员会第二十九次会议通过，自2021年9月1日起施行）。

③ 《企业数据资源相关会计处理暂行规定》（财会〔2023〕11号）。

④ 其他相关的法律法规和规章制度等。

（2）标准规范依据。

① GB/T 36344—2018《信息技术 数据质量评价指标》。

② GB/T 40685—2021《信息技术服务 数据资产 管理要求》。

（3）取价依据。

① 评估专业人员收集的相关估价信息资料。

② 与此次资产价值评估有关的其他资料。

（4）其他参考依据。

① 数据资产持有单位提供的资产清单和申报表。

② 《数据资产评估指导意见》（中国资产评估协会〔2023〕17号）。

③ 《信息技术 大数据 数据资产价值评估》（计划代号：20214285-T-469）在研国家、团体标准。

④ 《网络安全组织机构管理规定》。

⑤ 《信息中心信息交换管理规定》。

⑥ 《信息安全事件管理规范》。

⑦ M科技有限公司出具的《A公司数据资产质量评价报告》。

5.4.4 价值评估方法及技术思路说明

1. 行业现状与发展前景分析

2022年1月6日，国务院办公厅印发的《要素市场化配置综合改革试点总体方案》提出，探索建立数据要素流通规则；完善公共数据开放共享机制：建立健全高效的公共数据共享协调机制，支持打造公共数据基础支撑平台，推进公共数据归集整合、有序流通和共享；建立健全数据流通交易规则。2022年12月19日，中共中央、国务院发布的《中共中央 国务院关于构建数据基础制度更好发挥数据要素作用的意见》要求，构建"三权分置"的数据产权制度体系，推进数据分类分级确权授权使用和市场化流通交易，完善数据全流程合规与监管规则体系，统筹构建规范高效的数据交易场所，培育数据要素流通和交易服务生态，构建数据安全合规有序跨境流通机制等。2023 年 7 月 5 日，中共北京市委、北京市人民政府印发的《关于更好发挥数据要素作用进一步加快发展数字经济的实施意见》指出，涵盖率先落实数据产权和收益分配制度、加快推动数据资产价值实现、全面深化公开数据开发利用、培养发展数据要素市场、大力发展数据服务产业、开展数据基础制度先行先试、加强数据要素安全监管治理及保障措施等先行先试政策。

随着数字政府建设、实景三维、灾害监测等政府端对卫星遥感的需求正处于快速上升期，卫星遥感行业整体短期仍将处于朝阳高速发展阶段，是卫星产业中成长属性相对更高的细分赛道。从中长期看，基于云服务向 to B 端及 to C 端的拓展，将有望成为支撑卫星遥感产业中长期持续快速增长的第二曲线。卫星遥感在环境监测、城乡规划、资源勘探、精准农业等领域商业化应用和增值服务将不断深化。

2. 价值评估方法的选择

资产价值评估基本方法包括成本法、市场法和收益法三种方法。

成本法是根据形成资产的成本进行价值评估，是从构建角度反映价值评估对象的价值。由于价值评估标的数据资产是由数据资产持有单位多年研究及生产经营积累贡献形成的，其管理人员、研发人员、服务器等费用难以拆分，数据资产形成的直接投入和间接投入在形成过程中未单独核算，其重置成本难以核算及相关资产贬值难以合理确定，本次不采用成本法进行价值评估。

市场法是根据相同或者相似的数据资产的近期或者往期成交价格，通过对比分析，对数据资产的价值进行评估的方法。目前正值数据资产市场建设期，数据相关资产缺乏充分发育、活跃的交易市场，无法从市场交易中选择参照物，价值评估基准日前后也难以找到相似数据资产交易案例，因此本次不采用市场法进行价值评估。

收益法是通过预测未来数据资产的收益额并将其折现来确定数据资产价值的方法。经分析，价值评估标的数据资产的未来相关收益可以合理预期、风险程度相对应的折现率可以通过适当的方法进行合理估算。因此本次项目采用收益法进行价值评估。

3. 价值评估模型及思路

数据资产采用收益法进行价值评估的具体思路为：首先通过对数据资产

对外提供的服务、数据资产应用的产品带来的未来年期的收入进行预测，并对应用场景采用适当的折现率折现成现值后加和，最后得到数据资产的价值。

其基本计算公式如下：

$$P = \sum_{t=1}^{n} \frac{KF_t}{(1+i)^t}$$

式中　P ——数据资产的评估价值；

　　　K ——数据资产在收益现值中的收入分成率；

　　　F_t ——数据资产相关业务第 t 年的收入额；

　　　n ——剩余经济寿命期；

　　　t ——未来第 t 年；

　　　i ——折现率。

（1）数据资产的收益预测。

数据资产的收益预测是对数据资产的使用所能带来的收益进行预测。

预测数据资产未来收益通常采用分成率进行预测。本次价值评估首先测算数据资产与其他相关贡献资产共同创造的整体收益，然后将价值评估标的在产生总收益过程中作出贡献的所有资产之间进行分成。分成率通常包括销售利润分成率和销售收入分成率两种，本次价值评估以销售收入作为预测口径，对应采用销售收入分成率进行价值评估测算。

对于预测期数据资产与其他相关贡献资产共同创造的整体收益，由于资产持有单位数据资产相关业务历史年度已正常开展运营，有稳定的客户和业务来源，因此本次价值评估根据产权持有单位的在手订单和经营计划，对未来收益进行了预测。

（2）收益年限的确定。

使用收益法进行数据资产价值评估业务时，需要综合考虑法律保护期限、相关合同约定期限、数据资产的产生时间、数据资产的更新时间、数据资产的时效性、数据资产的权利状况以及产品或服务的合理收益期等因素确定收益期限。

价值评估基准日产权持有单位经营正常，其三类应用场景所应用的数据本身无使用年限、合同约定期限、所有权期限等限定。根据上述分析，价值评估数据资产带来的收益主要通过其持有的产品即 B 产品、C 产品、D 产品获得。这些产品随着公司的存续而存续，而价值评估基准日产权持有单位经营正常，没有对影响企业继续经营的核心资产的使用年限、企业生产经营期限及投资者所有权期限等进行限定，或者上述限定可以解除，并可以通过延续方式永续使用。故本次价值评估假设公司在数据资产价值评估基准日后永续经营,则其相应的收益期为无限期。

(3) 折现率的确定。

根据本次价值评估项目的特点和收集资料的情况,采用国际通用的社会平均收益率法模型来估测适用的折现率,即:

$$折现率=无风险报酬率+风险报酬率+个别风险调整$$

无风险报酬率。根据价值评估基准日财政部网站公布的 10 年期国债到期收益率,确定无风险报酬率为 2.67%。

风险报酬率。影响风险报酬率的因素包括数字安全风险、市场风险、监管风险和管理风险。根据惯例,各个风险系数的取值范围为 0%～8%,具体的数值根据测评表求得。任何一项风险大到一定程度,无论该风险在总风险中所占的比重多低,该项目都没有意义。风险报酬率公式如下:

$$风险报酬率=数据安全风险+市场风险+监管风险+管理风险$$

① 数据安全风险。按数据安全风险取值表(表 5-8)确定数据安全风险的风险系数。

表 5-8 数据安全风险取值表

考虑因素	分值						权重	合计
	100	80	60	40	20	0		
数据采集安全风险					20		15.00%	3.00
数据传输安全风险				40			15.00%	6.00
数据存储安全风险					20		15.00%	3.00
数据处理安全风险				40			15.00%	6.00
数据交换安全风险				40			15.00%	6.00
数据销毁安全风险					20		15.00%	3.00
通用安全风险				40			10.00%	4.00
合计							100.00%	31.00

其中各风险因素取值如下。

a. 数据采集安全风险分值情况:建立数据采集制度,以技术手段对数据进行分类分级、数据采集、数据源鉴别,对数据质量进行有效、充分管理,专人管理,管理手段持续优化,成为行业标杆(0);建立数据采集制度,以技术手段对数据进行分类分级、数据采集、数据源鉴别,对数据质量进行管理,专人管理,能够实现量化控制目标(20);建立数据采集制度,以技术手段对数据进行分类分级、数据采集、数据源鉴别,对数据质量进行了管理,专人管理（40）；建立数据采集制度，以技术手段对数据进行分类分级、数据采集、数据源鉴别，对数据质量进行管理（80）；尚未进行数据分类分级，尚未建立采集安全制度，未对数据源进行有效管理，未建立质量管理或监控（100）。

委估数据的采集，主要基于产权持有单位已建立了成熟的制度并已积累了一定的技术手段，数据采集安全风险较低，取值20分。

b. 数据传输安全风险分值情况：建立数据传输制度，以技术手段对数据传输安全和网络可用性进行有效、充分管理，管理手段持续优化，成为行业标杆（0）；建立数据传输制度，以技术手段对数据传输安全和网络可用性进行有效管理，能够实现量化控制目标（20）；建立数据传输制度，以技术手段对数据进行传输安全和网络可用性管理，专人管理（40）；建立数据传输安全管理和网络可用性管理制度，采用技术手段对数据传输进行管理，责成专人负责网络可用性管理（80）；尚未建立数据传输安全管理、网络可用性的管理制度（100）。

委估数据的传输，主要基于产权持有单位已建立了相关制度和技术手段对数据进行传输安全和网络可用性管理，并安排了专人管理。综合评估数据传输安全风险中等偏低，取值40分。

c. 数据存储安全风险分值情况：建立数据存储制度，以技术手段对数据存储媒体安全、逻辑存储安全和数据备份恢复进行管理，管理手段持续优化，成为行业标杆（0）；建立数据存储制度，以技术手段对数据存储媒体安全、逻辑存储安全和数据备份恢复进行管理，能够实现量化控制目标（20）；建立数据存储制度，以技术手段对数据存储媒体安全、逻辑存储安全和数据备份恢复进行管理，专人管理（40）；建立相关管理制度，由专人管理存储媒体安全，并以技术手段对逻辑存储安全和数据备份恢复进行管理（80）；尚未建立存储媒体安全管理、数据备份和恢复管理制度，未对逻辑存储安全进行管理（100）。

委估数据的储存，主要基于产权持有单位已形成的成熟制度，且具备网络的物理隔离和自有专用服务器，储存风险较小，取值20分。

d. 数据处理安全风险分值情况：建立数据处理制度，使用技术工具对数据进行分级分类的数据脱敏、数据分析、数据应用、数据的导入导出，并严格实施对数据处理环境安全控制、充分管理，专人管理，定期评估，管理手段持续优化，成为行业标杆（0）；建立数据处理制度，使用技术工具对数据进行分级分类的数据脱敏、数据分析、数据应用、数据的导入导出，并严格实施对数据处理环境的安全控制、充分管理，专人管理，能够实现量化控制目标但并未做到定期评估，手段持续优化（20）；仅做到建立数据处理制度，使用技术工具对数据进行分级分类的数据脱敏、数据分析、数据应用、数据的导入导出，并实施对数据处理环境的安全控制、充分管理，专人管理（40）；仅做到建立数据处理制度，使用技术工具对数据进行分级分类的数据脱敏、数据分析、数据应用、数据的导入导出，并未施行专人管理，充分管理（80）；尚未进行数据处理，尚未建立数据处理制度，未对数据处理进行有效管理，未实施对数据处理环境的安全控制（100）。

委估数据的处理，主要基于产权持有单位已建立了相应的制度，能够使用技术工具对数据进行分级分类的数据脱敏、数据分析、数据应用、数据的导入导出，并实施对数据处理环境的安全控制、充分管理，并安排专人管理，但因历史期大部分数据为非公开的数据，未专项进行量化控制和定期评估。综合评估处理风险中等偏低，取值 40 分。

e. 数据交换安全风险分值情况：建立数据交换制度，使用技术工具对数据进行数据共享、数据发布，并严格实施对数据接口、数据共享通道、数据服务组件的安全控制，保证充分管理，专人管理，定期评估，管理手段持续优化，成为行业标杆（0）；建立数据交换制度，使用技术工具对数据进行数据共享、数据发布，并严格实施对数据接口、数据共享通道、数据服务组件的安全控制，保证充分管理，专人管理，能够实现量化控制目标但并未做到定期评估，手段持续优化（20）；仅做到建立数据交换制度，使用技术工具对数据进行数据共享、数据发布，并实施对数据接口、数据共享通道、数据服务组件的安全控制，保证充分管理，专人管理（40）；仅做到建立数据交换制度，使用技术工具对数据进行数据共享、数据发布，并实施对数据接口、数据共享通道、数据服务组件的安全控制，并未施行专人管理，充分管理（80）；尚未建立数据交换制度，尚未进行数据共享、数据发布，未对数据接口进行有效管理，未建立共享通道、数据服务组件的安全控制（100）。

委估数据的交换，主要基于产权持有单位已建立了相应的制度，使用技术工具对数据进行数据共享、数据发布，并实施对数据接口、数据共享通道、数据服务组件的安全控制，保证充分管理，并安排专人管理，但因历史期大部分数据为非公开的数据，未专项进行量化控制和定期评估。综合评估处理风险中等偏低，取值 40 分。

f. 数据销毁安全风险分值情况：建立数据销毁和数据存储设备销毁制度，使用技术工具对数据进行销毁，并严格实施数据存储设备销毁制度，保证充分管理，专人管理，定期评估，管理手段持续优化，成为行业标杆（0）；建立数据销毁和数据存储设备销毁制度，使用技术工具对数据进行销毁，并严格实施数据存储设备销毁制度，保证充分管理，专人管理，能够实现量化控制目标但并未做到定期评估，手段持续优化（20）；仅做到建立数据销毁和数据存储设备销毁制度，使用技术工具对数据进行销毁，并实施数据存储设备销毁制度，保证充分管理，专人管理（40）；仅做到建立数据销毁和数据存储设备销毁制度，使用技术工具对数据进行销毁，并实施数据存储设备销毁制度，并未施行专人管理，充分管理（80）；尚未进行数据销毁和数据存储设备销毁，尚未建立数据销毁和数据存储设备销毁制度，未实施数据存储设备销毁制度（100）。

委估数据的销毁，主要基于产权持有单位已建立了数据销毁和数据存储设备销毁制度，使用了技术工具对数据进行销毁，并严格实施对数据存储设备销毁制度流程，保证充分管理，并安排专人管理，数据销毁具备明确的量化指标和审批制度，但未充分完成专项定期评估。综合评估销毁风险较低，取值20分。

g. 通用安全风险分值情况：建立数据安全策略规划、组织人员管理、合规管理、资产管理、供应链管理、元数据管理标准制度，并按照制度流程进行安全策略规划、组织人员管理、合规管理、资产管理、供应链管理、元数据管理，保证充分管理，专人管理，定期评估，管理手段持续优化，成为行业标杆（0）；建立数据安全策略规划、组织人员管理、合规管理、资产管理、供应链管理、元数据管理标准制度，并按照制度流程进行安全策略规划、组织人员管理、合规管理、资产管理、供应链管理、元数据管理，保证充分管理，专人管理，定期评估，能够实现量化控制目标但并未做到定期评估，手段持续优化（20）；仅做到建立数据安全策略规划、组织人员管理、合规管理、资产管理、供应链管理、元数据管理标准制度，并按照制度流程进行安全策略规划、组织人员管理、合规管理、资产管理、供应链管理、元数据管理，保证充分管理，专人管理（40）；仅做到建立数据安全策略规划、组织人员管理、合规管理、资产管理、供应链管理、元数据管理标准制度，并按照制度流程进行安全策略规划、组织人员管理、合规管理、资产管理、供应链管理、元数据管理，并未施行专人管理，充分管理（80）；尚未进行数据安全策略规划、组织人员管理、合规管理、资产管理、供应链管理、元数据管理制度，未实施数据安全策略规划、组织人员管理、合规管理、资产管理、供应链管理、元数据管理制度流程（100）。

由于产权持有单位已建立了成熟制度，但未专项进行量化控制和定期评估。综合评估通用安全风险中等偏低，取值40分。

综合考虑上述因素，确定数据安全风险系数为1.55%。

② 按照上述方法，考虑了相关因素后，数据市场风险取值见表5-9，监管风险取值见5-10，管理风险取值见表5-11。

表 5-9 数据市场风险取值表

考虑因素	分值						权重	合计
	100	80	60	40	20	0		
市场容量风险					20		40%	8.00
市场现有竞争风险				40			30%	12.00
市场潜在竞争风险				40			30%	12.00
合计							100%	32.00

表 5-10 监管风险取值表

考虑因素	分值						权重	合计
	100	80	60	40	20	0		
融资风险				40			20%	8.00
流动资金风险				40			20%	8.00
争议仲裁风险				40			20%	8.00
数据权属风险			60				20%	12.00
交易监管风险				40			20%	8.00
合计							100%	44.00

表 5-11 管理风险取值表

考虑因素	分值						权重	合计
	100	80	60	40	20	0		
销售服务风险				40			20%	8.00
质量管理风险				40			20%	8.00
技术开发风险				40			20%	8.00
范围边界风险				40			20%	8.00
模型应用风险					20		20%	4.00
合计							100%	36.00

通过对数据安全风险、市场风险、监管风险和管理风险因素的量化分析，风险报酬率如表 5-12 所示。

表 5-12　数据风险报酬率表

序号	项目	风险值	取值率	合计
1	数据安全风险	31.00%	5%	1.55%
2	市场风险	32.00%	5%	1.60%
3	监管风险	44.00%	5%	2.20%
4	管理风险	36.00%	5%	1.80%
	风险报酬率合计			7.15%

③ 个别风险调整。个别风险调整是根据委估数据资产的开发程度、应用情况、价值属性等综合判断确定。经分析，委估数据资产在所有应用场景下综合个别风险调整系数为 3.00%。

④ 折现率的确定如下：

$$\text{折现率} = \text{无风险报酬率} + \text{风险报酬率} + \text{个别风险调整}$$
$$= 2.67\% + 7.15\% + 3.00\%$$
$$= 12.82\%$$

（4）数据资产分成率的确定。

分成收益预测法在确定数据资产相关的收益预测后，应确定委估数据资产对应口径的分成率，即数据资产对应的销售收入分成率。

在确定销售收入分成率时，首先采用层次分析法对数据资产占整体资产的利润贡献比重进行分析，计算其对应的销售利润分成率；然后以预测期利润率作为利润系数，计算数据资产对应的销售收入分成率。

① 层次分析法。层次分析法是把复杂问题分解成各个组成因素，又将这些因素按支配关系分组形成递阶层次结构。通过两两比较的方式确定各个因素的相对重要性，然后综合决策者的判断，确定决策方案相对重要性的总排序。

层次分析法实施及确定参数过程：与公司管理层、财务部门等相关负责人、行内专家进行沟通、访谈等，按照各个因素相对于对比因素的重要程度确定对比参数。

层次分析法的具体测算过程如下：

a. 分析系统中各个因素之间的关系，建立系统的递阶层次结构；

b. 对同一层次中的各个元素关于上一层中某一准则的重要性进行两两比较，构造两两比较的判断矩阵；

c. 由判断矩阵计算被比较元素对于该准则的相对权重；

d. 计算各层元素对系统目标的合成权重，并进行排序。

根据上面的步骤，首先对整体资产的各个因素进行分析。然后根据其自身特点，将整体资产分为数据资产、知识产权等无形资产、固定资产及营运资金，这4个因素形成整个层次分析法的"方案层（最底层）"。

确定方案层后，我们确定"措施层（中间层）"分别为扩大市场规模、提供技术支持、提高竞争力和节约经营成本。

确定了最底层和中间层后，建立资产组合系统收益的递阶层次结构如图 5-2 所示。

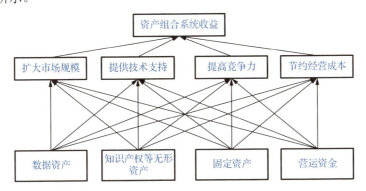

图 5-2　资产组合系统收益的递阶层次结构

递阶层次结构建立完毕之后，从层次结构的第 2 层开始，对于从属于（或影响）上一层每个因素的同一层诸因素，构造两两比较判断矩阵，由判断矩阵计算被比较元素的相对权重（层次单排序），计算各层元素的组合权重（层次总排序），直到最底层。

利用 Yaahp 软件，按照上述思路进行测算和群决策打分。采用专家调查问卷的方法对上述要素两两对比打分赋值，标度类型 1-5，调查打分对象包括企业决策层、财务、研发、数据、运营人员；将打分结果导入 Yaahp 软件进行群决策，取权重加权算术平均结果。

措施层（中间层）中要素对决策目标的排序权重，比较结果如表 5-13 所示。

表 5-13　措施层决策排序权重表

措施层	权重
扩大市场规模	0.42152
提供技术支持	0.22842
提高竞争力	0.20288
节约经营成本	0.14720

方案层（最底层）中要素对决策目标的排序权重，比较结果如表 5-14 所示。

表 5-14 方案层决策排序权重表

方案层	权重
数据资产	0.48266
知识产权等无形资产	0.22634
固定资产	0.14584
营运资金	0.14516

经过分析，A 公司价值评估标的数据资产占整体资产对利润的价值比重，即销售利润分成率为 48.27%。

② 利润率。由于 A 公司数据资产业务已正式开展运营，本次价值评估根据产权持有单位历史年度相关业务的利润率确定预测期利润率，计算结果为 13.00%。

③ 销售收入分成率。数据资产对应的销售收入分成率等于销售利润分成率乘以利润率，则数据资产对应的销售收入分成率为 6.28%。

（5）数据资产价值评估的确定。

根据上述影响价值的各主要参数的测算值，计算 A 公司数据资产的价值评估。A 公司数据资产价值评估测算表如表 5-15 所示。

表 5-15 A 公司数据资产价值评估测算表

单位：万元

项目	2024 年 3 月	2025 年	2026 年	2027 年	2028 年
一、销售收入	8250.00	12500.00	16310.00	22400.00	30650.00
分成系数	6.28%	6.28%	6.28%	6.28%	6.28%
折现率	12.82%	12.82%	12.82%	12.82%	12.82%
项目	2029 年	2030 年	2031 年	2032 年	永续期
一、销售收入	40300.00	48900.00	54100.00	60300.00	60300.00
分成系数	6.28%	6.28%	6.28%	6.28%	6.28%
折现率	12.82%	12.82%	12.82%	12.82%	12.82%

A 公司数据资产在价值评估基准日 2024 年 3 月 31 日的市场价值为 20538 万元。

5.5 数据资产价值评估案例 2

2023 年，××市人民政府与××集团有限公司签署战略合作协议，××市人民政府与××数据产业有限公司签署落地合作协议，决定组建合资公司，共同建设中国（××）数据金库、××市公共数据授权运营域、中国电子（××）数据创新中心，携手打造××市数据基础制度先行实践地、数据要素市场高质量发展地、数据要素技术创新引领地、数据赋能实体经济示范地，推动××市数据要素产业高质量发展。

中国（××）数据金库（以下简称"数据金库"）与××市公共数据授权运营域、××市数据交易中心将共同构建标准化、体系化的××市新型数据要素基础设施，为数据产业发展提供基础平台环境和产业运营服务，探索推进数据资产化，为实现数据规模化流通提供有力支撑。

数据金库的建设目标定位为打造集自主可控的智能存算数据金柜、数据要素加工交易中心（数据金库管理系统）和高安全、高标准机房于一体的新型数据要素基础设施。数据金柜是数据金库中智能存算的基本单元，可根据数据存算规模弹性扩容，按需部署。数据金库用于核心数据、重要数据、敏感数据及数据元件的存储、计算和互联互通，由政府主管部门监管，统一标准、自主可控、安全可靠。

数据金库的价值分析报告基准日为 2023 年 10 月 31 日。

5.5.1 报告标的物简介

数据金库由政府主管部门监管，旨在解决目前关键数据过于分散、安全保障不足等难题，形成保障关键数据安全存储和数据要素化工序流程的数据底座；数据金库相关技术及产品为业内首创并通过专家评审。

数据金库通过体系化实现集数据存储计算、合规与风险控制、资产管理、安全管控四大功能于一体，工程化落实数据金库安全策略。

（1）**数据存储计算**。数据金库把核心数据、重要数据、敏感数据和数据元件进行物理分区存储，与互联网物理隔离。围绕数据要素化全流程开展数据元件开发生产任务，构建自主可控的国产化软硬件数据底座，实现"关键数据入库"并安全存储，是高安全、全自主、软硬一体的独立数据基础设施，与现有数据中心物理隔离。

(2)合规与风险控制。数据金库采用内外网物理隔离策略,实现数据元件交易流通。借助安全隔离手段与单向传输技术,实现数据的安全归集,并以安全合规的数据元件作为数据要素进行流通,实现数据金库合规与风险控制。

(3)资产管理。数据金库分为"数据归集、清洗处理、资源管理、元件开发"四大阶段,围绕原始数据、数据资源和数据元件提供数据"资源化、资产化、资本化"的全流程管理,满足数据全生命周期管理和基于数据元件的数据要素化全流程开发与生产,依托数据元件提供数据泄露和数据滥用的"双向风险隔离",构建"数据资产链和数据价值链"。

(4)安全管控。在数据全生命周期管理过程中,对数据源、数据元件、数据产品进行"三级安全管控",构建数据流转的动态管控体系;以"安全、合规、标准、质检、评估"五大系统为技术支撑,打造原始数据、数据资源、数据元件"三级蝶变器",提供数据元件三级安全审核技术,提供满足"数据安全法、个人信息保护法、网络安全法、关键信息基础设施安全保护条例"(简称三法一条例)的安全合规的自动化检测技术,遵循信息安全保护等级和数据安全保护等级的标准要求,从"环境安全、本质安全、过程安全、制度安全"四个层面打造全栈安全防护体系。

数据金库技术架构如图 5-3 所示。

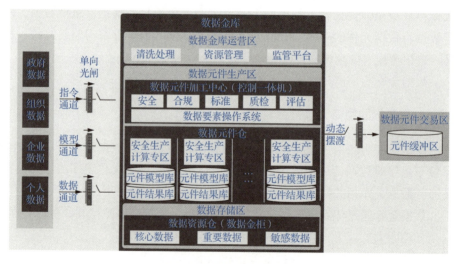

图 5-3 数据金库技术架构

数据金库核心产品结构如图 5-4 所示。

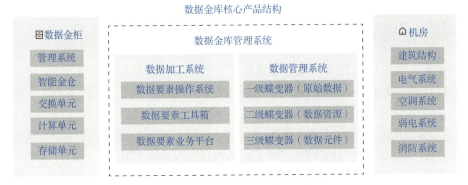

图 5-4 数据金库核心产品结构

在产品结构上,数据金库包括数据金柜、安网金柜、数据要素加工交易中心(数据金库管理系统)。

(1)数据金柜。数据金柜是自主可控、安全可靠,存储核心数据、重要数据、敏感数据和数据元件的存算机群,是数据金库的基本单元,可以按需部署,弹性扩容。数据金柜具有数据安全存储、数据计算引擎、硬件资源监控功能,具备线性扩展能力。

(2)安网金柜。安网金柜为数据金库产品提供了安全保障,按需部署,可以基于项目需求及机房环境进行调整。在软件配置中,通道传输与数据元件交割子系统结合物理设备能力对数据单向传输通道进行统一管控,提供数据专有协议的支持、数据的完整性校验等功能。

(3)数据要素加工交易中心。数据要素加工交易中心是部署在数据要素加工交易中心一体机内的数据加工系统和数据管理系统,负责对数据要素化全流程以及数据金库的硬件资源、软件资源、数据资源和数据元件进行调度管理。数据要素加工交易中心包括数据加工系统(数据要素操作系统、数据要素工具箱、数据要素业务平台)和数据管理系统(三级蝶变器,即数据要素支撑系统)。

① 数据要素操作系统。数据要素操作系统管控数据要素化全流程,管理数据金库、算力资源、数据要素工具以及各种业务系统,实现软件定义的任务编排和进程管理,提供自主可控、安全可靠、高效流畅的大规模加工数据元件的基础能力,屏蔽数据安全与数据要素化工程系统的底层差异化,是链接数据要素化生态产业链的核心能力平台。

② 数据要素工具箱。数据要素工具是围绕"数据归集、清洗处理、资源管理、元件开发、元件交易"五大阶段 20 道数据治理工序,执行具体相关任务的平台工具。按照关键业务流程划分,分为数据归集、数据处理、元件开发、元件维护和交易合约五大类工具。

a. 数据归集工具。数据归集工具包括数据集成平台和互操作平台，提供结构化、半结构化、非结构化等多源异构数据采集和汇聚能力。

b. 数据处理工具。数据处理工具即一站式大数据开发平台，具体包括离线计算、数据标准管理、数据质量管理、数据服务、数据脱敏等工具，提供离线计算、实时计算、任务调度、运维监控等大数据开发全链路服务。

c. 元件开发工具。构建数据元件调试和安全生产计算环境，在不泄露原始数据的前提下对数据进行采集、加工、分析、处理与验证，实现数据在加密状态下被用户使用和分析，用以构建和训练数据元件模型，实现"数据可用不可见"。

d. 元件维护工具。元件维护工具的核心是 API 技术服务平台，采用加密算法、SSL（Secure Sockets Layer，网络安全协议）搭建数据访问安全协议规约，实现安全模式下的 API 数据交互，确保数据元件在传输过程中的运行安全。

e. 交易合约工具。交易合约工具主要包括区块链和智能合约平台等。

③ 数据要素业务平台。数据要素业务平台围绕数据要素化全流程，实现数据资源归集、清洗处理、数仓建模和数据元件开发生产、交易和维护，实现数据要素市场化配置；通过隔离元件开发专区与安全生产计算专区，构建一个安全可控的数据环境，提升数据融合计算过程中的隐私安全水平，实现数据元件开发过程中的"原始数据不出域，数据可用不可见"。

a. 数据清洗处理平台。数据清洗处理平台负责对数据标准化、数据清洗、质量管理等任务、流程进行调度和管理，通过数据处理工具将归集库数据形成标准化的数据。

b. 数据资源管理平台。数据资源管理平台借助底层数据处理工具，负责对数据加工融合任务、流程进行调度和管理，同时秉持"数据可用不可见"的原则，基于数据元件加工需求，制定相应的脱敏规则，生成样本库。数据资源管理平台将资源目录按照标准分类以及自定义标签进行编排，形成可提供元件开发使用的数据资源目录，并对数仓加工任务和数据模型进行有效管理。

c. 数据元件开发平台。数据元件开发平台负责管理数据元件在开发、生产、入库全过程中的资源、数据流、审批流和业务流，实现元件从定义设计、开发调试到生产管理、入库编目等全过程的操作。

d. 数据元件交易平台。数据元件交易平台主要面向数据应用开发商，为"供需两端"提供数据需求、元件交易、元件交付、售后服务的流程服务支撑。数据元件交易平台具有流通门户、元件开发商入驻、学习社区、发布中心、交易中心、结算中心、账户中心和运营中心等功能，为数据元件供需双方提供安全、可控的流通交易通道。

e. 监管平台。监管平台利用云计算、大数据、人工智能、智能算法等技术，通过对数据要素化全流程、全过程监控和审计，实现全方位、全天候监测、预警监管对象的安全威胁和风险态势。同时，围绕法律法规要求，有效加强对核心数据、重要数据、企业机密数据和个人隐私数据的识别和监管，加强对数据归集、处理和数据元件生产交易过程中的合规性审查工作，确保数据元件安全流通，打通与网信、公安等监管机构以及第三方监管机构之间的数据通道，促进安全、合规、监管信息的共享和业务的协同。

④ 数据要素支撑系统。围绕数据元件，从"原始数据、标准数据、基础数据、元件模型、数据元件"五个阶段，构建"安全、合规、标准、质检、评估"五大支撑系统，提供满足数据要素标准体系各项要求以及满足数据元件五大阶段（数据归集、清洗处理、资源管理、元件开发、元件交易）的安全合规要求的检测、评估、审核和处置策略，为数据元件的开发、生产、交易提供全流程的保障。

a. 安全系统。安全系统是用于支撑数据要素化工程相关系统的基础安全、数据安全、业务安全的系统。应用层功能包括数据元件三级安全审核、三级安全管控审核、数据资源分类分级审核、数据元件分类分级审核以及安全事件响应。

b. 合规系统。合规系统是围绕法律法规要求，配套构建全方位、立体化的数据安全系统，以保障数据归集、处理、交易、使用全过程中的知情和管控，其建设包括法律合规策略引擎、数据要素化记录仪（黑匣子）和数据资源合规监管平台等模块建设。

c. 标准系统。标准系统是基于数据要素标准体系对数据安全与数据要素化工程相关系统中所涉及的标准内容进行规范性检测的系统。检测内容主要包括数据元件命名、数据元件规格、数据元件编码、数据元件说明书等。针对未遵循数据元件标准的内容和行为进行提醒和告警，并依据数据元件实质内容和标准规范进行整改，促进数据元件在数据要素市场中规模化流通和安全使用。

d. 质检系统。质检系统是针对数据元件开发过程中所使用的数据资源、元件模型及元件结果进行检测的系统。通过对使用的数据资源、元件模型以及元件结果分别建立数据质量评估指标、元件模型评估指标和元件结果评估指标，构建数据元件质量评价模型，实现对数据元件质量的检测和评估，并支持对检测结果评级或评分。本系统主要包括对数据元件质量进行评估和管理流程，及时发现、定位、报告、跟踪数据元件质量问题，以保证数据元件质量可靠。

e. 评估系统。评估系统主要负责在数据要素流通过程中，对数据资源的价值、数据元件的价值以及数据元件开发商等级进行综合评估，为数据要素的标准化流通提供支撑。通过分析与数据资源、数据元件以及数据元件开发商相关的影响因素建立评估指标，构建科学合理的评估模型，为数据元件的安全和高效流通提供指导依据。

数据要素加工交易中心效果如图 5-5 所示。

图 5-5　数据要素加工交易中心效果

5.5.2　报告依据

中国（××）数据金库价值分析报告依据如下。

① 《××（××）数据产业有限公司委托合同》。
② 产权持有方提供的相关技术数据。
③ iFinD 资讯平台。
④ 行业分析资料。
⑤ 上市公司公开信息资料。
⑥ 基准日国债利率。
⑦ 《"十四五"数字经济发展规划》（国发〔2021〕29 号）。
⑧ 《关于构建更加完善的要素市场化配置体制机制的意见》。
⑨ 《建设高标准市场体系行动方案》。
⑩ 《要素市场化配置综合改革试点总体方案》。
⑪ 《××省国民经济和社会发展第十四个五年规划和 2035 年远景目标纲要》。
⑫ 《××省数字经济促进条例》。

⑬《××省数字经济发展"十四五"规划》。
⑭《××省公共数据条例》。
⑮《××省数据要素市场化配置试点实施方案》。
⑯《××市数据要素市场化配置改革行动方案》。
⑰《××市公共数据共享开放管理暂行办法》。
⑱ 其他与报告相关的资料。

5.5.3 报告假设

本报告分析估算采用的假设条件如下。

1. 一般假设

（1）假设报告基准日后，国家现行的有关法律法规及政策、国家宏观经济形势无重大变化，本次交易各方所处地区的政治、经济和社会环境无重大变化。

（2）持续经营假设：假定标的资产相关方按其目前的模式、规模、频率、环境等持续不断地经营。该假设不仅设定了报告对象的存续状态，还设定了报告对象所面临的市场条件或市场环境。

（3）公平交易假设：假定报告对象已处于交易过程中，根据报告对象的交易条件，遵循公平原则模拟市场进行估价。

（4）公开市场假设：假定报告对象处于充分竞争与完善的市场（区域性的、全国性的或国际性的市场）之中，在该市场中，拟交易双方的市场地位彼此平等，都有获得足够市场信息的能力、机会和时间；交易双方的交易行为均是在自愿的、理智的而非强制的或不受限制的条件下进行的，以便于交易双方对交易标的之功能、用途及其交易价格等作出理智的判断。在充分竞争的市场条件下，交易标的之交换价值受市场机制的制约并由市场行情决定，而并非由个别交易价格决定。

（5）假设报告基准日后，标的资产相关方的管理层是负责的、稳定的，且有能力担当其职务。

（6）假设标的资产相关方完全遵守所有有关的法律法规。

（7）假设报告基准日后，无人力不可抗拒因素及不可预见因素对标的资产相关方造成重大不利影响。

2. 特殊假设

（1）假设报告基准日后，标的资产相关方在现有管理方式和管理水平的基础上，经营范围、方式与目前方向保持一致。

（2）假设报告基准日后，标的资产相关方采用的会计政策和编写此份报告时所采用的会计政策在重要方面保持一致。

（3）假设标的资产相关方的相关利率、赋税基准及税率、政策性征收费用等报告基准日后不发生重大变化。

（4）基于本次项目实施时间年限表述情况，本次现金流采用期末折现，收益年限经与委托方商讨，参考硬件服务器使用年限，即 8 年。

（5）资料合法性、真实性、完整性假设。委托人所提供的资料是本次工作的重要基础资料，评估专业人员对所收集的资料履行了应有的清查核实程序，并在专业范围内进行应有的职业分析判断，对所发现的问题进行进一步澄清核实和尽可能地充分披露。但本机构和人员受条件所限，不能对项目方所提供的资料的合法性、真实性和完整性（完整性是相对估值需要而言的）做出保证。因此，报告测算工作是以委托人所提供的有关资料的合法、真实、完整为假设前提。

在上述假设条件下，本报告结论在报告基准日时成立，当上述假设条件发生较大变化时，评估专业人员及本机构将不承担由于假设条件改变而推导出不同报告结论的责任。

5.5.4 分析过程

本次价值分析的思路分为三步：第一步，确定数据金库的相关指标参数；第二步，根据相关指标参数得出未来有效使用年期内的预计收入及相关成本；第三步，根据收益期内的净收益考虑合适的折现率折现，得出价值分析结论。

价值分析模型的基本计算公式如下：

$$P = \sum_{i=1}^{n} \frac{R_i}{(1+r)^i}$$

式中　P ——价值分析结果；

　　　i ——预测年度；

　　　r ——折现率；

　　　R_i ——第 i 年净收益；

　　　n ——获利年限。

1. 确定数据金库的相关指标参数

（1）数据金柜进行资源划区。一台数据金柜划分为两个服务器节点资源区，服务器节点资源区分为计算区和存储区。根据业务开发需求、存储需求、数据隔离区需求，本项目采用的起配方案为三台数据金柜，每台数据金柜配置存储区+计算区。

① 数据金柜存储区技术指标参数如下。
- 配置：S1 服务器 5 台。
- 原始存储量容量：211TB，有效存储容量大于 70TB。
- 内存：1280GB。
- 计算能力：支持 800 个任务并发。

② 数据金柜计算区技术指标参数如下。
- 配置：C2 服务器 3 台，B1 服务器 1 台。
- 原始存储量容量：46TB，有效存储容量大于 8TB。
- 内存：2560GB。
- 单区计算能力：5400000 元件生产/天。
- 物理尺寸（单柜）：深 1250mm；宽 600mm；高 2050mm。
- 单柜质量：低于 600kg。
- 单柜满负载最大功耗（预估）：6.4kW。

（2）安网金柜标准配置方案，即在 3 台机柜中部署防火墙、堡垒机、漏洞扫描、日志审计、入侵检测系统、终端安全、分析平台、数据库审计、APT（一个命令行实用程序）、单向光闸等设备。所有设备均满足信创要求，可以基于项目需求及机房环境进行调整。

其通道传输与数据元件交割子系统结合物理设备能力对数据单向传输通道进行统一管控，提供数据专有协议的支持、数据的完整性校验等功能。

数据要素加工交易中心（一体机）重点规划了元件封装标准化，实现向量元件的加工生成和交付，完成向量引擎融合计算，能够支撑行业大模型应用，支持数据要素互联可组网，支持轻量化部署和远程运维。数据要素加工交易中心实现了对数据元件的加工、审核、质检、确权、交易等功能，并提供了算力支持，预计每天能够支持的数据元件调用规模为 3500 万次。

数据要素加工交易中心计算区技术指标包括以下 7 个。
- 配置：C1 服务器 11 台，C2 服务器 6 台，B1 服务器 7 台。
- 原始存储量容量：291TB。
- 内存：13.056TB。
- 计算能力：呈现的能力即数据金库的计算能力，参见数据金库技术指标。
- 物理尺寸（三连并柜）：深 1315mm；宽 1970mm；高 2050mm。
- 单柜质量低于 600kg，总质量低于 1800kg。
- 单柜满负载最大功耗（预估）为 6.4kW；三连并柜满负载最大功耗（预估）为 16kW。

数据要素加工交易中心布局如图 5-6 所示。

节点编号U	布局	节点编号U	布局	节点编号U	布局
42		42		42	
41	交换机-1-管理	41	交换机-1-管理	41	交换机-1-管理
40		40		40	
39	交换机-2-业务	39	交换机-2-业务	39	交换机-2-业务
38		38		38	
37	交换机-3-业务	37	交换机-3-业务	37	交换机-3-业务
36	挡板	36	挡板	36	挡板
35		35		35	
34	挡板	34	挡板	34	挡板
33		33		33	
32	挡板	32	挡板	32	挡板
31		31		31	
30	1 C2类服务器	30	11 C1类服务器	30	21 挡板
29		29		29	
28	2 C2类服务器	28	12 C2类服务器	28	22 挡板
27		27		27	
26	3 C2类服务器	26	13 C2类服务器	26	23 挡板
25		25		25	
24	4 C2类服务器	24	14 C2类服务器	24	24 C1类服务器
23		23		23	
22	5 C1类服务器	22	15 C2类服务器	22	25 C1类服务器
21		21		21	
20	挡板	20	挡板	20	挡板
19		19		19	
18	挡板	18	挡板	18	挡板
17		17		17	
16	挡板	16	挡板	16	挡板
15		15		15	
14	6 C1类服务器	14	16 C1类服务器	14	26 C1类服务器
13		13		13	
12	7 C1类服务器	12	17 B1类服务器	12	27 C1类服务器
11		11		11	
10	8 B1类服务器	10	18 B1类服务器	10	28 挡板
9		9		9	
8	9 B1类服务器	8	19 B1类服务器	8	29 挡板
7		7		7	
6	10 B1类服务器	6	20 B1类服务器	6	30 挡板
5		5		5	
4	挡板	4	挡板	4	挡板
3		3		3	
2	挡板	2	挡板	2	挡板
1		1		1	

DHALL-MDT
数据要素加工交易中心一体机-管理开发交易柜
柜类编号：A

管理区
开发区
交易区

图 5-6　数据要素加工交易中心布局

2. 根据相关参数得出未来有限年期内的预计收入及相关成本

（1）一台数据金柜的存储收益按照市价计算，在其他外部条件达到最优化的前提下并且达到满能效运行的情况下，预计正常存储市场价每年 140 万元。鉴于数据金柜结合了安网金柜的私密性及安全性，实现了对核心数据、重要数据、敏感数据存储性能的提升，预计每台安全存储市场价每年 260 万元，本次共 3 台数据金柜，共计 780 万元/年。

（2）根据数据类型和重要程度，收费标准如下。

① 按调用次数收费，价格为 0.05 元/次，预计 10%的调用规模按次收费。通过每天元件调用次数和对应价格，可以得到按次调用的年收入。

② 按打包服务收费，即一个月内平均调用 15 次数据产品为一个服务包，一个服务包价格为 0.3 元。按照市场实际经验，预计 90%的调用规模打包收费。通过每月元件服务包的个数和对应价格，可以得到打包调用的年收入。

在其他外部条件达到最优化的前提并且达到满能效运行的情况下，预计数据金柜每年收益为 2906.75 万元/年。

在上述指标完全达标运转的情况下，每月预计需要产品运维人工 36 人，月平均工资 4.5 万元；硬件共 9 台，电量每月预计 6.4kW·h。在其他外部条件达到最优化的前提下并且达到满能效运行的情况下，预计电费成本 44.90 万元/年，人工费成本 162 万元/年。

3. 根据收益期内的净收益考虑合适的折现率

（1）收益期确定。

与企业沟通得知，数据金库硬件可使用 8~10 年，从谨慎角度考虑，本次报告收益期取 8 年。

（2）折现率的确定。

折现率一般指与投资标的资产相适应的投资报酬率，本次采用因素分析法，进行风险累加来测算标的资产的折现率。

$$折现率=无风险报酬率+风险报酬率$$

本次委估无形资产组的技术风险主要由技术风险、市场风险、资金风险、管理风险四方面构成。根据目前行业惯例，每种风险取值设定为 5%，各风险系数确定如下。

① 技术风险系数。技术风险来自两个方面，一方面是自身的技术风险，另一方面是来自竞争对手的挑战。标的企业存在一定的技术风险，比如技术转化风险、技术替代风险、技术权利风险、技术整合风险等。本报告技术风险系数取 3.50%。技术风险测算表如表 5-16 所示。

表 5-16 技术风险测算表

考虑因素	权重	分值							取值说明	权重×分值
		100	80	60	40	20	10	0		
技术转化风险	0.3			60					实用性较好	18
技术替代风险	0.3		80						存在若干替代	24
技术权利风险	0.2		80						取得相关权利证书	16
技术整合风险	0.2			60					在细微环节需要进行一些调整，以配合待估技术的实施	12
综合调整系数		70								

$$技术风险系数=5\%\times 综合调整系数=5\%\times \frac{70}{100}=3.50\%$$

② 市场风险系数。标的企业所在行业竞争较为激烈，随着新产品的开发与技术升级，未来公司产品与业务将面向多个领域，这给公司在市场容量风险、市场竞争风险方面增加了难度。本报告市场风险系数取 3.82%。市场风险测算表如表 5-17 所示。

表 5-17　市场风险测算表

考虑因素		权重	分权重	分值					取值说明	权重×分值
				100	80	60	40	20	0		
市场容量风险		0.4			80					市场总容量一般，但发展前景好	32
市场竞争风险	现有竞争风险	0.6	0.3			60				市场总厂商数量较少，实力无明显优势	10.8
	潜在竞争风险		0.7		80					未来存在拥有技术优势厂家的竞争	33.6
综合调整系数				76.4							

市场风险系数=5%×综合调整系数=5%×$\dfrac{76.4}{100}$=3.82%

③ 资金风险系数。公司经营需要投入一定的经营资金，企业历史年度主要都是向关联方借款或者融资，鉴于以上分析，本报告资金风险系数取 3.00%。资金风险系数测算表如表 5-18 所示。

表 5-18　资金风险系数测算表

考虑因素	权重	分值							取值说明	权重×分值
		100	80	60	40	20	10	0		
融资风险	0.5			60					项目投资额较高	30
流动资金风险	0.5			60					项目运行需流动资金中等	30
综合调整系数		60								

资金风险系数=5%×综合调整系数=5%×$\dfrac{60}{100}$=3.00%

④ 管理风险系数。管理风险是指由于经营中一些不确定因素的存在，导致的销售服务风险、生产控制风险和经营管理风险对该行业生产、经营、投资或授信后偏离预期结果而造成损失的可能性。本报告管理风险系数取 3.30%。管理风险系数测算表如表 5-19 所示。

表 5-19 管理风险系数测算表

考虑因素	权重	分值							取值说明	权重×分值
		100	80	60	40	20	10	0		
销售服务风险	0.4			60					除利用现有网点外，还需要建立一部分新销售服务网点	24
生产控制风险	0.3		80						质量保证体系建立但不完善	24
经营管理风险	0.3			60					技术力量较强	18
综合调整系数		66								

$$管理风险系数 = 5\% \times 综合调整系数 = 5\% \times \frac{66}{100} = 3.30\%$$

无风险报酬率再加上各种风险报酬率构成折现率，其测算表如表 5-20 所示。

表 5-20 折现率测算表

序号	叠加内容		数值
1	无风险报酬率		3.12%
2	风险报酬率	技术风险	3.50%
		市场风险	3.82%
		资金风险	3.00%
		管理风险	3.30%
	合计（取整）		17.00%

折现率 = 无风险报酬率 + 风险报酬率
 = 3.12% + 3.50% + 3.82% + 3.00% + 3.30% = 17.00%（取整）

综上所述，在其他外部条件达到最优化并且满能效运行的情况下，预计净收益为 3479.85 万元/年，收益期为 8 年，折现率为 17%。数据资产评估价值表如表 5-21 所示。

表 5-21 数据资产评估价值表

项目	第1年	第2年	第3年	第4年	第5年	第6年	第7年	第8年
数据金柜（存储）	780.00	780.00	780.00	780.00	780.00	780.00	780.00	780.00
其中：因数据安全产生的存储溢价收益	360.00	360.00	360.00	360.00	360.00	360.00	360.00	360.00
加工交易中心（交易）	2906.75	2906.75	2906.75	2906.75	2906.75	2906.75	2906.75	2906.75
收入合计	3686.75	3686.75	3686.75	3686.75	3686.75	3686.75	3686.75	3686.75
电费及人工费	206.90	206.90	206.90	206.90	206.90	206.90	206.90	206.90
净收入合计	3479.85	3479.85	3479.85	3479.85	3479.85	3479.85	3479.85	3479.85
无形资产贡献收益	3479.85	3479.85	3479.85	3479.85	3479.85	3479.85	3479.85	3479.85
折现率	17.00%	17.00%	17.00%	17.00%	17.00%	17.00%	17.00%	17.00%
折现期	1.00	2.00	3.00	4.00	5.00	6.00	7.00	8.00
折现系数	0.85470	0.73051	0.62437	0.53365	0.45611	0.38984	0.33320	0.28478
贡献收益折现	2974.23	2542.08	2172.72	1857.02	1587.20	1356.58	1159.47	991.00
计算结论	14640.00							

根据净收入占比情况，其中数据金柜净收益占比约为 11.64%，价值分析结论取值为 1704.00 万元；安网金柜，即因数据安全产生的存储溢价收益占比约为 9.92%，价值分析结论取值为 1452.00 万元；加工交易中心收益占比约为 78.45%，价值分析结果为 11484.00 万元。

5.5.5 报告结论

综合以上分析，在满足报告假设的前提下，我们采用上述方法对数据金库进行价值分析，结果如下：

数据金库价值分析计算结果为 14640.00 万元，其中数据金柜为 1704.00 万元，安网金柜为 1452.00 万元，加工交易中心为 11484.00 万元。

5.6 数据资产价值评估模型改进探讨

《资产评估基本准则》第十六条规定:"确定资产价值的评估方法包括市场法、收益法和成本法三种基本方法及其衍生方法。"《数据资产评估指导意见》对数据资产评估对象、操作要求和评估方法等做出了比较明晰的规定,但是也应看到原有的数据价值评估方法依然面临一些问题和难点。目前通用的收益法、市场法和成本法在进行数据价值评估时具有一定的局限性,如估算数据资产的重置成本和贬值因素较为困难;如何确定数据资产对应的折现率,预测数据资产的未来收益、收益分成率等参数仍然存在疑义;如何选择可比交易案例,调整哪些差异因素等仍然存在一定的争议。数据资产的价值在不同行业、不同类型的企业有不同的呈现。未来应结合行业特征、企业类型,构建差异化的数据资产价值评估逻辑,且应进一步结合数据资产的特性,改进和优化现有的数据价值评估方法的模型和参数,同时促进新方法和新模型以及衍生方法的研发和应用,推进创新型价值评估模型在数据资产价值评估中的应用,构建综合考虑数据资产价值驱动因素和特征的数据资产价值评估的新方法和新思路。

5.6.1 成本法的改进

1. 模型的假设条件

假设 1:数据资产是有价值的,并且数据建设成本、运维成本以及管理成本会增加数据资产的价值。

假设 2:数据资产价值是可计量的。可计量性假设是指针对不同的数据资源,都可以从一定的角度,以一定的方法对其价值进行计量。

假设 3:数据资产价值可以依靠成本进行衡量,两者存在正相关关系。

2. 构建模型

在传统无形资产成本法的基础上,综合考虑数据资产的成本与预期使用溢价,加入数据资产价值影响因素对资产价值进行修正,从而构建数据资产价值评估模型。

数据资产价值评估模型构建了数据资产的价值 V(Value)与数据资产总成本 TC(Total Cost)、预期数据使用溢价 R(Return)以及数据效用 U(Utility)的函数关系。模型的表达式为:

$$V=TC\times(1+R)\times U$$

数据资产总成本 TC。数据资产总成本表示数据资产从产生到估值所发生的总成本。数据资产的总成本由建设成本、运维成本以及管理成本三部分构成。

预期数据使用溢价 R。预期数据使用溢价是指数据资产在采集的时候，在理想状态下重复使用数据能带来的收益预估。这个指标的概念与经济学中的投资回报率的概念相近。

数据效用 U。数据效用是影响数据价值实现的因素的集合，用于修正预期数据使用溢价 R。

根据前面内容的分析，数据质量、数据基数、数据流通以及数据价值实现风险均会对数据效用产生影响。我们将数据效用定义如下：

$$U = \alpha\beta(1+l)(1-r)$$

式中 α——数据质量系数；
   β——数据流通系数；
   l——数据垄断系数；
   r——数据价值实现风险系数。

因此，数据资产价值可以表示为：

$$V = \mathrm{TC}(1+R)\alpha\beta(1+l)(1-r)$$

3. 模型中各参数的确定办法

（1）数据资产总成本 TC。数据资产总成本的计算较为简单，可以通过系统开发委托合同和实际支出进行计算，主要包括建设成本、运维成本和管理成本三类，其中，建设成本指的是数据规划、数据采集获取、数据确认、数据描述等方面的内容；运维成本包含数据存储、数据整合、知识发现等评价指标；管理成本主要由人力成本、间接成本以及服务外包成本构成。由于不同的数据资产所包含的建设费用和运维费用的比例是不同的，因此每项成本对数据资产价值产生多大的影响，必须给出一个比较合理的评估。对数据资产成本影响因素进行处理，确定每项评估指标的权重，从而估算出数据资产总成本。

（2）预期数据使用溢价 R。预期数据使用溢价需要部门信息中心主管、外部的会计人员（资产专业评估专业人员）等依据历史数据共同商定，主要通过比较相似类别的数据资源的收益情况进行判断。另外，该参数需定期进行修正以便更好地反映该数据资产的价值。

（3）数据效用 U。数据资产管理框架的各个模块都会影响数据效用，从而影响数据价值。以下对各个影响因素的确定办法进行阐述。

① **数据质量系数 α**。数据质量指的是数据固有质量，可通过对数据完整性、数据准确性和数据有效性三方面设立约束规则，利用机器自动评价方法统计分析数据是否满足约束规则完成量化。基于统计学的思想，数据质量为满足要求的数据在数据系统中的百分比。该评估办法由数据模块、规则模块和评价模块三者组成。

数据模块是数据资产价值评估的对象，即待评估数据资产的合集。

规则模块用于生成数据的检验标准，即数据的约束规则。约束规则应从具体的业务内容和数据自身规则（如值域约束和语法约束）中提炼出基本约束，并归纳形成规则库。在对数据质量进行评估时，约束规则是对数据进行检测的依据。

评价模块是数据质量评估办法的关键模块，目的是利用规则模块中的约束规则对数据进行检验并分析汇总。各个规则模块获取的结果需要加权汇总以获得最终的数据质量系数。

② **数据流通系数 β**。数据资产按流通类型可以分为开放数据、公开数据、共享数据和非共享数据四类。因此，在考察数据流通效率时，首先，通过可流通数据量占总数据量的比重确定数据对外开放的共享程度；然后，由于不同的数据流通类型对数据接受者范围有影响，需要考虑数据传播系数。数据传播系数是指数据的传播广度，即数据在网络中被他人接受的总人次，可以通过查看系统访问量、网站访问量获得。所以，数据流通系数表示为：

数据流通系数=（数据传播系数×可流通的数据量）/总数据量

=（a×开放数据量+b×公开数据量+c×共享数据量）/总数据量

其中，a、b、c分别为开放、公开和共享三种数据流通类型的传播系数。非共享数据流通限制过强，对整体流通效率的影响可以忽略不计。

③ **数据垄断系数 l**。数据资产的垄断程度是由数据基数决定的，即该数据资产所拥有的数据体量占该类型数据总量的比例，可通过某类别数据在整个行业领域内的数据占比来衡量，即通过比较同类数据总量来确定。数据垄断系数表示为：

数据垄断系数=系统数据量/行业总数据量

衡量某种数据的垄断性不仅受限于其所属的行业，还与其所处的地域相关。例如，某市交通运输部门数据资产垄断系数应该与该市交通数据总量做比较，而不是以全国交通数据总量为依据。

④ **数据价值实现风险系数 r**。数据价值链上的各个环节都存在影响数据价值实现的风险，经过归纳梳理，将其按照价值链涉及的环节分为数据管理

风险、数据流通风险和增值开发风险 3 个二级指标和设备故障、系统不兼容等 6 个三级指标。由于数据资产价值实现环节较多且评估过程复杂,可采用专家评估打分法与层次分析法获得数据价值实现风险系数。

数据价值实现风险评价体系如图 5-7 所示。

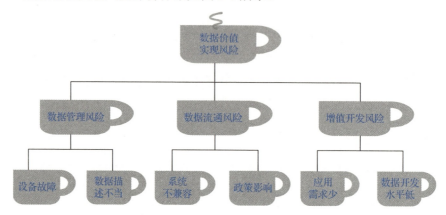

图 5-7　数据价值实现风险评价体系

5.6.2　收益法的改进

收益法中预期收益的估算非常关键,收益法的改进应该首先对预期收益的估算进行改进。为了解决数据资产预期收益难以测算的问题,可以采用差量法测算数据资产的多期超额收益,进而估算数据资产的预期收益。超额收益法的核心在于确定标的资产贡献的超额收益,而差量法通常作为预估超额收益的主流工具,即企业的整体收益扣减被评估资产以外资产的收益后,得到被评估资产的超额收益。其中,企业的整体收益一般采用现金流表示,数据资产以外的资产主要包括固定资产、流动资产、表内外无形资产。这些资产的相关收益可由该资产在收益期的贡献值确定。值得注意的是,多期超额收益是指连续几个时期的超额收益,因为超额收益不仅仅出现在某一时点,也会在一个经营周期内频繁出现,具有连续性的特点。因此,在运用超额收益法进行评估时,需要综合考虑多个时期的收益。按照上述思路,数据资产价值评估模型如下:

$$V_d = \sum_{t=1}^{n} \left(E - E_f - E_c - E_i \right) \times (1+i)^{-t} \times K_t$$

式中　V_d——数据资产价值;
　　　E——企业的现金流;

E_f ——固定资产的贡献值；
E_c ——流动资产的贡献值；
E_i ——其他无形资产的贡献值；
i ——折现率；
n ——收益期；
K_t ——数据资产价值变化系数。

（1）E_f是固定资产的贡献值。从投资者的角度出发，固定资产的贡献值一般包括折旧补偿与投资回报。折旧补偿需要考虑已有固定资产的补偿和新购入固定资产的补偿；投资回报则等于年均固定资产数额乘以投资回报率，年均固定资产数额取自年初和年末的平均值。考虑到固定资产的折旧年限比较长，譬如房屋与设备折旧年限为二十至四十年不等，计算机、办公和运输设备在五年左右。因此，以五年期银行贷款利率作为固定资产的投资回报率。

（2）E_c是流动资产的贡献值。企业流动资产持有年限通常较短。对投资者而言，流动资产只需要考虑投资回报，不存在损耗及折旧。所以，流动资产的贡献值等于年均流动资产数额乘以流动资产回报率。鉴于流动资产的持有周期通常在一个会计年度内，因此，采用一年期银行贷款利率作为流动资产回报率。

（3）E_i是其他无形资产的贡献值。其他无形资产主要包括表内可确指的无形资产，这部分资产在使用超额收益法时可以进行分割，通常考虑企业财务报表中进行摊销的无形资产。因此，这部分资产的贡献值等于摊销补偿加上投资回报。摊销补偿等于已有无形资产的摊销额加新购入无形资产的摊销额，投资回报等于年均无形资产数额乘以回报率，其中年均无形资产数额等于年初与年末的平均值。由于无形资产周转期较长，摊销年限一般较长，因此其投资回报率选用五年期及以上的银行贷款利率。

（4）K_t是数据资产价值变化系数。根据数据资产价值评估指标体系，采用层次分析法确定数据资产价值评估指标权重，进而计算数据资产价值变化系数。

5.6.3　建立基于数据资产生命周期的价值评估模型

数据资产的形成和使用有不同的阶段，初始阶段的数据资产可能是处于研发阶段或者数据收集和应用的初创阶段。处于成长期的数据资产发展速度很快，资产收益开始体现，但此时市场环境仍在影响数据资产的进一步成长。一旦用户规模和流量超过起爆临界点，数据资产的价值将进入爆发式增长阶段，传染效应和边际变动成本趋近于零，其收益的增长远远快于成本的增长。

成熟期数据资产的市场份额占有率较稳定，品牌知名度较高，形成了很好的品牌效应，在市场中占有一定的地位，其收入的增长速率虽然放缓，但由于成本没有大的变化，利润仍有一定的上涨空间。衰退期的数据资产会面临寻找新的增长点和走下坡路，甚至走向衰亡的情况。在进行数据资产价值评估时，应仔细判断数据资产所处的阶段，以及数据资产可以使用的应用场景，并以此为基础，选择合理的价值评估模型来评估数据资产的价值。

第 6 章

数据资产的列报与披露

《关于加强数据资产管理的指导意见》中指出,完善数据资产信息披露和报告。鼓励数据资产各相关主体按有关要求及时披露、公开数据资产信息,增加数据资产供给。数据资产交易平台应对交易流通情况进行实时更新并定期进行信息披露,促进交易市场公开透明。稳步推进国有企业和行政事业单位所持有或控制的数据资产纳入本级政府国有资产工作报告,接受同级人大常委会监督。

6.1 数据资产列报与披露的必要性

为了使企业利益相关者充分了解企业价值,提高财务报表信息质量,增强信息透明度,缓解信息不对称,有必要在财务报告中披露数据资源的相关信息。根据《企业数据资源相关会计处理暂行规定》,数据资产可分为无形资产或存货,因此在进行数据资产列报与披露时,企业应当依据数据资产的不同特性,结合自身生产经营状况,在"无形资产"与"存货"项目下分别增设"数据资源"项目。列报与披露是数据资产会计处理的最后环节,对于符合资产确认要求的数据资源,应当在企业的财务报表上进行列报与披露,并在财务报告附注部分详细说明数据资源来源、类别、摊销年限及方法、减值理由、公允价值变动的原因及其他相关信息。

数据资产列报与披露可以提高数据资产的管理效率和透明度,促进数据资产的价值实现,以及为监管部门和投资者提供决策支持。具体来说,数据资产列报与披露的必要性体现在以下几个方面。

(1)提高企业数据资产的管理效率。数据资产列报在一定程度上会影响管理层的决策,通过数据资产的规范列报与披露,企业可以更好地管理自己的数据资产,确保数据资产的合理分配和使用,提高数据资产的管理效率。

(2)促进数据资产的价值实现。明确的数据资产列报与披露有助于企业利益相关者了解企业数据资产的规模、质量和价值,从而促进数据资产的合理定价和交易,实现数据资产的价值最大化。

(3)增强信息透明度。数据资产列报与披露增加了企业信息的透明度,有助于投资者和其他利益相关者更好地理解企业的数据资产状况,降低由于信息不对称带来的风险。

(4)为监管部门提供决策支持。规范的数据资产列报与披露也为监管部门提供了监管数据资产的重要依据,有助于监管部门更好地理解和监管数字经济，保护消费者权益和数据安全。

（5）规范市场行为。通过制定相关的会计处理规定，规范数据资产的确认、计量和相关信息的披露，有助于引导市场形成对数据资产的正确认识，促进数据资产的合规及高效流通使用。

6.2 数据资产在资产负债表中的列报与披露

6.2.1 数据资产在资产负债表中的列报

企业在编制资产负债表时，应当根据重要性原则并结合本企业的实际情况，在"存货"项目下增设"其中：数据资源"项目，反映资产负债表日确认为存货的数据资源的期末账面价值；在"无形资产"项目下增设"其中：数据资源"项目，反映资产负债表日确认为无形资产的数据资源的期末账面价值；在"开发支出"项目下增设"其中：数据资源"项目，反映资产负债表日正在进行数据资源研究开发项目满足资本化条件的支出金额。

6.2.2 确认为存货的数据资产相关披露

（1）企业应当按照外购存货、自行加工存货等类别，对确认为存货的数据资源（以下简称数据资源存货）相关会计信息进行披露，并可以在此基础上根据实际情况对类别进行拆分。具体披露格式如表 6-1 所示。

表 6-1 确认为存货列报的数据资产相关披露表

项目	外购的数据资源存货	自行加工的数据资源存货	其他方式取得的数据资源存货	合计
一、账面原值				
1.期初余额				
2.本期增加金额				
其中：购入				
采集加工				
其他增加				
3.本期减少金额				
其中：出售				

续表

项 目	外购的数据资源存货	自行加工的数据资源存货	其他方式取得的数据资源存货	合计
失效且终止确认				
其他减少				
4.期末余额				
二、存货跌价准备				
1.期初余额				
2.本期增加金额				
3.本期减少金额				
其中：转回				
转销				
4.期末余额				
三、账面价值				
1.期末账面价值				
2.期初账面价值				

（2）企业应当披露确定发出数据资源存货成本所采用的方法。

（3）企业应当披露数据资源存货可变现净值的确定依据、存货跌价准备的计提方法、当期计提的存货跌价准备的金额、当期转回的存货跌价准备的金额，以及计提和转回的有关情况。

（4）企业应当单独披露对企业财务报表具有重要影响的单项数据资源存货的内容、账面价值和可变现净值。

（5）企业应当披露所有权或使用权受到限制的数据资源存货，以及用于担保的数据资源存货的账面价值等情况。

6.2.3 确认为无形资产列报的数据资源相关披露

（1）企业应当按照外购无形资产、自行开发无形资产等类别，对确认为无形资产的数据资源（以下简称数据资源无形资产）相关会计信息进行披露，并可以在此基础上根据实际情况对类别进行拆分。具体信息披露格式如表 6-2 所示。

表 6-2　确认为无形资产列报的数据资源相关披露表

项　目	外购的数据资源无形资产	自行开发的数据资源无形资产	其他方式取得的数据资源无形资产	合计
一、账面原值				
1.期初余额				
2.本期增加金额				
其中：购入				
内部研发				
其他增加				
3.本期减少金额				
其中：处置				
失效且终止确认				
其他减少				
4.期末余额				
二、累计摊销				
1.期初余额				
2.本期增加金额				
3.本期减少金额				
其中：处置				
失效且终止确认				
其他减少				
4.期末余额				
三、减值准备				
1.期初余额				
2.本期增加金额				
3.本期减少金额				
4.期末余额				
四、账面价值				
1.期末账面价值				
2.期初账面价值				

（2）对于使用寿命有限的数据资源无形资产，企业应当披露其使用寿命的估计情况及摊销方法；对于使用寿命不确定的数据资源无形资产，企业应当披露其账面价值及使用寿命不确定的判断依据。

（3）企业应当按照《企业会计准则第 28 号——会计政策、会计估计变更和差错更正》（财会〔2006〕3 号）的规定，披露对数据资源无形资产的摊销期、摊销方法或残值的变更内容、原因以及对当期和未来期间的影响数。

（4）企业应当单独披露对企业财务报表具有重要影响的单项数据资源无形资产的内容、账面价值和剩余摊销期限。

（5）企业应当披露所有权或使用权受到限制的数据资源无形资产，以及用于担保的数据资源无形资产的账面价值、当期摊销额等情况。

（6）企业应当披露计入当期损益和确认为无形资产的数据资源研究开发支出金额。

（7）企业应当按照《企业会计准则第 8 号——资产减值》（财会〔2006〕3 号）等规定，披露与数据资源无形资产减值有关的信息。

（8）企业应当按照《企业会计准则第 42 号——持有待售的非流动资产、处置组和终止经营》（财会〔2017〕13 号）等规定，披露划分为持有待售类别的数据资源无形资产的有关信息。

6.2.4　确认为开发支出列报的数据资源相关披露

企业拥有的符合资本化条件的数据资源，在未转入无形资产前，应在开发支出中列支并进行相关披露。数据资产开发支出在资产负债表中的列示方式主要是根据数据资产研发支出中的资本化支出科目的账面余额进行填列。具体来说，企业的数据资产支出分为费用化支出和资本化支出，其中符合资本化条件的数据研发费用在未转入无形资产前，其账面余额在编制资产负债表时填入开发支出。开发支出属于非流动资产，反映了企业在无形资产开发阶段的支出部分，特别是那些符合资本化条件的支出部分。

6.2.5　数据资产在资产负债表中单独列报

企业根据重要性原则，可以对需要单列的内容增加财务报表项目，因此可考虑将数据资产单独列报。数据资产根据持有目的的不同，可以分为交易性数据资产和自用数据资产，二者区别较为明显，所以应将二者在资产负债表中分别列示。交易性数据资产是企业以出售或交易为目的而持有的数据资产，变现能力较强，其性质类似于企业的存货，符合流动资产的定义。因此，应将其归类为流动资产，可将"交易性数据资产"置于资产负债表"存货"

项目之后，列为流动资产。自用数据资产是企业以自身经营为目的持有的数据资产，可以提升企业价值和盈利能力。其性质类似于现有的无形资产，并不以交易获利为目的而持有；其变现能力不强，又因为数据资产具有时效性，其价值可能会随着时间的推移和互联网的发展发生贬值，也可能会因为企业的更新维护或维持增加。企业长期持有且以自用为目的的数据资产一旦超过保值期，就无法再将其在二级市场上进行出售，只能做毁损报废处理。因此，企业应将该类数据资产认定为非流动资产，可将其归于资产负债表的"非流动资产"项目，根据数据资产与无形资产的变现能力，将"数据资产——自用"置于"无形资产"科目之后、"开发支出"科目之前，作为一项非流动资产进行列示。另外，需增加"数据资产研发支出"项目，用来反映数据资产的研发支出，揭示数据在加工过程中符合资本化条件的支出金额，应当按照"数据资产研发支出——资本化支出"账户的期末余额填列。同时，需增加"数据资产减值准备""数据资产累计摊销"等备抵科目。

6.3 会计报表附注中的数据资产信息披露

数据资产在财务报表中的列示仅单纯地展现其金额，无法传递与数据资产有关信息的全貌。所以在财务报表附注中，应当披露企业与数据资产有关的内容，以便财务报表使用者全面了解企业的财务状况。《企业数据资源相关会计处理暂行规定》要求在财务报表附注中列表披露计入无形资产和存货的数据资源相关信息，同时还明确了可自愿披露的其他情况，主要包括：数据资源的应用场景或业务模式；用于形成数据资源的原始数据的类型、规模、来源、权属、质量等信息；企业对数据资源加工维护和安全保护情况；数据产品或服务的流通交易、服务计费等应用情况；数据资源转让、许可或应用所涉及的地域限制、领域限制及法律法规限制等；重大交易和价值减损等其他重要相关信息。数据资产的表内列示方案逐渐成熟，数据资产信息价值部分将更多地列报于财务报表体系中，但是有些信息无法用准确的数据进行表示，因此，更需做好数据资产的表外披露，以满足财务信息使用者的需求。

企业在披露数据资产时应当重点说明以下内容。

（1）数据资产的基本信息。由于数据资产区别于传统资产，其在权属、价值等确认上存在诸多争议，很有可能面临法律纠纷的风险。因此，企业可以在财务报表附注中披露数据资产的取得方式、获得时间、资产化流程与依据等。

（2）数据资产使用信息类似于"无形资产"。企业应当把数据资产的使用寿命、摊销方法、减值测试情况、公允价值变动情况列示于财务报表附注中。此外，数据资产的使用场景、企业所拥有数据资产的总量、数据资产的构成内容等也应进行相关披露。

（3）数据资产的经济利益。该部分主要披露企业所确认的数据资产如何产生经济利益，毕竟财务信息使用者最为关注的是数据资产能否为企业带来经济利益、如何产生经济利益以及能产生多少经济利益。

6.3.1　数据资产基本情况披露

财务报表附注中应披露数据资产的基本情况，并详细披露其摊销年限及方法、减值的原因、造成公允价值增减变动的原因及其他相关因素。相关披露内容还包括获取数据资产的途径、数据资产所携带的信息、数据可应用的范围、数据资产获取收益的方式、数据资产的应用场景或业务模式，对企业创造价值的影响方式，与数据资产应用场景相关的宏观经济和行业领域前景等。同时，披露主体还应当披露所属行业的基本特点、发展状况、公司在行业中的地位等，并结合主体商业模式、竞争优势等进行分析和讨论。其中，数据资产的应用场景尤为重要，因为数据资产的价值与应用场景紧密相连，同一数据资产在不同的应用场景下的价值可能存在差异。也有一些数据资产在尚未找到适当的应用场景时，可能无法满足相关资产的定义或确认条件，但仍然有潜在的商业价值。通过应用场景相关信息的披露，投资者和潜在投资者能够更好地理解企业数据资产的经济价值和潜力；对于数据交易场所和数据交易的双方，他们可以更清晰地去描述其产品和需求，从而促成数据的交易流通；行业主管部门也可以从中了解行业的发展情况和现实需求，加强政策引导和宏观治理。

6.3.2　数据资产评估的相关信息披露

《数据资产评估指导意见》规定，当企业对数据资源进行评估，而且这个评估结果对企业的财务报表具有重要影响时，应当披露评估所依据的信息来源、评估结论成立的假设前提和限制条件、评估方法的选择、各重要参数的来源、分析比较与测算过程等相关的评估信息，为财务报表使用者了解数据资产评估相关信息提供支持。需要注意的是，企业的数据资产按照会计准则的要求，都是以成本进行初始计量和后续计量的，所以它并不涉及根据估值技术所取得的公允价值进行调账处理。但在进行减值和跌价准备相关会计处理时，可能会借助评估意见来分析可变现净值，企业在进行数据流通交易，或者分析数据资产的应用前景、定价策略时，也可能会涉及对数据资产的相关评估。

6.3.3 数据资产的确认与计量状况披露

数据资产的确认与计量可以帮助企业管理层更好地理解和利用数据资产，发掘其内在价值，也有助于利益相关者全面了解企业财务状况。企业应当在财务报表附注中详细披露用于形成相关数据资产的原始数据的类型、规模、来源、权属、质量等信息。原始数据的类型可分为结构化数据与非结构化数据，其具体内容可包括数据库个数、数据品种个数、数据指标量、数据条数、数据覆盖范围、存储大小、数据时间跨度等。原始数据的来源可以按照公共数据开放/授权、企业系统生成、交易市场采购三个类别进行说明。原始数据质量需说明原始数据质量的管控体系，对于数据来源为公共数据开放/授权的，可披露主体的组织架构、专业人员和设施、行政许可审批或者备案管理等，以及原始数据的采编流程、管理模式、采集平台建设情况等；对于数据来源为交易市场采购的，可描述出售方的相关信息，并且要对其可能带来的价值进行全面评估，以便有效地解决由于权属确认存在争议而引发的法律纠纷。原始数据的权属可依照原始数据的来源类别进行说明。

6.3.4 数据资产的使用情况披露

财务报表附注中应当详细说明各种数据资产的具体应用，包括数据资产在交易流通方面的应用场景、应用模式、业务模式等；数据资产为企业创造价值的方式，具体包括相关数据业务的经营模式、主要客户特征、服务内容、销售模式、盈利模式等；宏观经济和行业领域前景等，说明数据资产相关产品或服务应用场景的行业发展情况以及新发布的法规对行业的影响情况，以使财务报表使用者能够更好地理解和利用。除此之外，还应该详细描述公司持有的数据资产的总数量和构成内容，企业对数据资产的加工维护和安全保护情况，以及相关人才、关键技术等的持有和投入情况。数据资产的应用情况，包括数据资产相关产品或服务等的运营应用、作价出资、流通交易、服务计费方式等。

6.3.5 数据资产应用现状披露

披露数据资产应用现状可以帮助企业利益相关者更好地了解数据资产当前实际的收入、产出能力，也有助于行业主管部门了解业务的现状，加强管理监督，更好地去引导和支持行业发展。数据资产应用现状披露包括相关产品、服务等的运营应用、作价出资、流通交易、服务计费方式等。具体来看，企业披露的数据资产应用现状可能会涉及相关的产品或服务的运营情况，比如使用情况、收入情况、注册用户、活跃用户、相关产品或服务的作价出资情况以及交易收入情况等。

6.3.6 数据资产相关风险披露

数据资产可能会面临各种风险，其中最主要的是由于其时效性带来的风险。如随着时间的变化，数据资产可能会出现贬值，因此管理层应该加强对数据资产的监管，确保其有效期限、预期收益增值潜力、价值变动风险、存储位置以及管理方式等信息的准确披露。此外，还应关注重大交易事项中涉及的数据资源对该交易事项的影响及风险分析，因重大交易事项本身会对企业的生产经营和财务报表造成影响，主动披露相关的信息将有助于投资者和潜在投资者等进一步了解交易情况和相关风险等，从而对企业的价值作出评价。

数据资源相关权利的失效情况及失效事由、对企业的影响及风险分析等应予以披露，如数据资源已确认为资产的，相关资产的账面原值及数据资源无形资产的累计摊销、失效部分的会计处理等。数据资源相关权利的失效将直接影响相关业务的开展，以及相关数据资源无形资产的可收回金额、数据资产存货的可变现净值等。披露权利失效相关的情况，可以为投资者和潜在投资者以及数据服务和产品用户等提供相关的信息，以帮助他们作出投资和经营决策。

数据资产转让、许可或应用所涉及的地域限制、领域限制及法律法规限制等权利限制也需要在财务报表附注中进行披露。披露权利限制情况的相关信息，能够帮助投资者和潜在投资者、数据交易场所、数据服务和产品用户、行业主管部门等有关各方及时了解权利限制的相关信息和潜在的风险，更好地去评价企业及其数据资产的价值和变动情况。

6.3.7 其他数据资源相关信息

企业可以根据行业、产业的特点和自身的实际情况加强相关的自愿披露，形成充分有效的披露范式，向财务报表使用者展示自身的数字化能力、数据价值的创造力和数字化发展的前景，等等。不同行业、不同发展阶段的企业，出于监管上的要求或商业秘密保护等方面的需要，可能存在一些不宜全面披露的数据资产的相关信息。自愿披露既赋予了企业相关财务报表附注披露的自主性、灵活性，又减轻了企业披露的成本，还指出了各方普遍关注的信息需求所在，能够鼓励、引导企业主动加强数据资产相关信息披露，充分揭示数据资产的价值。

6.4 数据资产作为"第四张报表"披露探讨

数字经济时代亟须丰富财务报告的内容和形式。国际会计准则理事会多次讨论了科学技术的发展对财务报告体系的影响。为了应对资产边界不断拓宽、会计信息相关性下降等挑战,实务界和学术界均提议在传统三张主要财务报表的基础上,推出企业"第四张报表",将数据资产的信息列示在"第四张报表"之中。

"第四张报表"可以非财务数据为核心,主要反映会计要素的非财务信息。与传统财务报表相较,"第四张报表"灵活性更大,每家企业的"第四张报表"可以具有明显差异,企业在编制时无须拘泥于特定格式,可以根据企业需要反映的非财务信息进行编制,形成以资产负债表列报为基础,以"第四张报表"关键指标为补充的报表体系。

对于数据资产而言,除了在资产负债表中"数据资产"项目列示其账面金额,还可以在"第四张报表"中根据企业数据资产的实际情况,在用户、渠道、产品等相关维度下的对应指标中填列数据资产信息,还可根据需要增添能够反映数据资产信息的关键维度和指标等内容,如应用场景、合规和质量等方面的信息,以尽可能完整地列示数据资产的相关指标数据。将数据资产列示在资产负债表中,同时与"第四张报表"进行联合列报,不仅可以为报表使用者提供企业数据资产的账面价值信息,还可以全面展示企业数据资产的类型、规模、质量、应用场景等关键信息,满足企业内部与外部信息使用者与利益相关者对数据资产会计信息的需求。

第 7 章

数据资产入表与价值评估的挑战与对策

随着新一轮科技革命和产业变革的深入发展，数据作为关键生产要素的价值日益凸显。数据资产入表与价值评估在数据要素流通实践中的作用非常关键，如何做好数据资产入表与价值评估备受市场关注。客观而言，数据资产和其他资产之间存在较为明显的区别，数据资产入表和数据资产价值评估属于新兴业务，仍存在一些现实的挑战，需要进行深入的研讨并寻求相应的对策。

7.1 数据资产入表的挑战与对策

7.1.1 数据资产入表的挑战

数据资产化是实现数据价值的基础和前提，2024 年，《企业数据资源会计处理暂行规定》的正式施行为企业数据资产入表指明了方向，为数据资产化的核算与披露提供了前沿性的引导。但由于数据的复杂性和多样性，尤其是内部开发形成的数据资产确认和计量难题，导致数据资产入表操作比传统资产更具挑战性。

1. 数据资产的确认

《企业数据资源相关会计处理暂行规定》对数据资源的会计处理提供了规范，明确了两类数据资源：一类是按照企业会计准则确认为无形资产或存货等资产类别的数据资源；另一类是企业合法拥有或控制的、预期能带来经济利益的，但尚未满足会计准则确认条件的数据资源。根据《企业会计准则——基本准则》，资产的确认需满足两个条件：一是与该资源相关的经济利益很可能流入企业；二是该资源的成本或价值能够可靠地计量。对于数据资源而言，符合资产的定义可能相对较为容易，但由于其特殊性，在论证其满足上述两项确认条件时会存在一定的困难。

现实中不同的企业、行业和地区对数据资产的理解存在差异，导致在将数据资产纳入会计报表时，难以形成统一的标准。同时，数据资产的确认过程本身也充满挑战。数据资产的可辨认性弱，且具有非实体性、依托性、可共享性、可加工性、价值易变性等特征，在实际业务中，数据资产的识别存在一定的困难。

2. 数据资产的成本价值计量

形成数据资产的成本和相关支出较难计量。相比于外购的数据资产，企业内生数据资产更为丰富，并与企业日常经营活动密切相关，囿于存储技术以及计量方法上的缺失，难以区分数据资源的相关支出归属于研究开发活动抑或是生产经营活动，这导致数据资产难以反映在资产负债表中。

数据资产的价值具有高度的复杂性和不确定性。一方面，数据的独特性、可复制性和可加工性等因素使得数据资产价值难以通过传统的评估方法进行精确量化；另一方面，数据资产的价值往往与其应用场景密切相关，不同场景下数据资产的价值可能存在巨大差异。此外，数据资产的价值还受到市场供求关系、技术进步、法律法规等多种因素的影响，这些因素的动态变化进一步增加了对其进行价值计量的难度。

3. 数据权属的确认

数据确权是数据资产入表面临的难题之一，也是数据立法亟须解决的关键问题。数据在生产过程中不会被消耗且可以无限复制给多方使用，因此数据产业链所涉及的多个主体均享有数据资产的部分权利。数据的非稀缺性和非排他性使得各数据主体之间的冲突难以调和，导致数据权属模糊。《中华人民共和国民法典》中所有权的客体对象是不动产或者动产，但数据未能被纳入不动产或者动产范围，故而现有法律如反不正当竞争法、知识产权法、个人信息保护法等均无法实现对数据的全面保护。

与传统实体物相比，数据存在可复制、易共享的特征，使得以排他性所有权为内核的物权难以使用在数据身上。数据产权不明晰会使得数据在共享、流通、交易和使用过程中缺乏可解释性，导致数据在使用过程中存在多元主体间的分配不清与"一数多权"困境。《关于构建数据基础制度更好发挥数据要素作用的意见》明确要求，在界定数据生产、流通、使用过程中各参与方享有的合法权利时，应根据数据来源和数据生成特征进行合理的分析和确认，创造性提出了要建立数据资源持有权、数据加工使用权、数据产品经营权等分置的产权运行机制。在保护公共利益、数据安全、数据来源者合法权益的前提下，使数据资源持有权、数据加工使用权、数据产品经营权等依照法律规定或合同约定所获取的各项权利得到有效的保护和尊重，但"三权分置"的运行机制还需要在实践中不断探索和完善具体的数据权属确认规则和实施细则。

4. 数据安全

企业对数据资源的控制事关重大，如何平衡数据利用和数据安全成为一个难题。从个人角度而言，数据主体多样化导致侵权手段多样化，个人隐私难以得到有效保护；从企业角度而言，数据密集型企业可能会利用平台流量、算法和数据等优势开发业务并形成垄断地位,并通过价格操纵、合谋协议、排他性交易、恶意并购等手段进行恶性竞争;从国家角度而言,数据跨境流动会增加数据外泄风险,可能会损害国家的经济利益甚至威胁国家安全。在数据资产入表过程中,如何分析数据的安全性进而对其进行确认入表仍然面临着一系列的现实挑战。

5. 数据合规

数据合规性是数据资产入表不可忽视的问题。一方面,数据在采集、存储、处理、传输和使用过程中需要遵守相关法律法规和政策要求,以确保数据的合规性。虽然"数据二十条"提出的"三权分置"机制为解决数据权属问题提供了初步路径,但企业在实际经营中依然需要重点关注数据合规方面的问题。数据合规的主要作用是判断企业处理数据的合法性,以及识别数据处理过程中的潜在风险。因为目前在法律层面没有对数据进行确权,数据处理者对其数据不享有所有权意义的权利,所以必须通过数据合规来确认潜在的风险,以防止或缓释其他人的权利挑战。数据合规使得数据持有权具备了实践意义,能够支撑后续的数据加工使用权、数据产品经营权等权利的行使,为数据资源入表扫清源头上的障碍。但目前如何判断数据合规性问题仍然存在一些难点,亟须解决如何判定数据合规性问题,以确保数据资产能够安全、合规地转化为企业资产。

另一方面,企业从计划数据资源入表的开始就需要考虑构建数据资源全生命周期管理体系,以满足数据资源入表要求。不仅在数据产生阶段关注数据来源合规和合法,而且在数据外购后进行脱敏、清洗、标注、整合、分析、可视化等加工或企业自身进行数据研发阶段,需关注成本归集和分摊,包括认定从事数据加工及研发工作的人员职能和范围。同时,从事数据加工研发活动及其他经营活动的,应规范员工工时的记录方法及职工薪酬的分摊方法。对于数据加工研发活动及其他经营活动共用企业场地、设备等其他资源的,应规范记录相关资源的使用情况及分摊方法。因数据资源价值易变的特性,企业应随时关注数据资产的价值变化情况,对存在减值迹象的资产及时计提减值准备,对增值资产及时调整经营模式等。企业数据的合规管理工作任重道远。

7.1.2 数据资产入表的对策和建议

1. 健全数据资源价值管理体系

企业需要更新和完善自身的管理体系,以适应数据资产入表的内在需求。

数据资产入表不仅是财务会计处理的具体工作，从更深层的意义上，数据资产入表将促使企业提升数据治理水平，完善数据管理制度，建立完善的数据治理体系，包括数据质量标准、数据安全管理、数据共享和流通机制等，企业还需要打破部门壁垒，实现数据的跨部门共享和协作。数据资产入表的关键是要分析数据资源是否能够为企业带来经济利益，对运用该数据资源生产产品或提供服务的市场情况是否可以进行可靠预计，以证明所生产的产品或提供的服务存在市场并能够带来经济利益。在目前数据资产入表的大潮中，我们一定要厘清资产入表与资产具有预期收益的逻辑关系，不论是企业数据还是公共数据，资产化的关键条件是存在技术驱动下的应用场景开发并产生具有经济可行性的产品和服务，企业管理层要充分认识到数据资产入表的潜在作用是推动数据资源的协同优化，复用增效和融合创新，推动企业业务的创新发展。

2. 建立数据资源合规管理机制

一方面，企业应当结合实际情况，从数据来源、数据处理、数据管理及相关业务运营等方面建立健全数据资源合规管理机制，落实数据资源分类管理等制度和流程，严格履行相关法律法规中的数据合规义务。企业应对数据资源实行全生命周期管理，通过构建高效的数据治理体系和成本归集与分摊机制，对不同类型和各阶段的数据资源成本进行归集与记录，实现数据资源成本或者价值的可靠计量。因此，企业应制定脱敏、清洗、标注、整合、分析、可视化等加工或企业自身进行数据研发阶段的成本归集和分摊的具体管理办法，通过制度的建设，合理划分好从事数据加工及研发工作的人员职能和范围，规范参与相关工作的员工工时的记录方法及职工薪酬的分摊方法，对于数据加工研发活动及其他经营活动共用企业场地、设备等其他资源的，也应规范记录相关资源的使用情况及分摊方法，为数据资源入表扫清障碍。另一方面，企业应当对自身的数据资源进行梳理，形成统一的数据资源目录，并根据数据资源的实际变化情况定期对目录进行更新和维护。企业还应当对数据资源的治理、应用等进行精细化的规范设计，为充分发挥数据资源价值打下坚实基础。

3. 完善数据合规审计流程

数据资产入表尚未从根本上解决数据权属问题，同时按照信息披露的要求，还有可能产生数据纠纷，影响数据资产的稳定性，因此，数据资产入表后仍然需要进行数据合规审计。一方面，数据合规审计可以强化数据资源持有权的有效性。通过开展数据合规审计，可以及时监测数据处理活动中的动态风险，深入盘点数据资源，调整数据运营策略。另一方面，数据合规审计可以落实数据治理法律规定。根据个人信息保护法等法律规定，合规审计是一项法律义务。开展合规审计是确保企业数据处理活动合法性、正当性的主要途径之一。通过开展数据合规审计，能够更好地助力企业数据资产入表，协调推进企业数智化转型及数字经济发展。

数据资产入表是推动数字经济高质量发展的重要举措。面对数据资产入表的诸多挑战和困难，通过健全数据资源价值评估体系、建立数据资源合规管理机制和完善数据合规审计流程等举措不断促进数据资产入表工作有序实施，未来随着技术的不断进步和法律法规的逐步完善以及企业实践经验的不断积累和总结提炼，数据资产入表工作将会取得更加显著的成效和进展，从而进一步推动数字经济的高质量发展。

7.2 数据资产价值评估的挑战与对策

7.2.1 数据资产价值评估的挑战

1. 数据资产权属界定不明确

数据资产权属属性与实物资产不同，需要关注的因素更为复杂。数据资产权属可以分为所有权和使用权两种，所有权和使用权可以分离，被不同的权利主体同时所用，这意味着数据资产既可以是所有权数据资产，也可以是只拥有使用权的数据资产。无论是哪种权利形态，数据资产均可以成为交易和转让的对象，并且可以作为评估对象进行估值。在数据资产价值评估过程中，针对所有权和使用权的差异，应该了解其权益的边际和不同的权利义务内容，以确定其对数据资产价值的影响，从而进行更为合理的估值。

尽管"数据二十条"创造性地提出了设立数据产权结构性分置制度，但仍然存在产权关系不清晰、权利边界难以确定等问题，这对确定数据交易流通的合法性构成了多重挑战。特别是在处理含有个人信息的平台数据时，关于应赋予个人数据权还是企业数据权的问题，已成为当前讨论的焦点。法律制度方面的不足影响了数据的交易流通和开发利用，成为数据资产价值化和数据要素市场建设的主要难点。此外，数据资产价值管理还面临数据安全和隐私保护等法律的制约。数字化虽然给人们带来了极大的生产和生活便利，但也带来了数据泄露、大数据算法对用户的个性化定价、数据垄断和黑灰色产业链等安全和隐私保护问题。这些问题直接影响了产业的健康发展和公民权益的保护，阻碍了数据要素价值化的进程。

2. 数据资产的价值存在易变性

数据资产的价值存在易变性主要体现在以下几个方面。①数据资产的价值会随着数据被不断加工而改变。数据作为资源具有可再生的特性，加工处理后的数据可以成为一种新的数据资源。在数据加工过程中，将多个数据集进行集成再加工所得的价值会远远高于对各个数据集分别进行加工所得的价值之和。此外，数据加工过程中引入的各类算法与模型也可以极大地增加数据的价值。②数据资产的价值会随着使用次数与人数而改变。数据作为资源具有的无限性，使得其使用次数和用户数量理论上是无限的，这使得数据资产的价值难以具体用数字来计量。同时，数据是不可消耗的，这意味着它的使用不会减少其在其他用途上的可用性。③数据资产的价值会因用户而异。数据作为产品和服务在市场中满足不同用户的需求，具有多样化的用途。因此，数据资产对于不同用户具有不同的价值，这种价值差异反映了用户需求和使用场景的多样性。④相同质量的数据可能产生不同的价值。由于不同用户对数据的需求是不一样的，即使相同质量的一份数据，有的使用者会视其为高价值数据，有的使用者会视其为低价值数据，数据的商业价值会由于衡量标准的不同而不同。

3. 评估参数选取较为困难

在数据资产评估过程中，参数选取是决定评估价值是否合理的关键因素。数据资产评估的参数选取尤为复杂，因为它们缺乏充分的市场信息和公开透明的交易市场，加之应用场景的多样性和变化性，以及数据资产价值贡献度的判断难度较大，所以未来收益的预测存在许多不确定性，这些因素都使得传统评估方法难以直接应用于数据资产的价值评估。即便理论上指标修正收益法为数据资产的评估提供了一种可能的途径，但在实际操作中，分成收益、超额收益仍需经过对相关参数进行分析并对数据资产进行合理分离后才能确认。同时，折现率的确定也需要依据专业知识和经验进行审慎判断。

在实际操作中，评估方法的可靠性和有效性需要通过持续的验证和调整来确保，以便更好地适应市场的实际需求。这意味着评估专业人员必须不断更新他们的评估模型，以反映数据资产特性的最新理解和市场环境的变化。

4. 如何评估数据资产的质量存在局限

在进行数据资产价值评估时，需要对数据资产的质量进行评价，目前对数据资产的质量评估存在一定的局限。数据质量评价不仅仅是为评价而进行评价，企业需要通过数据资产评价提升数据质量，并提升相应的数据治理能力。如果由于存在异常数据和缺失数据，导致数据资产质量不高，则无法保证数据资产的准确性和完整性；如果由于数据治理能力不足，导致数据资产质量较低，则会对数据资产后续价值产生较大的影响。

目前虽然评估数据资产质量具有若干指标，但在具体应用时还是存在一定的主观性，导致评估结果的可靠性不足。同时，如果过度关注数据资产的现实价值，没有考虑到数据资产的质量，且没有将数据资产整合到企业业务流程决策，忽视了数据资产在企业创新、市场洞察和战略规划等方面的潜在价值以及应用领域，也会影响数据资产评估的合理性。

5. 评估标准和规范还需要不断完善

数据资产的重要性日益凸显，我国在数据资产评估领域，已有许多的机构发布各种数据资产估值指南的国家标准、行业标准或地方标准，这是对社会各界数据资产的价值评估有益的探索，但我们也要基于我们的国情，特别是现有的国有资产管理法律法规体系，构建更完善的数据资产评估标准和行业规范。

6. 法律与技术问题

数据的所有权、使用权和隐私保护问题在评估过程中尤为突出。如果数据资产涉及个人隐私或敏感信息，评估过程可能需要特别关注相关的法律法规。此外，跨境数据流动带来的法律风险也是一大挑战，评估机构需要在合法合规的前提下进行操作，增加了评估的复杂性。数据资产评估涉及大量的数据处理和分析工作，但现有的技术工具和评估模型可能还不足以应对日益复杂的数据资产评估需求。尤其是在应用场景的分析、财务模型的构建，收益算法模型的分析等方面，现有工具的局限性可能会影响评估的精度和效率。

7.2.2 数据资产价值评估的对策和建议

1. 重视对数据资产评估对象和范围的确认和界定

（1）进一步明确数据资产的内涵。

数据作为生产要素是在数字经济发展背景下提出的。生产要素是一个经济学的基本概念，以表征社会生产经营活动的各类资源。具体到社会经营活动中，生产要素只有通过产权界定资产化后，才可以成为市场经营主体拥有或控制的经济资源，才能减少经营活动中的纠纷，降低交易成本，促进要素市场发展和要素价值实现。在使用数据资产这一概念之前，已有无形资产、信息资产、知识产权等相关的概念，当前又出现数据产品、数据知识产权等概念，参照国际会计准则和国际准则关于无形资产的分类原则，可以增加与数据相关的无形资产类型。它不是具体的数据资产，而是把与数据相关的资产进行归类，便于分类确认和处理。把记录事实的元数据与基于元数据二次开发形成的信息资产、数据产品、数据知识产权等进行区分。

（2）构建合理的数据资源分类体系。

目前关于数据资源公认的分类方式是将数据资源分为公共数据、企业数据和个人数据。"数据二十条"对建立和完善上述三类数据的确权授权机制提出了指导意见，但目前关于数据资产权属界定的相关法律仍然没有出台，其原因可能是数据资源的形成具有多元主体性，特别是一些与自然人相关的数据涉及数据隐私权。在进行数据资产评估时，除了关注评估对象的不同确认授权机制，还应分析数据资源是否涉及隐私权，判断数据资源因此而面临的潜在法律风险。

（3）关注数据资产评估对象的权属静态性与评估范围的动态性。

数据资产评估需要根据评估目的确定一个特定时点的评估对象和范围。"数据二十条"提出探索数据产权结构性分置制度，建立数据资源持有权、数据加工使用权、数据产品经营权等分置的产权运行机制，但在资产评估实务中，这些权益的内涵、边界和相互之间的关系仍不明确。对数据资产的界定目前有两种相对可行的途径。一是国家知识产权局指导地方开展数据知识产权工作试点，通过发放数据知识产权登记证书进行数据确权；二是财政部印发的《企业数据资源相关会计处理暂行规定》，可以按照存货或无形资产对数据资源进行资产确认。但是前者发放的登记权证属于地方性确权证明，其法规稳定性和适用范围存在缺陷；后者受制于会计确认规则，并没有突破现有无形资产的确认条件。对数据资产评估需要关注评估对象是否能够通过上述两种途径进行确认，并探索如何开展评估前期的服务，帮助数据主体完善数据治理体系，创造数据资产确认条件。除此之外，由于数据资产评估范围通常是一个数据集，数据集中的数据可能是实时动态变化的，这种动态性对不同类型数据的功能和质量的影响存在差异。数据资产的这种特性与传统无形资产评估对象和范围的稳定性具有明显差别，评估专业人员需要关注这种动态性对评估结果和交易的影响。

2. 加强数据资产价值评估方法技术创新

（1）明确区分数据资产的类型并采用相应的价值评估方法。

根据《企业数据资源相关会计处理暂行规定》，企业在编制资产负债表时，应当根据重要性原则并结合企业的实际情况，在"存货""无形资产"和"开发支出"下增设"数据资源"项目，反映资产负债表日确认为存货和无形资产的数据资源的期末账面价值，以及正在进行数据资源研究开发项目满足资本化条件的支出金额。不同类别的资产性质有所不同，适用不同的评估方法，因而应在判断数据资产类型的基础上采用合适的评估方法评估数据资产的价值。

（2）明晰数据价值的驱动要素并采用合理的价值评估模型。

影响数据资产价值的主要因素有：数据数量、数据质量、数据创新性、数据可用的场景、数据维度、数据效能、数据预期收益、数据形成和使用成本、数据竞争力、数据风险、数据安全性等。一般而言，数据数量越多、质量越高、创新性越强、可用的场景和维度越多、效能越高、预期收益越好、形成和使用成本越低、竞争力越强、风险越低、安全性越好，则数据资产的价值越高。在进行数据资产价值评估时，应仔细判断数据资产的各项价值驱动因素及其对数据资产价值的影响，并以此为基础选择合理的价值评估模型来评估数据资产的价值。

（3）判断数据资产的生命周期并选择不同的评估方法进行数据资产价值评估。

数据资产的形成和使用存在不同的阶段。初始阶段的数据资产可能处于研发阶段或者数据收集和应用的初创阶段。处于成长期的数据资产发展速度很快，资产收益开始体现，但此时市场环境仍在影响数据资产的进一步成长。一旦用户规模和流量超过起爆临界点，数据资产的价值将进入爆发式增长阶段，传染效应和边际变动成本趋近于零，其收益的增长远远快于成本的增长。成熟期数据资产的市场份额占有率较稳定，品牌知名度较高，形成了很好的品牌效应，在市场占有一定的地位，其收入的增长虽然放缓，但由于成本没有大的变化，利润仍有一定的上涨空间。衰退期的数据资产会面临寻找新的增长点和走下坡路，甚至走向衰亡的情况。在进行数据资产价值评估时，应仔细判断数据资产所处的阶段，以及数据资产可以使用的应用场景，并以此为基础选择合理的价值评估模型来评估数据资产的价值。

（4）创新数据资产价值评估方法。

《数据资产评估指导意见》对数据资产评估对象、操作要求和评估方法等做出了比较明确的规定，但是也应看到现有的数据价值评估方法依然面临一些问题和难点。目前通用的收益法、市场法和成本法在进行数据价值评估时还具有一定的局限性，如估算数据资产的重置成本和确定贬值因素较为困难；如何确定数据资产对应的折现率，预测数据资产的未来收益、收益分成率等参数仍然存在疑义；如何选择可比交易案例，调整哪些差异因素等仍然存在一定的争议。数据资产的价值在不同行业、不同类型的企业之间有不同的呈现。未来应结合行业特征、企业类型的特点，构建差异化的数据资产价值评估逻辑，且应进一步结合数据资产的特性，改进和优化现有的数据价值评估方法的模型和参数，同时促进新方法和新模型以及衍生方法的研发和应用，推进创新型价值评估模型在数据资产价值评估中的应用，构建综合考虑数据资产价值驱动因素和特征的数据资产价值评估新方法和新思路。

（5）结合参数和应用场景变化进行敏感性分析。

数据资产的价值易发生变化，其价值会随用户数量、应用场景、使用频率等因素的变化而变化。在进行数据资产价值评估时，应进行细致的定性和定量评价方法研究，形成完善的定性和定量评价指标体系，并综合考虑用户数量、应用场景、使用频率等因素变化对数据资产价值的影响程度，进行敏感性分析，且适当披露因素变化而导致价值变化的幅度。

3. 建立数据资产治理框架，制定明确的数据资产质量标准和规范

应建立一个全面的数据资产治理框架，确立数据资产治理的目标和原则，并建立相应的组织结构和流程，明确数据资产的所有者、责任人和访问权限，以确保数据资产的合规性和可信度。同时应制定一套明确的数据资产质量标准和规范，建立数据资产质量度量和监控机制，用来进行数据清洗、纠错和验证等操作，以提高数据资产价值评估的准确性和完整性。同时，还要对企业数据资产进行分类和标准化，建立统一的数据资产模型和语义规范，以便共享和集成数据资产，从而提高数据资产在企业中的可用性和可分析性。

4. 培养数据资产评估人才，加强数据资产评估研究

随着产业数字化的不断推进，资产评估机构也势必面临数字化转型的问题，专业而高素质的数据资产评估人才培养是评估机构数字化转型的关键。第一，资产评估机构应加强与高等院校合作，深化产教融合。努力提升评估专业人员的信息化素质。第二，数据资产大多涉及企业的商业秘密，因此，在注重提升评估专业人员专业素养的同时，还要兼顾道德和法治素养的培养。第三，注重评估专业人员继续教育培训。社会发展瞬息万变、技术快速迭代演化，评估专业人员应利用继续教育不断更新知识体系，防止知识结构老化，不断提升执行能力。第四，注重数据资产评估理论和实践研究，做好科研成果转化，真正助力数据资产入表与价值评估。

参 考 文 献

BIRCH K, COCHRANE D T, WARD C, 2021. Data as asset? The measurement, governance, and valuation of digital personal data by Big Tech[J]. Big Data & Society, 8(1): 20539517211017308.

VELDKAMP L, 2023. Valuing data as an asset[J]. Review of Finance, 27(5): 1545-1562.

WU Y L, 2024. Theoretical and Modeling Research on The Valuation of Data Assets[J]. Business Valuation Update, 30(7): 13.

陈芳, 余谦, 2021. 数据资产价值评估模型构建：基于多期超额收益法[J]. 财会月刊(23): 21-27.

陈信元, 何贤杰, 邹汝康, 等, 2023. 基于大数据的企业"第四张报表"：理论分析、数据实现与研究机会[J]. 管理科学学报, 26(5): 23-52.

程小可, 2023. 数据资产入表问题探讨：基于国际财务报告概念框架的分析[J]. 科学决策(11): 67-75.

高文忠, 王进江, 李永刚, 2023. 数据资产评估中增量收益法的参数度量及改进[J]. 中国资产评估(5): 44-50+56.

黄钦泓, 陈婷, 2024. 数据资产价值化入表的实践与挑战[J]. 通信世界(13): 18-21.

黄悦昕, 罗党论, 2024. 数据资产入表：现状、挑战与对策[J/OL]. 财会月刊, 45(16): 55-60.

李春秋, 李然辉, 2020. 基于业务计划和收益的数据资产价值评估研究：以某独角兽公司数据资产价值评估为例[J]. 中国资产评估(10): 18-23.

李洪, 冯发明, 2024. 企业数据资源入表相关会计问题探讨[J]. 中国注册会计师(2): 90-95.

李永红, 张淑雯, 2018. 数据资产价值评估模型构建[J]. 财会月刊(9): 30-35.

刘雁南, 赵传仁, 2023. 数据资产的价值构成、特殊性及多维动态评估框架构建[J]. 财会通讯(14): 15-20.

刘云波, 2023. 数据、数据资产及其价值评估[J]. 中国资产评估(5): 51-56.

罗玫, 李金璞, 汤珂, 2023. 企业数据资产化：会计确认与价值评估[J]. 清华大学学报(哲学社会科学版), 38(5): 195-209.

吕慧, 赵冠月, 2023. 数据资产的价值评估与会计处理研究进展综述[J]. 财会通讯(13): 24-30.

马慧洁, 夏杰长, 2023. 数据资产的确权及课税问题研究[J]. 税务研究(12): 44-49.

欧阳日辉, 龚伟, 2022. 基于价值和市场评价贡献的数据要素定价机制[J]. 改革(3): 39-54.

丘开浪, 2024. 数据资产的识别确认与价值评估[J]. 中国资产评估(2): 10-16.

权忠光, 2024. 数据资产的价值创造与价值化路径[J]. 中国资产评估(11): 31-34+44.

沈俊鑫, 张彤昕, 2024. 基于价值链理论的互联网企业数据资产价值评估[J]. 科技管理研究, 44(7): 124-134.

宋杰鲲, 张业蒙, 赵志浩, 2021. 企业数据资产价值评估研究[J]. 会计之友(13): 22-27.

隋敏, 姜皓然, 毛思源, 2024. 数据资产价值评估：理论、实践与挑战[J]. 会计之友(11): 141-147.

孙建红, 邢宝山, 贾春梅, 2011. 基于 AHP 理论电子商务客户满意度指标体系构建[J]. 情报科学, 29(6): 898-901.

孙文章, 杨文涛, 2023. 基于多期超额收益法的互联网金融企业数据资产价值评估研究[J]. 中国资产评估(02): 4-18.

滕明明, 2024. 数据要素流动与数据资产入表：关系、风险与对策[J]. 国际商务财会(13): 30-33.

王静, 王娟, 2019. 互联网金融企业数据资产价值评估：基于B—S理论模型的研究[J]. 技术经济与管理研究(7): 73-78.

王娟娟, 金小雪, 2023. 互联网信息服务平台数据资产评估方法：基于盈利模式差异的视角[J]. 科技管理研究, 43(22): 83-94.

王伟, 汪祥耀, 2024. 新质生产力导向下数据资源入表热点问题探讨[J]. 会计之友(9): 48-56.

吴德林, 邬瑜骏, 李晶晶, 等, 2023. 数据资产会计准则问题前瞻性研究：基于数字经济下数据价值创造特征视角[J]. 当代会计评论, 16(2): 14-34.

熊巧琴, 汤珂, 2021. 数据要素的界权、交易和定价研究进展[J]. 经济学动态(2): 143-158.

徐立波, 焦卫锋, 高冰洁, 等, 2024. 数据资源入表赋能企业新质生产力的应用实践：以山东高速集团为例[J]. 中国资产评估(08): 13-19.

徐攀, 李杰义, 2024. 企业数据资产入表路径：框架与实践[J]. 财会月刊, 45(7): 58-62.

许中缘, 郑煌杰, 2024. 赋能新质生产力：数据要素资产化的法律配置[J]. 湖北大学学报(哲学社会科学版), 51(05): 136-146+179.

余鹏峰, 2024. 数据资源入表对税收征管的挑战与应对[J]. 税务研究(5): 34-40.

张志刚, 杨栋枢, 吴红侠, 2015. 数据资产价值评估模型研究与应用[J]. 现代电子技术, 38(20): 44-47+51.

赵星, 李向前, 2024. 数据资产"入表"的准则考量与推进思路[J]. 财会月刊, 45(3): 55-60.

赵需要, 郭义钊, 姬祥飞, 等, 2022. 政府开放数据生态链上数据要素价值分析及评估模型构建：基于"数据势能"的方法[J]. 情报理论与实践, 45(12): 50-59.

赵治纲, 2024. 数据资产入表：理论与实务[M]. 北京：中国财政经济出版社.

赵治纲, 2024. 数据资产入表的战略意义、问题与建议[J]. 会计之友(3): 2-6.

朱继军, 刘洋, 许志勇, 2024. 数据资源资产化入表风险探讨[J]. 财会通讯(13): 91-96.

左文进, 刘丽君, 2019. 大数据资产估价方法研究：基于资产评估方法比较选择的分析[J]. 价格理论与实践(8): 116-119+148.

附录 A 《企业数据资源相关会计处理暂行规定》

为规范企业数据资源相关会计处理，强化相关会计信息披露，根据《中华人民共和国会计法》和企业相关会计准则等相关规定，现对企业数据资产的相关会计处理规定如下。

一、关于适用范围

本规定适用于企业按照企业会计准则相关规定确认为无形资产或存货等资产类别的数据资源，以及企业合法拥有或控制的、预期会给企业带来经济利益的、但由于不满足企业会计准则相关资产确认条件而未确认为资产的数据资源的相关会计处理。

二、关于数据资源会计处理适用的准则

企业应当按照企业会计准则相关规定，根据数据资源的持有目的、形成方式、业务模式，以及与数据资源有关的经济利益的预期消耗方式等，对数据资源相关交易和事项进行会计确认、计量和报告。

1. 企业使用的数据资源，符合《企业会计准则第 6 号——无形资产》（财会〔2006〕3 号，以下简称无形资产准则）规定的定义和确认条件的，应当确认为无形资产。

2. 企业应当按照无形资产准则、《〈企业会计准则第 62 号——无形资产〉应用指南》（财会〔2006〕18 号，以下简称无形资产准则应用指南）等规定，对确认为无形资产的数据资源进行初始计量、后续计量、处置和报废等相关会计处理。

其中，企业通过外购方式取得确认为无形资产的数据资源，其成本包括购买价款、相关税费，直接归属于使该项无形资产达到预定用途所发生的数据脱敏、清洗、标注、整合、分析、可视化等加工过程所发生的有关支出，以及数据权属鉴证、质量评估、登记结算、安全管理等费用。企业通过外购

方式取得数据采集、脱敏、清洗、标注、整合、分析、可视化等服务所发生的有关支出，不符合无形资产准则规定的无形资产定义和确认条件的，应当根据用途计入当期损益。

企业内部数据资源研究开发项目的支出，应当区分研究阶段支出与开发阶段支出。研究阶段的支出，应当于发生时计入当期损益。开发阶段的支出，满足无形资产准则第九条规定的有关条件的，才能确认为无形资产。

企业在对确认为无形资产的数据资源的使用寿命进行估计时，应当考虑无形资产准则应用指南规定的因素，并重点关注数据资源相关业务模式、权利限制、更新频率和时效性、有关产品或技术迭代、同类竞品等因素。

3. 企业在持有确认为无形资产的数据资源期间，利用数据资源为客户提供服务的，应当按照无形资产准则、无形资产准则应用指南等规定，将无形资产的摊销金额计入当期损益或相关资产成本；同时，企业应当按照《企业会计准则第 14 号——收入》（财会〔2017〕22 号，以下简称收入准则）等规定确认相关收入。

除上述情形外，企业利用数据资源为客户提供服务的，应当按照收入准则等规定确认相关收入，符合有关条件的应当确认合同履约成本。

4. 企业日常活动中持有、最终目的用于出售的数据资源，符合《企业会计准则第 1 号——存货》（财会〔2006〕3 号，以下简称存货准则）规定的定义和确认条件的，应当确认为存货。

5. 企业应当按照存货准则、《〈企业会计准则第 1 号——存货〉应用指南》（财会〔2006〕18 号）等规定，对确认为存货的数据资源进行初始计量、后续计量等相关会计处理。

其中，企业通过外购方式取得确认为存货的数据资源，其采购成本包括购买价款、相关税费、保险费，以及数据权属鉴证、质量评估、登记结算、安全管理等所发生的其他可归属于存货采购成本的费用。企业通过数据加工取得确认为存货的数据资源，其成本包括采购成本，数据采集、脱敏、清洗、标注、整合、分析、可视化等加工成本和使存货达到目前场所和状态所发生的其他支出。

6. 企业出售确认为存货的数据资源，应当按照存货准则将其成本结转为当期损益；同时，企业应当按照收入准则等规定确认相关收入。

7. 企业出售未确认为资产的数据资源，应当按照收入准则等规定确认相关收入。

三、关于列示和披露要求

（一）资产负债表相关列示。

企业在编制资产负债表时，应当根据重要性原则并结合本企业的实际情况，在"存货"项目下增设"其中：数据资源"项目，反映资产负债表日确认为存货的数据资源的期末账面价值；在"无形资产"项目下增设"其中：数据资源"项目，反映资产负债表日确认为无形资产的数据资源的期末账面价值；在"开发支出"项目下增设"其中：数据资源"项目，反映资产负债表日正在进行数据资源研究开发项目满足资本化条件的支出金额。

（二）相关披露。

企业应当按照相关企业会计准则及本规定等，在会计报表附注中对数据资源相关会计信息进行披露。

1. 确认为无形资产的数据资源相关披露。

（1）企业应当按照外购无形资产、自行开发无形资产等类别，对确认为无形资产的数据资源（以下简称数据资源无形资产）相关会计信息进行披露，并可以在此基础上根据实际情况对类别进行拆分。具体信息披露格式如附录 A-1 所示。

附录 A-1　数据资源无形资产信息披露表

项目	外购的数据资源无形资产	自行开发的数据资源无形资产	其他方式取得的数据资源无形资产	合计
一、账面原值				
1.期初余额				
2.本期增加金额				
其中：购入				
内部研发				
其他增加				
3.本期减少金额				
其中：处置				
失效且终止确认				
其他减少				
4.期末余额				

续表

项目	外购的数据资源无形资产	自行开发的数据资源无形资产	其他方式取得的数据资源无形资产	合计
二、累计摊销				
1.期初余额				
2.本期增加余额				
3.本期减少金额				
其中：处置				
失效且终止确定				
其他减少				
4.期末余额				
三、减值准备				
1.期初余额				
2.本期增加金额				
3.本期减少金额				
4.期末余额				
四、账面价值				
1.期末账面价值				
2.期初账面价值				

（2）对于使用寿命有限的数据资源无形资产，企业应当披露其使用寿命的估计情况及摊销方法；对于使用寿命不确定的数据资源无形资产，企业应当披露其账面价值及使用寿命不确定的判断依据。

（3）企业应当按照《企业会计准则第 28 号——会计政策、会计估计变更和差错更正》（财会〔2006〕3 号）的规定，披露对数据资源无形资产的摊销期、摊销方法或残值的变更内容、原因以及对当期和未来期间的影响数。

（4）企业应当单独披露对企业财务报表具有重要影响的单项数据资源无形资产的内容、账面价值和剩余摊销期限。

（5）企业应当披露所有权或使用权受到限制的数据资源无形资产，以及用于担保的数据资源无形资产的账面价值、当期摊销额等情况。

（6）企业应当披露计入当期损益和确认为无形资产的数据资源研究开发支出金额。

（7）企业应当按照《企业会计准则第 8 号——资产减值》（财会〔2006〕3 号）等规定，披露与数据资源无形资产减值有关的信息。

（8）企业应当按照《企业会计准则第 42 号——持有待售的非流动资产、处置组和终止经营》（财会〔2017〕13 号）等规定，披露划分为持有待售类别的数据资源无形资产有关信息。

2. 确认为存货的数据资源相关披露。

（1）企业应当按照外购存货、自行加工存货等类别，对确认为存货的数据资源（以下简称数据资源存货）相关会计信息进行披露，并可以在此基础上根据实际情况对类别进行拆分。具体信息披露格式如附录 A-2 所示。

附录 A-2　数据资源存货信息披露表

项目	外购的数据资源存货	自行加工的数据资源存货	其他方式取得的数据资源存货	合计
一、账面原值				
1.期初余额				
2.本期增加金额				
其中：购入				
采集加工				
其他增加				
3.本期减少金额				
其中：出售				
失效且终止确认				
其他减少				
4.期末余额				
二、存货跌价准备				
1.期初余额				
2.本期增加余额				
3.本期减少金额				
其中：转回				
转销				
4.期末余额				
三、账面价值				
1.期末账面价值				
2.期初账面价值				

（2）企业应当披露确定发出数据资源存货成本所采用的方法。

（3）企业应当披露数据资源存货可变现净值的确定依据、存货跌价准备的计提方法、当期计提的存货跌价准备的金额、当期转回的存货跌价准备的金额，以及计提和转回的有关情况。

（4）企业应当单独披露对企业财务报表具有重要影响的单项数据资源存货的内容、账面价值和可变现净值。

（5）企业应当披露所有权或使用权受到限制的数据资源存货，以及用于担保的数据资源存货的账面价值等情况。

3. 其他披露要求。

企业对数据资源进行评估且评估结果对企业财务报表具有重要影响的，应当披露评估依据的信息来源，评估结论成立的假设前提和限制条件，评估方法的选择，各重要参数的来源、分析、比较与测算过程等信息。

企业可以根据实际情况，自愿披露数据资源（含未作为无形资产或存货确认的数据资源）下列相关信息：

（1）数据资源的应用场景或业务模式、对企业创造价值的影响方式，与数据资源应用场景相关的宏观经济和行业领域前景等；

（2）用于形成相关数据资源的原始数据的类型、规模、来源、权属、质量等信息；

（3）企业对数据资源的加工维护和安全保护情况，以及相关人才、关键技术等的持有和投入情况；

（4）数据资源的应用情况，包括数据资源相关产品或服务等的运营应用、作价出资、流通交易、服务计费方式等情况；

（5）重大交易事项中涉及的数据资源对该交易事项的影响及风险分析，重大交易事项包括但不限于企业的经营活动、投融资活动、质押融资、关联方及关联交易、承诺事项、或有事项、债务重组、资产置换等；

（6）数据资源相关权利的失效情况及失效事由、对企业的影响及风险分析等，如数据资源已确认为资产的，还包括相关资产的账面原值及累计摊销、减值准备或跌价准备、失效部分的会计处理；

（7）数据资源转让、许可或应用所涉及的地域限制、领域限制及法律法规限制等权利限制；

（8）企业认为有必要披露的其他数据资源相关信息。

四、附则

本规定自 2024 年 1 月 1 日起施行。企业应当采用未来适用法执行本规定，本规定施行前已经费用化计入损益的数据资源相关支出不再调整。

附录 B 《数据资产评估指导意见》

第一章 总 则

第一条 为规范数据资产评估行为，保护资产评估当事人合法权益和公共利益，根据《资产评估基本准则》及其他相关资产评估准则，制定本指导意见。

第二条 本指导意见所称数据资产，是指特定主体合法拥有或者控制的，能进行货币计量的，且能带来直接或者间接经济利益的数据资源。

第三条 本指导意见所称数据资产评估，是指资产评估机构及其资产评估专业人员遵守法律、行政法规和资产评估准则，根据委托对评估基准日特定目的下的数据资产价值进行评定和估算，并出具资产评估报告的专业服务行为。

第四条 执行数据资产评估业务，应当遵守本指导意见。

第二章 基本遵循

第五条 执行数据资产评估业务，应当遵守法律、行政法规和资产评估准则，坚持独立、客观、公正的原则，诚实守信，勤勉尽责，谨慎从业，遵守职业道德规范，自觉维护职业形象，不得从事损害职业形象的活动。

第六条 执行数据资产评估业务，应当独立进行分析和估算并形成专业意见，拒绝委托人或者其他相关当事人的干预，不得直接以预先设定的价值作为评估结论。

第七条 执行数据资产评估业务，应当具备数据资产评估的专业知识和实践经验，能够胜任所执行的数据资产评估业务。缺乏特定的数据资产评估专业知识、技术手段和经验时，应当采取弥补措施，包括利用数据领域专家工作成果及相关专业报告等。

第八条 执行数据资产评估业务，应当关注数据资产的安全性和合法性，并遵守保密原则。

第九条 执行企业价值评估中的数据资产评估业务，应当了解数据资产作为企业资产组成部分的价值可能有别于作为单项资产的价值，其价值取决于它对企业价值的贡献程度。

数据资产与其他资产共同发挥作用时，需要采用适当的方法区分数据资产和其他资产的贡献，合理评估数据资产价值。

第十条 执行数据资产评估业务，应当根据评估业务具体情况和数据资产的特性，对评估对象进行针对性的现场调查，收集数据资产的基本信息、权利信息、相关财务会计信息和其他资料，并进行核查验证、分析整理和记录。

核查数据资产基本信息可以利用数据领域专家工作成果及相关专业报告等。资产评估专业人员自行履行数据资产基本信息相关的现场核查程序时，应当确保具备相应的专业知识、技术手段和经验。

第十一条 执行数据资产评估业务，应当合理使用评估假设和限制条件。

第三章 评估对象

第十二条 执行数据资产评估业务，可以通过委托人、相关当事人等提供或者自主收集等方式，了解和关注被评估数据资产的基本情况，例如：数据资产的信息属性、法律属性、价值属性等。

信息属性主要包括数据名称、数据结构、数据字典、数据规模、数据周期、产生频率及存储方式等。

法律属性主要包括授权主体信息、产权持有人信息，以及权利路径、权利类型、权利范围、权利期限、权利限制等权利信息。

价值属性主要包括数据覆盖地域、数据所属行业、数据成本信息、数据应用场景、数据质量、数据稀缺性及可替代性等。

第十三条 执行数据资产评估业务，应当知晓数据资产具有非实体性、依托性、可共享性、可加工性、价值易变性等特征，关注数据资产特征对评估对象的影响。

非实体性是指数据资产无实物形态，虽然需要依托实物载体，但决定数据资产价值的是数据本身。数据资产的非实体性也衍生出数据资产的无消耗性，即其不会因为使用而磨损、消耗。

依托性是指数据资产必须存储在一定的介质里，介质的种类包括磁盘、光盘等。同一数据资产可以同时存储于多种介质。可共享性是指在权限可控的前提下，数据资产可以被复制，能够被多个主体共享和应用。

可加工性是指数据资产可以通过更新、分析、挖掘等处理方式，改变其状态及形态。

价值易变性是指数据资产的价值易发生变化，其价值随应用场景、用户数量、使用频率等的变化而变化。

第十四条 执行数据资产评估业务，应当根据数据来源和数据生成特征，关注数据资源持有权、数据加工使用权、数据产品经营权等数据产权，并根据评估目的、权利证明材料等，确定评估对象的权利类型。

第四章 操作要求

第十五条 执行数据资产评估业务，应当明确资产评估业务基本事项，履行适当的资产评估程序。

第十六条 执行数据资产评估业务，需要关注影响数据资产价值的成本因素、场景因素、市场因素和质量因素。

成本因素包括形成数据资产所涉及的前期费用、直接成本、间接成本、机会成本和相关税费等。

场景因素包括数据资产相应的使用范围、应用场景、商业模式、市场前景、财务预测和应用风险等。

市场因素包括数据资产相关的主要交易市场、市场活跃程度、市场参与者和市场供求关系等。

质量因素包括数据的准确性、一致性、完整性、规范性、时效性和可访问性等。

第十七条 资产评估专业人员应当关注数据资产质量，并采取恰当的方式执行数据质量评价程序或者获得数据质量的评价结果，必要时可以利用第三方专业机构出具的数据质量评价专业报告或者其他形式的数据质量评价专业意见等。

数据质量评价采用的方法包括但不限于：层次分析法（AHP）、模糊综合评价法和德尔菲法等。

第十八条 同一数据资产在不同的应用场景下，通常会发挥不同的价值。资产评估专业人员应当通过委托人、相关当事人等提供或者自主收集等方式，了解相应评估目的下评估对象的具体应用场景，选择和使用恰当的价值类型。

第五章 评估方法

第十九条 确定数据资产价值的评估方法包括收益法、成本法和市场法三种基本方法及其衍生方法。

第二十条 执行数据资产评估业务，资产评估专业人员应当根据评估目的、评估对象、价值类型、资料收集等情况，分析上述三种基本方法的适用性，选择评估方法。

第二十一条 采用收益法评估数据资产时应当：

（一）根据数据资产的历史应用情况及未来应用前景，结合应用或者拟应用数据资产的企业经营状况，重点分析数据资产经济收益的可预测性，考虑收益法的适用性；

（二）保持预期收益口径与权利类型口径一致；

（三）在估算数据资产带来的预期收益时，根据适用性可以选择采用直接收益预测、分成收益预测、超额收益预测和增量收益预测等方式；

（四）区分数据资产和其他资产所获得的收益，分析与之有关的预期变动、收益期限，与收益有关的成本费用、配套资产、现金流量、风险因素；

（五）根据数据资产应用过程中的管理风险、流通风险、数据安全风险、监管风险等因素估算折现率；

（六）保持折现率口径与预期收益口径一致；

（七）综合考虑数据资产的法律有效期限、相关合同有效期限、数据资产的更新时间、数据资产的时效性、数据资产的权利状况以及相关产品生命周期等因素，合理确定经济寿命或者收益期限，并关注数据资产在收益期限内的贡献情况。

第二十二条 采用成本法评估数据资产时应当：

（一）根据形成数据资产所需的全部投入，分析数据资产价值与成本的相关程度，考虑成本法的适用性；

（二）确定数据资产的重置成本，包括前期费用、直接成本、间接成本、机会成本和相关税费等；

（三）确定数据资产价值调整系数，例如：对于需要进行质量因素调整的数据资产，可以结合相应质量因素综合确定调整系数；对于可以直接确定剩余经济寿命的数据资产，也可以结合剩余经济寿命确定调整系数。

第二十三条 采用市场法评估数据资产时应当：

（一）考虑该数据资产或者类似数据资产是否存在合法合规的、活跃的公开交易市场，是否存在适当数量的可比案例，考虑市场法的适用性；

（二）根据该数据资产的特点，选择合适的可比案例，例如：选择数据权利类型、数据交易市场及交易方式、数据规模、应用场景、应用区域及剩余年限等相同或者近似的数据资产；

（三）对比该数据资产与可比案例的差异，确定调整系数，并将调整后的结果汇总分析得出被评估数据资产的价值。通常情况下需要考虑质量差异调整、供求差异调整、期日差异调整、容量差异调整以及其他差异调整等。

第二十四条 对同一数据资产采用多种评估方法时，应当对所获得的各种测算结果进行分析，说明两种以上评估方法结果的差异及其原因和最终确定评估结论的理由。

第六章 披露要求

第二十五条 无论是单独出具数据资产的资产评估报告，还是将数据资产评估作为资产评估报告的组成部分，都应当在资产评估报告中披露必要信息，使资产评估报告使用人能够正确理解评估结论。

第二十六条 单独出具数据资产的资产评估报告，应当说明下列内容：

（一）数据资产基本信息和权利信息；

（二）数据质量评价情况，评价情况应当包括但不限于评价目标、评价方法、评价结果及问题分析等内容；

（三）数据资产的应用场景以及数据资产应用所涉及的地域限制、领域限制及法律法规限制等；

（四）与数据资产应用场景相关的宏观经济和行业的前景；

（五）评估依据的信息来源；

（六）利用专家工作或者引用专业报告内容；

（七）其他必要信息。

第二十七条 单独出具数据资产的资产评估报告，应当说明有关评估方法的下列内容：

（一）评估方法的选择及其理由；

（二）各重要参数的来源、分析、比较与测算过程；

（三）对测算结果进行分析，形成评估结论的过程；

（四）评估结论成立的假设前提和限制条件。

第七章　附　则

第二十八条 本指导意见自 2023 年 10 月 1 日起施行。

附录 C 《关于加强数据资产管理的指导意见》

数据资产，作为经济社会数字化转型进程中的新兴资产类型，正日益成为推动数字中国建设和加快数字经济发展的重要战略资源。为深入贯彻落实党中央决策部署，现就加强数据资产管理提出如下意见。

一、总体要求

（一）指导思想。

以习近平新时代中国特色社会主义思想为指导，全面深入贯彻落实党的二十大精神，完整、准确、全面贯彻新发展理念，加快构建新发展格局，坚持统筹发展和安全，坚持改革创新、系统谋划，把握全球数字经济发展趋势，建立数据资产管理制度，促进数据资产合规高效流通使用，构建共治共享的数据资产管理格局，为加快经济社会数字化转型、推动高质量发展、推进国家治理体系和治理能力现代化提供有力支撑。

（二）基本原则。

——坚持确保安全与合规利用相结合。统筹发展和安全，正确处理数据资产安全、个人信息保护与数据资产开发利用的关系。以保障数据安全为前提，对需要严格保护的数据，审慎推进数据资产化；对可开发利用的数据，支持合规推进数据资产化，进一步发挥数据资产价值。

——坚持权利分置与赋能增值相结合。适应数据资产多用途属性，按照"权责匹配、保护严格、流转顺畅、利用充分"原则，明确数据资产管理各方权利义务，推动数据资产权利分置，完善数据资产权利体系，丰富权利类型，有效赋能增值，夯实开发利用基础。

——坚持分类分级与平等保护相结合。加强数据分类分级管理，建立数据资产分类分级授权使用规范。鼓励按用途增加公共数据资产供给，推动用于公共治理、公益事业的公共数据资产有条件无偿使用，平等保护各类数据资产权利主体合法权益。

——坚持有效市场与有为政府相结合。充分发挥市场配置资源的决定性作用，探索多样化有偿使用方式。支持用于产业发展、行业发展的公共数据资产有条件有偿使用。加大政府引导调节力度，探索建立公共数据资产开发利用和收益分配机制。强化政府对数据资产全过程监管，加强数据资产全过程管理。

——坚持创新方式与试点先行相结合。强化部门协同联动，完善数据资产管理体制机制。坚持顶层设计与基层探索相结合，坚持改革于法有据，既要发挥顶层设计指导作用，又要鼓励支持各方因地制宜、大胆探索。

（三）总体目标。

构建"市场主导、政府引导、多方共建"的数据资产治理模式，逐步建立完善数据资产管理制度，不断拓展应用场景，不断提升和丰富数据资产经济价值和社会价值，推进数据资产全过程管理以及合规化、标准化、增值化。通过加强和规范公共数据资产基础管理工作，探索公共数据资产应用机制，促进公共数据资产高质量供给，有效释放公共数据价值，为赋能实体经济数字化转型升级，推进数字经济高质量发展，加快推进共同富裕提供有力支撑。

二、主要任务

（四）依法合规管理数据资产。保护各类主体在依法收集、生成、存储、管理数据资产过程中的相关权益。鼓励各级党政机关、企事业单位等经依法授权具有公共事务管理和公共服务职能的组织（以下统称公共管理和服务机构）将其依法履职或提供公共服务过程中持有或控制的，预期能够产生管理服务潜力或带来经济利益流入的公共数据资源，作为公共数据资产纳入资产管理范畴。涉及处理国家安全、商业秘密和个人隐私的，应当依照法律、行政法规规定的权限、程序进行，不得超出履行法定职责所必需的范围和限度。相关部门结合国家有关数据目录工作要求，按照资产管理相关要求，组织梳理统计本系统、本行业符合数据资产范围和确认要求的公共数据资产目录清单，登记数据资产卡片，暂不具备确认登记条件的可先纳入资产备查簿。

（五）明晰数据资产权责关系。适应数据多种属性和经济社会发展要求，与数据分类分级、确权授权使用要求相衔接，落实数据资源持有权、数据加工使用权和数据产品经营权权利分置要求，加快构建分类科学的数据资产产权体系。明晰公共数据资产权责边界，促进公共数据资产流通应用安全可追溯。探索开展公共数据资产权益在特定领域和经营主体范围内入股、质押等，助力公共数据资产多元化价值流通。

（六）完善数据资产相关标准。推动技术、安全、质量、分类、价值评估、管理运营等数据资产相关标准建设。鼓励行业根据发展需要，自行或联合制定企业数据资产标准。支持企业、研究机构、高等学校、相关行业组织等参与数据资产标准制定。公共管理和服务机构应配套建立公共数据资产卡片，明确公共数据资产基本信息、权利信息、使用信息、管理信息等。在对外授予数据资产加工使用权、数据产品经营权时，在本单位资产卡片中对授权进行登记标识，在不影响本单位继续持有或控制数据资产的前提下，可不减少或不核销本单位的数据资产。

（七）加强数据资产使用管理。鼓励数据资产持有主体提升数据资产数字化管理能力，结合数据采集加工周期和安全等级等实际情况及要求，对所持有或控制的数据资产定期更新维护。数据资产各权利主体建立健全全流程数据安全管理机制，提升安全保护能力。支持各类主体依法依规行使数据资产相关权利，促进数据资产价值复用和市场化流通。结合数据资产流通范围、流通模式、供求关系、应用场景、潜在风险等，不断完善数据资产全流程合规管理。在保障安全、可追溯的前提下，推动依法依规对公共数据资产进行开发利用。支持公共管理和服务机构为提升履职能力和公共服务水平，强化公共数据资产授权运营和使用管理。公共管理和服务机构要按照有关规定对授权运营的公共数据资产使用情况等重要信息进行更新维护。

（八）稳妥推动数据资产开发利用。完善数据资产开发利用规则，推进形成权责清晰、过程透明、风险可控的数据资产开发利用机制。严格按照"原始数据不出域、数据可用不可见"要求和资产管理制度规定，公共管理和服务机构可授权运营主体对其持有或控制的公共数据资产进行运营。授权运营前要充分评估授权运营可能带来的安全风险，明确安全责任。运营主体应建立公共数据资产安全可信的运营环境，在授权范围内推动可开发利用的公共数据资产向区域或国家级大数据平台和交易平台汇聚。支持运营主体对各类数据资产进行融合加工。探索建立公共数据资产政府指导定价机制或评估、拍卖竞价等市场价格发现机制。鼓励在金融、交通、医疗、能源、工业、电信等数据富集行业探索开展多种形式的数据资产开发利用模式。

（九）健全数据资产价值评估体系。推进数据资产评估标准和制度建设，规范数据资产价值评估。加强数据资产评估能力建设，培养跨专业、跨领域数据资产评估人才。全面识别数据资产价值影响因素，提高数据资产评估总体业务水平。推动数据资产价值评估业务信息化建设，利用数字技术或手段对数据资产价值进行预测和分析，构建数据资产价值评估标准库、规则库、指标库、模型库和案例库等，支撑标准化、规范化和便利化业务开展。开展公共数据资产价值评估时，要按照资产评估机构选聘有关要求，强化公平、公正、公开和诚实信用，有效维护公共数据资产权利主体权益。

（十）畅通数据资产收益分配机制。完善数据资产收益分配与再分配机制。按照"谁投入、谁贡献、谁受益"原则，依法依规维护各相关主体数据资产权益。支持合法合规对数据资产价值进行再次开发挖掘，尊重数据资产价值再创造、再分配，支持数据资产使用权利各个环节的投入有相应回报。探索建立公共数据资产治理投入和收益分配机制，通过公共数据资产运营公司对公共数据资产进行专业化运营，推动公共数据资产开发利用和价值实现。探索公共数据资产收益按授权许可约定向提供方等进行比例分成，保障公共数据资产提供方享有收益的权利。在推进有条件有偿使用过程中，不得影响用于公共治理、公益事业的公共数据有条件无偿使用，相关方要依法依规采取合理措施获取收益，避免向社会公众转嫁不合理成本。公共数据资产各权利主体依法纳税并按国家规定上缴相关收益，由国家财政依法依规纳入预算管理。

（十一）规范数据资产销毁处置。对经认定失去价值、没有保存要求的数据资产，进行安全和脱敏处理后及时有效销毁，严格记录数据资产销毁过程相关操作。委托他人代为处置数据资产的，应严格签订数据资产安全保密合同，明确双方安全保护责任。公共数据资产销毁处置要严格履行规定的内控流程和审批程序，严禁擅自处置，避免公共数据资产流失或泄露造成法律和安全风险。

（十二）强化数据资产过程监测。数据资产各权利主体均应落实数据资产安全管理责任，按照分类分级原则，在网络安全等级保护制度的基础上，落实数据安全保护制度，把安全贯彻数据资产开发、流通、使用全过程，提升数据资产安全保障能力。权利主体因合并、分立、收购等方式发生变更，新的权利主体应继续落实数据资产管理责任。数据资产各权利主体应当记录数据资产的合法来源，确保来源清晰可追溯。公共数据资产权利主体开放共享数据资产的，应当建立和完善安全管理和对外提供制度机制。鼓励开展区域性、行业性数据资产统计监测工作，提升对数据资产的宏观观测与管理能力。

（十三）加强数据资产应急管理。数据资产各权利主体应分类分级建立数据资产预警、应急和处置机制，深度分析相关领域数据资产风险环节，梳理典型应用场景，对数据资产泄露、损毁、丢失、篡改等进行与类别级别相适的预警和应急管理，制定应急处置预案。出现风险事件，及时启动应急处置措施，最大限度避免或减少资产损失。支持开展数据资产技术、服务和管理体系认证。鼓励开展数据资产安全存储与计算相关技术研发与产品创新。跟踪监测公共数据资产时，要及时识别潜在风险事件，第一时间采取应急管理措施，有效消除或控制相关风险。

（十四）完善数据资产信息披露和报告。鼓励数据资产各相关主体按有关要求及时披露、公开数据资产信息，增加数据资产供给。数据资产交易平台应对交易流通情况进行实时更新并定期进行信息披露，促进交易市场公开透明。稳步推进国有企业和行政事业单位所持有或控制的数据资产纳入本级政府国有资产报告工作，接受同级人大常委会监督。

（十五）严防数据资产价值应用风险。数据资产权利主体应建立数据资产协同管理的应用价值风险防控机制，多方联动细化操作流程及关键管控点。鼓励借助中介机构力量和专业优势，有效识别和管控数据资产化、数据资产资本化以及证券化的潜在风险。公共数据资产权利主体在相关资产交易或并购等活动中，应秉持谨慎性原则扎实开展可研论证和尽职调查，规范实施资产评估，严防虚增公共数据资产价值。加强监督检查，对涉及公共数据资产运营的重大事项开展审计，将国有企业所属数据资产纳入内部监督重点检查范围，聚焦高溢价和高减值项目，准确发现管理漏洞，动态跟踪价值变动，审慎开展价值调整，及时采取防控措施降低或消除价值应用风险。

三、实施保障

（十六）加强组织实施。切实提高政治站位，统一思想认识，把坚持和加强党的领导贯穿到数据资产管理全过程各方面，高度重视激发公共数据资产潜能，加强公共数据资产管理。加强统筹协调，建立推进数据资产管理的工作机制，促进跨地区跨部门跨层级协同联动，确保工作有序推进。强化央地联动，及时研究解决工作推进中的重大问题。探索将公共数据资产管理发展情况纳入有关考核评价指标体系。

（十七）加大政策支持。按照财政事权和支出责任相适应原则，统筹利用现有资金渠道，支持统一的数据资产标准和制度建设、数据资产相关服务、数据资产管理和运营平台等项目实施。统筹运用财政、金融、土地、科技、人才等多方面政策工具，加大对数据资产开发利用、数据资产管理运营的基础设施、试点试验区等扶持力度，鼓励产学研协作，引导金融机构和社会资本投向数据资产领域。

（十八）积极鼓励试点。坚持顶层设计与基层探索结合，形成鼓励创新、容错免责良好氛围。支持有条件的地方、行业和企业先行先试，结合已出台的文件制度，探索开展公共数据资产登记、授权运营、价值评估和流通增值等工作，因地制宜探索数据资产全过程管理有效路径。加大对优秀项目、典型案例的宣介力度，总结提炼可复制、可推广的经验和做法，以点带面推动数据资产开发利用和流通增值。鼓励地方、行业协会和相关机构促进数据资产相关标准、技术、产品和案例等的推广应用。

附录D 《企业会计准则第1号——存货》

第一章 总 则

第一条 为了规范存货的确认、计量和相关信息的披露，根据《企业会计准则——基本准则》，制定本准则。

第二条 下列各项适用其他相关会计准则：

（一）消耗性生物资产，适用《企业会计准则第5号——生物资产》；

（二）通过建造合同归集的存货成本，适用《企业会计准则第15号——建造合同》。

第二章 确 认

第三条 存货，是指企业在日常活动中持有以备出售的产成品或商品、处在生产过程中的在产品、在生产过程或提供劳务过程中耗用的材料和物料等。

第四条 存货同时满足下列条件的，才能予以确认：

（一）与该存货有关的经济利益很可能流入企业；

（二）该存货的成本能够可靠地计量。

第三章 计 量

第五条 存货应当按照成本进行初始计量。存货成本包括采购成本、加工成本和其他成本。

第六条 存货的采购成本，包括购买价款、相关税费、运输费、装卸费、保险费以及其他可归属于存货采购成本的费用。

第七条 存货的加工成本，包括直接人工以及按照一定方法分配的制造费用。

制造费用，是指企业为生产产品和提供劳务而发生的各项间接费用。企业应当根据制造费用的性质，合理地选择制造费用分配方法。

在同一生产过程中，同时生产两种或两种以上的产品，并且每种产品的加工成本不能直接区分的，其加工成本应当按照合理的方法在各种产品之间进行分配。

第八条 存货的其他成本，是指除采购成本、加工成本以外的，使存货达到目前场所和状态所发生的其他支出。

第九条 下列费用应当在发生时确认为当期损益，不计入存货成本：

（一）非正常消耗的直接材料、直接人工和制造费用；

（二）仓储费用（不包括在生产过程中为达到下一个生产阶段所必需的费用）；

（三）不能归属于使存货达到目前场所和状态的其他支出。

第十条 应计入存货成本的借款费用，按照《企业会计准则第17号——借款费用》处理。

第十一条 投资者投入存货的成本，应当按照投资合同或协议约定的价值确定，但合同或协议约定价值不公允的除外。

第十二条 收获时农产品的成本、非货币性资产交换、债务重组和企业合并取得的存货的成本，应当分别按照《企业会计准则第5号——生物资产》《企业会计准则第7号——非货币性资产交换》《企业会计准则第12号——债务重组》和《企业会计准则第20号——企业合并》确定。

第十三条 企业提供劳务的，所发生的从事劳务提供人员的直接人工和其他直接费用以及可归属的间接费用，计入存货成本。

第十四条 企业应当采用先进先出法、加权平均法或者个别计价法确定发出存货的实际成本。

对于性质和用途相似的存货，应当采用相同的成本计算方法确定发出存货的成本。

对于不能替代使用的存货、为特定项目专门购入或制造的存货以及提供的劳务，通常采用个别计价法确定发出存货的成本。

对于已售存货，应当将其成本结转为当期损益，相应的存货跌价准备也应当予以结转。

第十五条 资产负债表日，存货应当按照成本与可变现净值孰低计量。

存货成本高于其可变现净值的，应当计提存货跌价准备，计入当期损益。

可变现净值，是指在日常活动中，存货的估计售价减去至完工时估计将要发生的成本、估计的销售费用以及相关税费后的金额。

第十六条 企业确定存货的可变现净值，应当以取得的确凿证据为基础，并且考虑持有存货的目的、资产负债表日后事项的影响等因素。

为生产而持有的材料等，用其生产的产成品的可变现净值高于成本的，该材料仍然应当按照成本计量；材料价格的下降表明产成品的可变现净值低于成本的，该材料应当按照可变现净值计量。

第十七条 为执行销售合同或者劳务合同而持有的存货，其可变现净值应当以合同价格为基础计算。

企业持有存货的数量多于销售合同订购数量的，超出部分的存货的可变现净值应当以一般销售价格为基础计算。

第十八条 企业通常应当按照单个存货项目计提存货跌价准备。

对于数量繁多、单价较低的存货，可以按照存货类别计提存货跌价准备。

与在同一地区生产和销售的产品系列相关、具有相同或类似最终用途或目的，且难以与其他项目分开计量的存货，可以合并计提存货跌价准备。

第十九条 资产负债表日，企业应当确定存货的可变现净值。以前减记存货价值的影响因素已经消失的，减记的金额应当予以恢复，并在原已计提的存货跌价准备金额内转回，转回的金额计入当期损益。

第二十条 企业应当采用一次转销法或者五五摊销法对低值易耗品和包装物进行摊销，计入相关资产的成本或者当期损益。

第二十一条 企业发生的存货毁损，应当将处置收入扣除账面价值和相关税费后的金额计入当期损益。存货的账面价值是存货成本扣减累计跌价准备后的金额。

存货盘亏造成的损失，应当计入当期损益。

第四章 披 露

第二十二条 企业应当在附注中披露与存货有关的下列信息：

（一）各类存货的期初和期末账面价值；

（二）确定发出存货成本所采用的方法；

（三）存货可变现净值的确定依据，存货跌价准备的计提方法，当期计提的存货跌价准备的金额，当期转回的存货跌价准备的金额，以及计提和转回的有关情况；

（四）用于担保的存货账面价值。

附录 E 《企业会计准则第 6 号——无形资产》

第一章 总 则

第一条 为了规范无形资产的确认、计量和相关信息的披露,根据《企业会计准则——基本准则》,制定本准则。

第二条 下列各项适用其他相关会计准则:

(一)作为投资性房地产的土地使用权,适用《企业会计准则第 3 号——投资性房地产》;

(二)企业合并中形成的商誉,适用《企业会计准则第 8 号——资产减值》和《企业会计准则第 20 号——企业合并》;

(三)石油天然气矿区权益,适用《企业会计准则第 27 号——石油天然气开采》。

第二章 确 认

第三条 无形资产,是指企业拥有或者控制的没有实物形态的可辨认非货币性资产。资产满足下列条件之一的,符合无形资产定义中的可辨认性标准:

(一)能够从企业中分离或者划分出来,并能单独或者与相关合同、资产或负债一起,用于出售、转移、授予许可、租赁或者交换;

(二)源自合同性权利或其他法定权利,无论这些权利是否可以从企业或其他权利和义务中转移或者分离。

第四条 无形资产同时满足下列条件的,才能予以确认:

(一)与该无形资产有关的经济利益很可能流入企业;

(二)该无形资产的成本能够可靠地计量。

第五条 企业在判断无形资产产生的经济利益是否很可能流入时,应当对无形资产在预计使用寿命内可能存在的各种经济因素作出合理估计,并且应当有明确证据支持。

第六条 企业无形项目的支出,除下列情形外,均应于发生时计入当期损益:

(一)符合本准则规定的确认条件、构成无形资产成本的部分;

（二）非同一控制下企业合并中取得的、不能单独确认为无形资产、构成购买日确认的商誉的部分。

第七条 企业内部研究开发项目的支出，应当区分研究阶段支出与开发阶段支出。

研究是指为获取并理解新的科学或技术知识而进行的独创性的有计划调查。

开发是指在进行商业性生产或使用前，将研究成果或其他知识应用于某项计划或设计，以生产出新的或具有实质性改进的材料、装置、产品等。

第八条 企业内部研究开发项目研究阶段的支出，应当于发生时计入当期损益。

第九条 企业内部研究开发项目开发阶段的支出，同时满足下列条件的，才能确认为无形资产：

（一）完成该无形资产以使其能够使用或出售在技术上具有可行性；

（二）具有完成该无形资产并使用或出售的意图；

（三）无形资产产生经济利益的方式，包括能够证明运用该无形资产生产的产品存在市场或无形资产自身存在市场，无形资产将在内部使用的，应当证明其有用性；

（四）有足够的技术、财务资源和其他资源支持，以完成该无形资产的开发，并有能力使用或出售该无形资产；

（五）归属于该无形资产开发阶段的支出能够可靠地计量。

第十条 企业取得的已作为无形资产确认的正在进行中的研究开发项目，在取得后发生的支出应当按照本准则第七条至第九条的规定处理。

第十一条 企业自创商誉以及内部产生的品牌、报刊名等，不应确认为无形资产。

第三章　初始计量

第十二条 无形资产应当按照成本进行初始计量。

外购无形资产的成本，包括购买价款、相关税费以及直接归属于使该项资产达到预定用途所发生的其他支出。

购买无形资产的价款超过正常信用条件延期支付，实质上具有融资性质的，无形资产的成本以购买价款的现值为基础确定。实际支付的价款与购买价款的现值之间的差额，除按照《企业会计准则第17号——借款费用》应予资本化的以外，应当在信用期间内计入当期损益。

第十三条 自行开发的无形资产，其成本包括自满足本准则第四条和第九条规定后至达到预定用途前所发生的支出总额，但是对于以前期间已经费用化的支出不再调整。

第十四条 投资者投入无形资产的成本,应当按照投资合同或协议约定的价值确定,但合同或协议约定价值不公允的除外。

第十五条 非货币性资产交换、债务重组、政府补助和企业合并取得的无形资产的成本,应当分别按照《企业会计准则第 7 号——非货币性资产交换》《企业会计准则第 12 号——债务重组》《企业会计准则第 16 号——政府补助》和《企业会计准则第 20 号——企业合并》确定。

第四章　后续计量

第十六条 企业应当于取得无形资产时分析判断其使用寿命。

无形资产的使用寿命为有限的,应当估计该使用寿命的年限或者构成使用寿命的产量等类似计量单位数量;无法预见无形资产为企业带来经济利益期限的,应当视为使用寿命不确定的无形资产。

第十七条 使用寿命有限的无形资产,其应摊销金额应当在使用寿命内系统合理摊销。

企业摊销无形资产,应当自无形资产可供使用时起,至不再作为无形资产确认时。

企业选择的无形资产摊销方法,应当反映与该项无形资产有关的经济利益的预期实现方式。无法可靠确定预期实现方式的,应当采用直线法摊销。

无形资产的摊销金额一般应当计入当期损益,其他会计准则另有规定的除外。

第十八条 无形资产的应摊销金额为其成本扣除预计残值后的金额。已计提减值准备的无形资产,还应扣除已计提的无形资产减值准备累计金额。使用寿命有限的无形资产,其残值应当视为零,但下列情况除外:

(一)有第三方承诺在无形资产使用寿命结束时购买该无形资产;

(二)可以根据活跃市场得到预计残值信息,并且该市场在无形资产使用寿命结束时很可能存在。

第十九条 使用寿命不确定的无形资产不应摊销。

第二十条 无形资产的减值,应当按照《企业会计准则第 8 号——资产减值》处理。

第二十一条 企业至少应当于每年年度终了,对使用寿命有限的无形资产的使用寿命及摊销方法进行复核。无形资产的使用寿命及摊销方法与以前估计不同的,应当改变摊销期限和摊销方法。

企业应当在每个会计期间对使用寿命不确定的无形资产的使用寿命进行复核。如果有证据表明无形资产的使用寿命是有限的,应当估计其使用寿命,并按本准则规定处理。

第五章　处置和报废

第二十二条 企业出售无形资产，应当将取得的价款与该无形资产账面价值的差额计入当期损益。

第二十三条 无形资产预期不能为企业带来经济利益的，应当将该无形资产的账面价值予以转销。

第六章　披　露

第二十四条 企业应当按照无形资产的类别在附注中披露与无形资产有关的下列信息：

（一）无形资产的期初和期末账面余额、累计摊销额及减值准备累计金额；

（二）使用寿命有限的无形资产，其使用寿命的估计情况；使用寿命不确定的无形资产，其使用寿命不确定的判断依据；

（三）无形资产的摊销方法；

（四）用于担保的无形资产账面价值、当期摊销额等情况；

（五）计入当期损益和确认为无形资产的研究开发支出金额。

附录F 《企业会计准则第14号——收入》

第一章 总 则

第一条 为了规范收入的确认、计量和相关信息的披露，根据《企业会计准则——基本准则》，制定本准则。

第二条 收入，是指企业在日常活动中形成的、会导致所有者权益增加的、与所有者投入资本无关的经济利益的总流入。

第三条 本准则适用于所有与客户之间的合同，但下列各项除外：

（一）由《企业会计准则第2号——长期股权投资》《企业会计准则第22号——金融工具确认和计量》《企业会计准则第23号——金融资产转移》《企业会计准则第24号——套期会计》《企业会计准则第33号——合并财务报表》以及《企业会计准则第40号——合营安排》规范的金融工具及其他合同权利和义务，分别适用《企业会计准则第2号——长期股权投资》《企业会计准则第22号——金融工具确认和计量》《企业会计准则第23号——金融资产转移》《企业会计准则第24号——套期会计》《企业会计准则第33号——合并财务报表》以及《企业会计准则第40号——合营安排》；

（二）由《企业会计准则第21号——租赁》规范的租赁合同，适用《企业会计准则第21号——租赁》；

（三）由保险合同相关会计准则规范的保险合同，适用保险合同相关会计准则。

本准则所称客户，是指与企业订立合同以向该企业购买其日常活动产出的商品或服务（以下简称"商品"）并支付对价的一方；

本准则所称合同，是指双方或多方之间订立有法律约束力的权利义务的协议。合同有书面形式、口头形式以及其他形式。

第二章 确 认

第四条 企业应当在履行了合同中的履约义务，即在客户取得相关商品控制权时确认收入。

取得相关商品控制权,是指能够主导该商品的使用并从中获得几乎全部的经济利益。

第五条 当企业与客户之间的合同同时满足下列条件时,企业应当在客户取得相关商品控制权时确认收入:

(一)合同各方已批准该合同并承诺将履行各自义务;

(二)该合同明确了合同各方与所转让商品或提供劳务(以下简称"转让商品")相关的权利和义务;

(三)该合同有明确的与所转让商品相关的支付条款;

(四)该合同具有商业实质,即履行该合同将改变企业未来现金流量的风险、时间分布或金额;

(五)企业因向客户转让商品而有权取得的对价很可能收回。

在合同开始日即满足前款条件的合同,企业在后续期间无须对其进行重新评估,除非有迹象表明相关事实和情况发生重大变化。合同开始日通常是指合同生效日。

第六条 在合同开始日不符合本准则第五条规定的合同,企业应当对其进行持续评估,并在其满足本准则第五条规定时按照该条的规定进行会计处理。

对于不符合本准则第五条规定的合同,企业只有在不再负有向客户转让商品的剩余义务,且已向客户收取的对价无须退回时,才能将已收取的对价确认为收入;否则,应当将已收取的对价作为负债进行会计处理。没有商业实质的非货币性资产交换,不确认收入。

第七条 企业与同一客户(或该客户的关联方)同时订立或在相近时间内先后订立的两份或多份合同,在满足下列条件之一时,应当合并为一份合同进行会计处理:

(一)该两份或多份合同基于同一商业目的而订立并构成一揽子交易;

(二)该两份或多份合同中的一份合同的对价金额取决于其他合同的定价或履行情况;

(三)该两份或多份合同中所承诺的商品(或每份合同中所承诺的部分商品)构成本准则第九条规定的单项履约义务。

第八条 企业应当区分下列三种情形对合同变更分别进行会计处理:

(一)合同变更增加了可明确区分的商品及合同价款,且新增合同价款反映了新增商品单独售价的,应当将该合同变更部分作为一份单独的合同进行会计处理;

(二)合同变更不属于本条(一)规定的情形,且在合同变更日已转让的商品或已提供的服务(以下简称"已转让的商品")与未转让的商品或未提供的服务（以下简称"未转让的商品"）之间可明确区分的，应当视为原合同终止，同时，将原合同未履约部分与合同变更部分合并为新合同进行会计处理；

（三）合同变更不属于本条（一）规定的情形，且在合同变更日已转让的商品与未转让的商品之间不可明确区分的，应当将该合同变更部分作为原合同的组成部分进行会计处理，由此产生的对已确认收入的影响，应当在合同变更日调整当期收入。

本准则所称合同变更，是指经合同各方批准对原合同范围或价格作出的变更。

第九条 合同开始日，企业应当对合同进行评估，识别该合同所包含的各单项履约义务，并确定各单项履约义务是在某一时段内履行，还是在某一时点履行，然后，在履行了各单项履约义务时分别确认收入。

履约义务，是指合同中企业向客户转让可明确区分商品的承诺。履约义务既包括合同中明确的承诺，也包括由于企业已公开宣布的政策、特定声明或以往的习惯做法等导致合同订立时客户合理预期企业将履行的承诺。企业为履行合同而应开展的初始活动，通常不构成履约义务，除非该活动向客户转让了承诺的商品。

企业向客户转让一系列实质相同且转让模式相同的、可明确区分商品的承诺，也应当作为单项履约义务。

转让模式相同，是指每一项可明确区分商品均满足本准则第十一条规定的、在某一时段内履行履约义务的条件，且采用相同方法确定其履约进度。

第十条 企业向客户承诺的商品同时满足下列条件的，应当作为可明确区分商品：

（一）客户能够从该商品本身或从该商品与其他易于获得资源一起使用中受益；

（二）企业向客户转让该商品的承诺与合同中其他承诺可单独区分。

下列情形通常表明企业向客户转让该商品的承诺与合同中其他承诺不可单独区分：

1. 企业需提供重大的服务以将该商品与合同中承诺的其他商品整合成合同约定的组合产出转让给客户；

2. 该商品将对合同中承诺的其他商品予以重大修改或定制；

3. 该商品与合同中承诺的其他商品具有高度关联性。

第十一条 满足下列条件之一的，属于在某一时段内履行履约义务；否则，属于在某一时点履行履约义务：

（一）客户在企业履约的同时即取得并消耗企业履约所带来的经济利益；

（二）客户能够控制企业履约过程中在建的商品；

（三）企业履约过程中所产出的商品具有不可替代用途，且该企业在整个合同期间内有权就累计至今已完成的履约部分收取款项。

具有不可替代用途，是指因合同限制或实际可行性限制，企业不能轻易地将商品用于其他用途。

有权就累计至今已完成的履约部分收取款项，是指在由于客户或其他方原因终止合同的情况下，企业有权就累计至今已完成的履约部分收取能够补偿其已发生成本和合理利润的款项，并且该权利具有法律约束力。

第十二条 对于在某一时段内履行的履约义务，企业应当在该段时间内按照履约进度确认收入，但是，履约进度不能合理确定的除外。企业应当考虑商品的性质，采用产出法或投入法确定恰当的履约进度。其中，产出法是根据已转移给客户的商品对于客户的价值确定履约进度；投入法是根据企业为履行履约义务的投入确定履约进度。对于类似情况下的类似履约义务，企业应当采用相同的方法确定履约进度。

当履约进度不能合理确定时，企业已经发生的成本预计能够得到补偿的，应当按照已经发生的成本金额确认收入，直到履约进度能够合理确定。

第十三条 对于在某一时点履行的履约义务，企业应当在客户取得相关商品控制权时点确认收入。在判断客户是否已取得商品控制权时，企业应当考虑下列迹象：

（一）企业就该商品享有现时收款权利，即客户就该商品负有现时付款义务；

（二）企业已将该商品的法定所有权转移给客户，即客户已拥有该商品的法定所有权；

（三）企业已将该商品实物转移给客户，即客户已实物占有该商品；

（四）企业已将该商品所有权上的主要风险和报酬转移给客户，即客户已取得该商品所有权上的主要风险和报酬；

（五）客户已接受该商品；

（六）其他表明客户已取得商品控制权的迹象。

第三章 计 量

第十四条 企业应当按照分摊至各单项履约义务的交易价格计量收入。

交易价格，是指企业因向客户转让商品而预期有权收取的对价金额。企业代第三方收取的款项以及企业预期将退还给客户的款项，应当作为负债进行会计处理，不计入交易价格。

第十五条 企业应当根据合同条款，并结合其以往的习惯做法确定交易价格。在确定交易价格时，企业应当考虑可变对价、合同中存在的重大融资成分、非现金对价、应付客户对价等因素的影响。

第十六条 合同中存在可变对价的，企业应当按照期望值或最可能发生金额确定可变对价的最佳估计数，但包含可变对价的交易价格，应当不超过在相关不确定性消除时累计已确认收入极可能不会发生重大转回的金额。企业在评估累计已确认收入是否极可能不会发生重大转回时，应当同时考虑收入转回的可能性及其比重。

每一资产负债表日，企业应当重新估计应计入交易价格的可变对价金额。可变对价金额发生变动的，按照本准则第二十四条和第二十五条规定进行会计处理。

第十七条 合同中存在重大融资成分的，企业应当按照假定客户在取得商品控制权时即以现金支付的应付金额确定交易价格。该交易价格与合同对价之间的差额，应当在合同期间内采用实际利率法摊销。

合同开始日，企业预计客户取得商品控制权与客户支付价款间隔不超过一年的，可以不考虑合同中存在的重大融资成分。

第十八条 客户支付非现金对价的，企业应当按照非现金对价的公允价值确定交易价格。非现金对价的公允价值不能合理估计的，企业应当参照其承诺向客户转让商品的单独售价间接确定交易价格。非现金对价的公允价值因对价形式以外的原因而发生变动的，应当作为可变对价，按照本准则第十六条规定进行会计处理。

单独售价，是指企业向客户单独销售商品的价格。

第十九条 企业应付客户（或向客户购买本企业商品的第三方，本条下同）对价的，应当将该应付对价冲减交易价格，并在确认相关收入与支付（或承诺支付）客户对价二者孰晚的时点冲减当期收入，但应付客户对价是为了向客户取得其他可明确区分商品的除外。

企业应付客户对价是为了向客户取得其他可明确区分商品的，应当采用与本企业其他采购相一致的方式确认所购买的商品。企业应付客户对价超过向客户取得可明确区分商品公允价值的，超过金额应当冲减交易价格。向客户取得的可明确区分商品公允价值不能合理估计的，企业应当将应付客户对价全额冲减交易价格。

第二十条 合同中包含两项或多项履约义务的，企业应当在合同开始日，按照各单项履约义务所承诺商品的单独售价的相对比例，将交易价格分摊至各单项履约义务。企业不得因合同开始日之后单独售价的变动而重新分摊交易价格。

第二十一条 企业在类似环境下向类似客户单独销售商品的价格，应作为确定该商品单独售价的最佳证据。单独售价无法直接观察的，企业应当综合考虑其能够合理取得的全部相关信息，采用市场调整法、成本加成法、余值法等方法合理估计单独售价。在估计单独售价时，企业应当最大限度地采用可观察的输入值，并对类似的情况采用一致的估计方法。

市场调整法，是指企业根据某商品或类似商品的市场售价考虑本企业的成本和毛利等进行适当调整后，确定其单独售价的方法。

成本加成法，是指企业根据某商品的预计成本加上其合理毛利后的价格，确定其单独售价的方法。

余值法，是指企业根据合同交易价格减去合同中其他商品可观察的单独售价后的余值，确定某商品单独售价的方法。

第二十二条 企业在商品近期售价波动幅度巨大，或者因未定价且未曾单独销售而使售价无法可靠确定时，可采用余值法估计其单独售价。

第二十三条 对于合同折扣，企业应当在各单项履约义务之间按比例分摊。

有确凿证据表明合同折扣仅与合同中一项或多项（而非全部）履约义务相关的，企业应当将该合同折扣分摊至相关一项或多项履约义务。

合同折扣仅与合同中一项或多项（而非全部）履约义务相关，且企业采用余值法估计单独售价的，应当首先按照前款规定在该一项或多项（而非全部）履约义务之间分摊合同折扣，然后采用余值法估计单独售价。

合同折扣，是指合同中各单项履约义务所承诺商品的单独售价之和高于合同交易价格的金额。

第二十四条 对于可变对价及可变对价的后续变动额，企业应当按照本准则第二十条至第二十三条规定，将其分摊至与之相关的一项或多项履约义务，或者分摊至构成单项履约义务的一系列可明确区分商品中的一项或多项商品。

对于已履行的履约义务，其分摊的可变对价后续变动额应当调整变动当期的收入。

第二十五条 合同变更之后发生可变对价后续变动的，企业应当区分下列三种情形分别进行会计处理：

（一）合同变更属于本准则第八条（一）规定情形的，企业应当判断可变对价后续变动与哪一项合同相关，并按照本准则第二十四条规定进行会计处理；

（二）合同变更属于本准则第八条（二）规定情形，且可变对价后续变动与合同变更前已承诺可变对价相关的，企业应当首先将该可变对价后续变动额以原合同开始日确定的基础进行分摊，然后将分摊至合同变更日尚未履行履约义务的该可变对价后续变动额以新合同开始日确定的基础进行二次分摊；

（三）合同变更之后发生除本条（一）、（二）规定情形以外的可变对价后续变动的，企业应当将该可变对价后续变动额分摊至合同变更日尚未履行的履约义务。

第四章 合同成本

第二十六条 企业为履行合同发生的成本，不属于其他企业会计准则规范范围且同时满足下列条件的，应当作为合同履约成本确认为一项资产：

（一）该成本与一份当前或预期取得的合同直接相关，包括直接人工、直接材料、制造费用（或类似费用）、明确由客户承担的成本以及仅因该合同而发生的其他成本；

（二）该成本增加了企业未来用于履行履约义务的资源；

（三）该成本预期能够收回。

第二十七条 企业应当在下列支出发生时，将其计入当期损益：

（一）管理费用；

（二）非正常消耗的直接材料、直接人工和制造费用（或类似费用），这些支出为履行合同发生，但未反映在合同价格中；

（三）与履约义务中已履行部分相关的支出；

（四）无法在尚未履行的与已履行的履约义务之间区分的相关支出。

第二十八条 企业为取得合同发生的增量成本预期能够收回的，应当作为合同取得成本确认为一项资产；但是，该资产摊销期限不超过一年的，可以在发生时计入当期损益。

增量成本，是指企业不取得合同就不会发生的成本（如销售佣金等）。

企业为取得合同发生的、除预期能够收回的增量成本之外的其他支出（如无论是否取得合同均会发生的差旅费等），应当在发生时计入当期损益，但是，明确由客户承担的除外。

第二十九条 按照本准则第二十六条和第二十八条规定确认的资产（以下简称"与合同成本有关的资产"），应当采用与该资产相关的商品收入确认相同的基础进行摊销，计入当期损益。

第三十条 与合同成本有关的资产，其账面价值高于下列两项的差额的，超出部分应当计提减值准备，并确认为资产减值损失：

（一）企业因转让与该资产相关的商品预期能够取得的剩余对价；

（二）为转让该相关商品估计将要发生的成本。

以前期间减值的因素之后发生变化，使得前款（一）减（二）的差额高于该资产账面价值的，应当转回原已计提的资产减值准备，并计入当期损益，但转回后的资产账面价值不应超过假定不计提减值准备情况下该资产在转回日的账面价值。

第三十一条 在确定与合同成本有关的资产的减值损失时，企业应当首先对按照其他相关企业会计准则确认的、与合同有关的其他资产确定减值损失；然后，按照本准则第三十条规定确定与合同成本有关的资产的减值损失。

企业按照《企业会计准则第 8 号——资产减值》测试相关资产组的减值情况时，应当将按照前款规定确定与合同成本有关的资产减值后的新账面价值计入相关资产组的账面价值。

第五章 特定交易的会计处理

第三十二条 对于附有销售退回条款的销售，企业应当在客户取得相关商品控制权时，按照因向客户转让商品而预期有权收取的对价金额（不包含预期因销售退回将退还的金额）确认收入，按照预期因销售退回将退还的金额确认负债；同时，按照预期将退回商品转让时的账面价值，扣除收回该商品预计发生的成本（包括退回商品的价值减损）后的余额，确认为一项资产，按照所转让商品转让时的账面价值，扣除上述资产成本的净额结转成本。

每一资产负债表日，企业应当重新估计未来销售退回情况，如有变化，应当作为会计估计变更进行会计处理。

第三十三条 对于附有质量保证条款的销售，企业应当评估该质量保证是否在向客户保证所销售商品符合既定标准之外提供了一项单独的服务。企业提供额外服务的，应当作为单项履约义务，按照本准则规定进行会计处理；否则，质量保证责任应当按照《企业会计准则第 13 号——或有事项》规定进行会计处理。在评估质量保证是否在向客户保证所销售商品符合既定标准之外提供了一项单独的服务时，企业应当考虑该质量保证是否为法定要求、质量保证期限以及企业承诺履行任务的性质等因素。客户能够选择单独购买质量保证的，该质量保证构成单项履约义务。

第三十四条 企业应当根据其在向客户转让商品前是否拥有对该商品的控制权，来判断其从事交易时的身份是主要责任人还是代理人。企业在向客户转让商品前能够控制该商品的，该企业为主要责任人，应当按照已收或应收对价总额确认收入；否则，该企业为代理人，应当按照预期有权收取的佣金或手续费的金额确认收入，该金额应当按照已收或应收对价总额扣除应支付给其他相关方的价款后的净额，或者按照既定的佣金金额或比例等确定。

企业向客户转让商品前能够控制该商品的情形包括：

（一）企业自第三方取得商品或其他资产控制权后，再转让给客户；

（二）企业能够主导第三方代表本企业向客户提供服务；

（三）企业自第三方取得商品控制权后，通过提供重大的服务将该商品与其他商品整合成某组合产出转让给客户。

在具体判断向客户转让商品前是否拥有对该商品的控制权时，企业不应仅局限于合同的法律形式，而应当综合考虑所有相关事实和情况，这些事实和情况包括：

（一）企业承担向客户转让商品的主要责任；

（二）企业在转让商品之前或之后承担了该商品的存货风险；

（三）企业有权自主决定所交易商品的价格；

（四）其他相关事实和情况。

第三十五条 对于附有客户额外购买选择权的销售，企业应当评估该选择权是否向客户提供了一项重大权利。企业提供重大权利的，应当作为单项履约义务，按照本准则第二十条至第二十四条规定将交易价格分摊至该履约义务，在客户未来行使购买选择权取得相关商品控制权时，或者该选择权失效时，确认相应的收入。客户额外购买选择权的单独售价无法直接观察的，企业应当综合考虑客户行使和不行使该选择权所能获得的折扣的差异、客户行使该选择权的可能性等全部相关信息后，予以合理估计。

客户虽然有额外购买商品选择权，但客户行使该选择权购买商品时的价格反映了这些商品单独售价的，不应被视为企业向该客户提供了一项重大权利。

第三十六条 企业向客户授予知识产权许可的，应当按照本准则第九条和第十条规定评估该知识产权许可是否构成单项履约义务，构成单项履约义务的，应当进一步确定其是在某一时段内履行还是在某一时点履行。

企业向客户授予知识产权许可，同时满足下列条件时，应当作为在某一时段内履行的履约义务确认相关收入；否则，应当作为在某一时点履行的履约义务确认相关收入：

（一）合同要求或客户能够合理预期企业将从事对该项知识产权有重大影响的活动；

（二）该活动对客户将产生有利或不利影响；

（三）该活动不会导致向客户转让某项商品。

第三十七条 企业向客户授予知识产权许可，并约定按客户实际销售或使用情况收取特许权使用费，应当在下列两项孰晚的时点确认收入：

（一）客户后续销售或使用行为实际发生；

（二）企业履行相关履约义务。

第三十八条 对于售后回购交易，企业应当区分下列两种情形分别进行会计处理。

（一）企业因存在与客户的远期安排而负有回购义务或企业享有回购权利的，表明客户在销售时点并未取得相关商品控制权，企业应当作为租赁交易或融资交易进行相应的会计处理。其中，回购价格低于原售价的，应当视为租赁交易，按照《企业会计准则第 21 号——租赁》的相关规定进行会计处理；回购价格不低于原售价的，应当视为融资交易，在收到客户款项时确认金融负债，并将该款项和回购价格的差额在回购期间内确认为利息费用等。企业到期未行使回购权利的,应当在该回购权利到期时终止确认金融负债,同时确认收入。

(二)企业负有应客户要求回购商品义务的,应当在合同开始日评估客户是否具有行使该要求权的重大经济动因。客户具有行使该要求权重大经济动因的,企业应当将售后回购作为租赁交易或融资交易,按照本条(一)规定进行会计处理;否则,企业应当将其作为附有销售退回条款的销售交易,按照本准则第三十二条规定进行会计处理。

售后回购,是指企业销售商品的同时承诺或有权选择日后再将该商品(包括相同或几乎相同的商品,或以该商品作为组成部分的商品)购回的销售方式。

第三十九条 企业向客户预收销售商品款项的,应当首先将该款项确认为负债,待履行了相关履约义务时再转为收入。当企业预收款项无须退回,且客户可能会放弃其全部或部分合同权利时,企业预期将有权获得与客户所放弃的合同权利相关的金额的,应当按照客户行使合同权利的模式按比例将上述金额确认为收入;否则,企业只有在客户要求其履行剩余履约义务的可能性极低时,才能将上述负债的相关余额转为收入。

第四十条 企业在合同开始(或接近合同开始)日向客户收取的无须退回的初始费(如俱乐部的入会费等)应当计入交易价格。企业应当评估该初始费是否与向客户转让已承诺的商品相关。该初始费与向客户转让已承诺的商品相关,并且该商品构成单项履约义务的,企业应当在转让该商品时,按照分摊至该商品的交易价格确认收入;该初始费与向客户转让已承诺的商品相关,但该商品不构成单项履约义务的,企业应当在包含该商品的单项履约义务履行时,按照分摊至该单项履约义务的交易价格确认收入;该初始费与向客户转让已承诺的商品不相关的,该初始费应当作为未来将转让商品的预收款,在未来转让该商品时确认为收入。

企业收取了无须退回的初始费且为履行合同应开展初始活动,但这些活动本身并没有向客户转让已承诺的商品的,该初始费与未来将转让的已承诺商品相关,应当在未来转让该商品时确认为收入,企业在确定履约进度时不应考虑这些初始活动;企业为该初始活动发生的支出应当按照本准则第二十六条和第二十七条规定确认为一项资产或计入当期损益。

第六章 列 报

第四十一条 企业应当根据本企业履行履约义务与客户付款之间的关系在资产负债表中列示合同资产或合同负债。企业拥有的、无条件(仅取决于时间流逝)向客户收取对价的权利应当作为应收款项单独列示。

合同资产，是指企业已向客户转让商品而有权收取对价的权利，且该权利取决于时间流逝之外的其他因素。如企业向客户销售两项可明确区分的商品，企业因已交付其中一项商品而有权收取款项，但收取该款项还取决于企业交付另一项商品的，企业应当将该收款权利作为合同资产。

合同负债，是指企业已收或应收客户对价而应向客户转让商品的义务。如企业在转让承诺的商品之前已收取的款项。

按照本准则确认的合同资产的减值的计量和列报应当按照《企业会计准则第22号——金融工具确认和计量》和《企业会计准则第37号——金融工具列报》的规定进行会计处理。

第四十二条 企业应当在附注中披露与收入有关的下列信息：

（一）收入确认和计量所采用的会计政策、对于确定收入确认的时点和金额具有重大影响的判断以及这些判断的变更，包括确定履约进度的方法及采用该方法的原因、评估客户取得所转让商品控制权时点的相关判断，在确定交易价格、估计计入交易价格的可变对价、分摊交易价格以及计量预期将退还给客户的款项等类似义务时所采用的方法、输入值和假设等。

（二）与合同相关的下列信息：

1. 与本期确认收入相关的信息，包括与客户之间的合同产生的收入、该收入按主要类别（如商品类型、经营地区、市场或客户类型、合同类型、商品转让的时间、合同期限、销售渠道等）分解的信息以及该分解信息与每一报告分部的收入之间的关系等；

2. 与应收款项、合同资产和合同负债的账面价值相关的信息，包括与客户之间的合同产生的应收款项、合同资产和合同负债的期初和期末账面价值、对上述应收款项和合同资产确认的减值损失、在本期确认的包括在合同负债期初账面价值中的收入、前期已经履行（或部分履行）的履约义务在本期调整的收入、履行履约义务的时间与通常的付款时间之间的关系以及此类因素对合同资产和合同负债账面价值的影响的定量或定性信息、合同资产和合同负债的账面价值在本期内发生的重大变动情况等；

3. 与履约义务相关的信息，包括履约义务通常的履行时间、重要的支付条款、企业承诺转让的商品的性质（包括说明企业是否作为代理人）、企业承担的预期将退还给客户的款项等类似义务、质量保证的类型及相关义务等；

4. 与分摊至剩余履约义务的交易价格相关的信息，包括分摊至本期末尚未履行（或部分未履行）履约义务的交易价格总额、上述金额确认为收入的预计时间的定量或定性信息、未包括在交易价格的对价金额（如可变对价）等。

（三）与合同成本有关的资产相关的信息，包括确定该资产金额所作的判断、该资产的摊销方法、按该资产主要类别（如为取得合同发生的成本、为履行合同开展的初始活动发生的成本等）披露的期末账面价值以及本期确认的摊销及减值损失金额等。

（四）企业根据本准则第十七条规定因预计客户取得商品控制权与客户支付价款间隔未超过一年而未考虑合同中存在的重大融资成分，或者根据本准则第二十八条规定因合同取得成本的摊销期限未超过一年而将其在发生时计入当期损益的，应当披露该事实。

第七章　衔接规定

第四十三条 首次执行本准则的企业，应当根据首次执行本准则的累积影响数，调整首次执行本准则当年年初留存收益及财务报表其他相关项目金额，对可比期间信息不予调整。企业可以仅对在首次执行日尚未完成的合同的累积影响数进行调整。同时，企业应当在附注中披露，与收入相关会计准则制度的原规定相比，执行本准则对当期财务报表相关项目的影响金额，如有重大影响的，还需披露其原因。

已完成的合同，是指企业按照与收入相关会计准则制度的原规定已完成合同中全部商品的转让的合同。尚未完成的合同，是指除已完成的合同之外的其他合同。

第四十四条 对于最早可比期间期初之前或首次执行本准则当年年初之前发生的合同变更，企业可予以简化处理，即无须按照本准则第八条规定进行追溯调整，而是根据合同变更的最终安排，识别已履行的和尚未履行的履约义务、确定交易价格以及在已履行的和尚未履行的履约义务之间分摊交易价格。

企业采用该简化处理方法的，应当对所有合同一致采用，并且在附注中披露该事实以及在合理范围内对采用该简化处理方法的影响所作的定性分析。

第八章　附　则

第四十五条 本准则自 2018 年 1 月 1 日起施行。

附录 G 《企业会计准则第 8 号——资产减值》

第一章 总则

第一条 为了规范资产减值的确认、计量和相关信息的披露，根据《企业会计准则——基本准则》，制定本准则。

第二条 资产减值，是指资产的可收回金额低于其账面价值。

本准则中的资产，除了特别规定外，包括单项资产和资产组。

资产组，是指企业可以认定的最小资产组合，其产生的现金流入应当基本上独立于其他资产或者资产组产生的现金流入。

第三条 下列各项适用其他相关会计准则：

（一）存货的减值，适用《企业会计准则第 1 号——存货》；

（二）采用公允价值模式计量的投资性房地产的减值，适用《企业会计准则第 3 号——投资性房地产》；

（三）消耗性生物资产的减值，适用《企业会计准则第 5 号——生物资产》；

（四）建造合同形成的资产的减值，适用《企业会计准则第 15 号——建造合同》；

（五）递延所得税资产的减值，适用《企业会计准则第 18 号——所得税》；

（六）融资租赁中出租人未担保余值的减值，适用《企业会计准则第 21 号——租赁》；

（七）《企业会计准则第 22 号——金融工具确认和计量》规范的金融资产的减值，适用《企业会计准则第 22 号——金融工具确认和计量》；

（八）未探明石油天然气矿区权益的减值，适用《企业会计准则第 27 号——石油天然气开采》。

第二章 可能发生减值资产的认定

第四条 企业应当在资产负债表日判断资产是否存在可能发生减值的迹象。

因企业合并所形成的商誉和使用寿命不确定的无形资产，无论是否存在减值迹象，每年都应当进行减值测试。

第五条 存在下列迹象的，表明资产可能发生了减值：

（一）资产的市价当期大幅度下跌，其跌幅明显高于因时间的推移或者正常使用而预计的下跌；

（二）企业经营所处的经济、技术或者法律等环境以及资产所处的市场在当期或者将在近期发生重大变化，从而对企业产生不利影响；

（三）市场利率或者其他市场投资报酬率在当期已经提高，从而影响企业计算资产预计未来现金流量现值的折现率，导致资产可收回金额大幅度降低；

（四）有证据表明资产已经陈旧过时或者其实体已经损坏；

（五）资产已经或者将被闲置、终止使用或者计划提前处置；

（六）企业内部报告的证据表明资产的经济绩效已经低于或者将低于预期，如资产所创造的净现金流量或者实现的营业利润（或者亏损）远远低于（或者高于）预计金额等；

（七）其他表明资产可能已经发生减值的迹象。

第三章　资产可收回金额的计量

第六条 资产存在减值迹象的，应当估计其可收回金额。

可收回金额应当根据资产的公允价值减去处置费用后的净额与资产预计未来现金流量的现值两者之间较高者确定。

处置费用包括与资产处置有关的法律费用、相关税费、搬运费以及为使资产达到可销售状态所发生的直接费用等。

第七条 资产的公允价值减去处置费用后的净额与资产预计未来现金流量的现值，只要有一项超过了资产的账面价值，就表明资产没有发生减值，不需再估计另一项金额。

第八条 资产的公允价值减去处置费用后的净额，应当根据公平交易中销售协议价格减去可直接归属于该资产处置费用的金额确定。

不存在销售协议但存在资产活跃市场的，应当按照该资产的市场价格减去处置费用后的金额确定。资产的市场价格通常应当根据资产的买方出价确定。

在不存在销售协议和资产活跃市场的情况下，应当以可获取的最佳信息为基础，估计资产的公允价值减去处置费用后的净额，该净额可以参考同行业类似资产的最近交易价格或者结果进行估计。

企业按照上述规定仍然无法可靠估计资产的公允价值减去处置费用后的净额的，应当以该资产预计未来现金流量的现值作为其可收回金额。

第九条 资产预计未来现金流量的现值，应当按照资产在持续使用过程中和最终处置时所产生的预计未来现金流量，选择恰当的折现率对其进行折现后的金额加以确定。

预计资产未来现金流量的现值，应当综合考虑资产的预计未来现金流量、使用寿命和折现率等因素。

第十条 预计的资产未来现金流量应当包括下列各项：

（一）资产持续使用过程中预计产生的现金流入；

（二）为实现资产持续使用过程中产生的现金流入所必需的预计现金流出（包括为使资产达到预定可使用状态所发生的现金流出）。该现金流出应当是可直接归属于或者可通过合理和一致的基础分配到资产中的现金流出；

（三）资产使用寿命结束时，处置资产所收到或者支付的净现金流量。该现金流量应当是在公平交易中，熟悉情况的交易双方自愿进行交易时，企业预期可从资产的处置中获取或者支付的、减去预计处置费用后的金额。

第十一条 预计资产未来现金流量时，企业管理层应当在合理和有依据的基础上对资产剩余使用寿命内整个经济状况进行最佳估计。

预计资产的未来现金流量，应当以经企业管理层批准的最近财务预算或者预测数据，以及该预算或者预测期之后年份稳定的或者递减的增长率为基础。企业管理层如能证明递增的增长率是合理的，可以以递增的增长率为基础。

建立在预算或者预测基础上的预计现金流量最多涵盖 5 年，企业管理层如能证明更长的期间是合理的，可以涵盖更长的期间。

在对预算或者预测期之后年份的现金流量进行预计时，所使用的增长率除了企业能够证明更高的增长率是合理的之外，不应当超过企业经营的产品、市场、所处的行业或者所在国家或者地区的长期平均增长率，或者该资产所处市场的长期平均增长率。

第十二条 预计资产的未来现金流量，应当以资产的当前状况为基础，不应当包括与将来可能会发生的、尚未作出承诺的重组事项或者与资产改良有关的预计未来现金流量。

预计资产的未来现金流量也不应当包括筹资活动产生的现金流入或者流出以及与所得税收付有关的现金流量。

企业已经承诺重组的，在确定资产的未来现金流量的现值时，预计的未来现金流入和流出数，应当反映重组所能节约的费用和由重组所带来的其他利益，以及因重组所导致的估计未来现金流出数。其中重组所能节约的费用和由重组所带来的其他利益，通常应当根据企业管理层批准的最近财务预算或者预测数据进行估计；因重组所导致的估计未来现金流出数应当根据《企业会计准则第 13 号——或有事项》所确认的因重组所发生的预计负债金额进行估计。

第十三条 折现率是反映当前市场货币时间价值和资产特定风险的税前利率。该折现率是企业在购置或者投资资产时所要求的必要报酬率。

在预计资产的未来现金流量时已经对资产特定风险的影响作了调整的，估计折现率不需要考虑这些特定风险。如果用于估计折现率的基础是税后的，应当将其调整为税前的折现率。

第十四条 预计资产的未来现金流量涉及外币的，应当以该资产所产生的未来现金流量的结算货币为基础，按照该货币适用的折现率计算资产的现值；然后将该外币现值按照计算资产未来现金流量现值当日的即期汇率进行折算。

第四章　资产减值损失的确定

第十五条 可收回金额的计量结果表明，资产的可收回金额低于其账面价值的，应当将资产的账面价值减记至可收回金额，减记的金额确认为资产减值损失，计入当期损益，同时计提相应的资产减值准备。

第十六条 资产减值损失确认后，减值资产的折旧或者摊销费用应当在未来期间作相应调整，以使该资产在剩余使用寿命内，系统地分摊调整后的资产账面价值（扣除预计净残值）。

第十七条 资产减值损失一经确认，在以后会计期间不得转回。

第五章　资产组的认定及减值处理

第十八条 有迹象表明一项资产可能发生减值的，企业应当以单项资产为基础估计其可收回金额。企业难以对单项资产的可收回金额进行估计的，应当以该资产所属的资产组为基础确定资产组的可收回金额。

资产组的认定，应当以资产组产生的主要现金流入是否独立于其他资产或者资产组的现金流入为依据。同时，在认定资产组时，应当考虑企业管理层管理生产经营活动的方式（如是按照生产线、业务种类还是按照地区或者区域等）和对资产的持续使用或者处置的决策方式等。

几项资产的组合生产的产品（或者其他产出）存在活跃市场的，即使部分或者所有这些产品（或者其他产出）均供内部使用，也应当在符合前款规定的情况下，将这几项资产的组合认定为一个资产组。如果该资产组的现金流入受内部转移价格的影响，应当按照企业管理层在公平交易中对未来价格的最佳估计数来确定资产组的未来现金流量。

资产组一经确定，各个会计期间应当保持一致，不得随意变更。如需变更，企业管理层应当证明该变更是合理的，并根据本准则第二十七条的规定在附注中作相应说明。

第十九条 资产组账面价值的确定基础应当与其可收回金额的确定方式相一致。

资产组的账面价值包括可直接归属于资产组与可以合理和一致地分摊至

资产组的资产账面价值,通常不应当包括已确认负债的账面价值,但如不考虑该负债金额就无法确定资产组可收回金额的除外。

资产组的可收回金额应当按照该资产组的公允价值减去处置费用后的净额与其预计未来现金流量的现值两者之间较高者确定。

资产组在处置时如要求购买者承担一项负债(如环境恢复负债等)、该负债金额已经确认并计入相关资产账面价值,而且企业只能取得包括上述资产和负债在内的单一公允价值减去处置费用后的净额的,为了比较资产组的账面价值和可收回金额,在确定资产组的账面价值及其预计未来现金流量的现值时,应当将已确认的负债金额从中扣除。

第二十条 企业总部资产包括企业集团或其事业部的办公楼、电子数据处理设备等资产。总部资产的显著特征是难以脱离其他资产或者资产组产生独立的现金流入,而且其账面价值难以完全归属于某一资产组。

有迹象表明某项总部资产可能发生减值的,企业应当计算确定该总部资产所归属的资产组或者资产组组合的可收回金额,然后将其与相应的账面价值相比较,据以判断是否需要确认减值损失。

资产组组合,是指由若干个资产组组成的最小资产组组合,包括资产组或者资产组组合,以及按合理方法分摊的总部资产部分。

第二十一条 企业对某一资产组进行减值测试,应当先认定所有与该资产组相关的总部资产,再根据相关总部资产能否按照合理和一致的基础分摊至该资产组分别下列情况处理。

(一)对于相关总部资产能够按照合理和一致的基础分摊至该资产组的部分,应当将该部分总部资产的账面价值分摊至该资产组,再据以比较该资产组的账面价值(包括已分摊的总部资产的账面价值部分)和可收回金额,并按照本准则第二十二条的规定处理。

(二)对于相关总部资产中有部分资产难以按照合理和一致的基础分摊至该资产组的,应当按照下列步骤处理:

首先,在不考虑相关总部资产的情况下,估计和比较资产组的账面价值和可收回金额,并按照本准则第二十二条的规定处理;

其次,认定由若干个资产组组成的最小的资产组组合,该资产组组合应当包括所测试的资产组与可以按照合理和一致的基础将该部分总部资产的账面价值分摊其上的部分;

最后,比较所认定的资产组组合的账面价值(包括已分摊的总部资产的账面价值部分)和可收回金额,并按照本准则第二十二条的规定处理。

第二十二条 资产组或者资产组组合的可收回金额低于其账面价值的(总部资产和商誉分摊至某资产组或者资产组组合的,该资产组或者资产组组合的账面价值应当包括相关总部资产和商誉的分摊额），应当确认相应的减值损失。减值损失金额应当先抵减分摊至资产组或者资产组组合中商誉的账面价值，再根据资产组或者资产组组合中除商誉之外的其他各项资产的账面价值所占比重，按比例抵减其他各项资产的账面价值。

以上资产账面价值的抵减，应当作为各单项资产（包括商誉）的减值损失处理，计入当期损益。抵减后的各资产的账面价值不得低于以下三者之中最高者：该资产的公允价值减去处置费用后的净额（如可确定的）、该资产预计未来现金流量的现值（如可确定的）和零。因此而导致的未能分摊的减值损失金额，应当按照相关资产组或者资产组组合中其他各项资产的账面价值所占比重进行分摊。

第六章　商誉减值的处理

第二十三条　企业合并所形成的商誉，至少应当在每年年度终了进行减值测试。商誉应当结合与其相关的资产组或者资产组组合进行减值测试。

相关的资产组或者资产组组合应当是能够从企业合并的协同效应中受益的资产组或者资产组组合，不应当大于按照《企业会计准则第 35 号——分部报告》所确定的报告分部。

第二十四条　企业进行资产减值测试，对于因企业合并形成的商誉的账面价值，应当自购买日起按照合理的方法分摊至相关的资产组；难以分摊至相关的资产组的，应当将其分摊至相关的资产组组合。

在将商誉的账面价值分摊至相关的资产组或者资产组组合时，应当按照各资产组或者资产组组合的公允价值占相关资产组或者资产组组合公允价值总额的比例进行分摊。公允价值难以可靠计量的，按照各资产组或者资产组组合的账面价值占相关资产组或者资产组组合账面价值总额的比例进行分摊。

企业因重组等原因改变了其报告结构，从而影响到已分摊商誉的一个或者若干个资产组或者资产组组合构成的，应当按照与本条前款规定相似的分摊方法，将商誉重新分摊至受影响的资产组或者资产组组合。

第二十五条　在对包含商誉的相关资产组或者资产组组合进行减值测试时，如与商誉相关的资产组或者资产组组合存在减值迹象的，应当先对不包含商誉的资产组或者资产组组合进行减值测试，计算可收回金额，并与相关账面价值相比较，确认相应的减值损失。再对包含商誉的资产组或者资产组组合进行减值测试，比较这些相关资产组或者资产组组合的账面价值（包括所分摊的商誉的账面价值部分）与其可收回金额，如相关资产组或者资产组组合的可收回金额低于其账面价值的，应当确认商誉的减值损失，按照本准则第二十二条的规定处理。

第七章 披 露

第二十六条 企业应当在附注中披露与资产减值有关的下列信息：

（一）当期确认的各项资产减值损失金额；

（二）计提的各项资产减值准备累计金额；

（三）提供分部报告信息的，应当披露每个报告分部当期确认的减值损失金额。

第二十七条 发生重大资产减值损失的，应当在附注中披露导致每项重大资产减值损失的原因和当期确认的重大资产减值损失的金额。

（一）发生重大减值损失的资产是单项资产的，应当披露该单项资产的性质。提供分部报告信息的，还应披露该项资产所属的主要报告分部。

（二）发生重大减值损失的资产是资产组（或者资产组组合，下同）的，应当披露：

1. 资产组的基本情况；

2. 资产组中所包括的各项资产于当期确认的减值损失金额；

3. 资产组的组成与前期相比发生变化的，应当披露变化的原因以及前期和当期资产组组成情况。

第二十八条 对于重大资产减值，应当在附注中披露资产（或者资产组，下同）可收回金额的确定方法。

（一）可收回金额按资产的公允价值减去处置费用后的净额确定的，还应当披露公允价值减去处置费用后的净额的估计基础。

（二）可收回金额按资产预计未来现金流量的现值确定的，还应当披露估计其现值时所采用的折现率，以及该资产前期可收回金额也按照其预计未来现金流量的现值确定的情况下，前期所采用的折现率。

第二十九条 第二十六条（一）、（二）和第二十七条（二）第 2 项信息应当按照资产类别予以披露。资产类别应当以资产在企业生产经营活动中的性质或者功能是否相同或者相似为基础确定。

第三十条 分摊到某资产组的商誉（或者使用寿命不确定的无形资产，下同）的账面价值占商誉账面价值总额的比例重大的，应当在附注中披露下列信息。

（一）分摊到该资产组的商誉的账面价值。

（二）该资产组可收回金额的确定方法。

1. 可收回金额按照资产组公允价值减去处置费用后的净额确定的，还应当披露确定公允价值减去处置费用后的净额的方法。资产组的公允价值减去处置费用后的净额不是按照市场价格确定的，应当披露：

（1）企业管理层在确定公允价值减去处置费用后的净额时所采用的各关键假设及其依据；

（2）企业管理层在确定各关键假设相关的价值时，是否与企业历史经验或者外部信息来源相一致；如不一致，应当说明理由。

2. 可收回金额按照资产组预计未来现金流量的现值确定的，应当披露：

（1）企业管理层预计未来现金流量的各关键假设及其依据；

（2）企业管理层在确定各关键假设相关的价值时，是否与企业历史经验或者外部信息来源相一致；如不一致，应当说明理由；

（3）估计现值时所采用的折现率。

第三十一条 商誉的全部或者部分账面价值分摊到多个资产组，且分摊到每个资产组的商誉的账面价值占商誉账面价值总额的比例不重大的，企业应当在附注中说明这一情况以及分摊到上述资产组的商誉合计金额。

商誉账面价值按照相同的关键假设分摊到上述多个资产组，且分摊的商誉合计金额占商誉账面价值总额的比例重大的，企业应当在附注中说明这一情况，并披露下列信息：

（一）分摊到上述资产组的商誉的账面价值合计；

（二）采用的关键假设及其依据；

（三）企业管理层在确定各关键假设相关的价值时，是否与企业历史经验或者外部信息来源相一致；如不一致，应当说明理由。